Studien zu Albert Schweitzer

Beiträge zur
Albert-Schweitzer-Forschung

Band 6: Studien zu Albert Schweitzer

Im Auftrag der
Wissenschaftlichen Albert-Schweitzer-Gesellschaft e.V.
Sitz Mainz

herausgegeben von
Professor Dr. med. *Bodo Christ*, Bochum
Professor Dr. phil. Dr. h.c. *Hans Heinrich Eggebrecht*, Freiburg
Professor Dr. theol. *Erich Gräßer*, Bonn
Professor Dr. phil. *Claus Günzler*, Karlsruhe

Geschäftsführung
Kallen 5
46049 Oberhausen
Tel./Fax: 0208 / 80 50 81

Erich Gräßer

Studien zu Albert Schweitzer

Gesammelte Aufsätze

Herausgegeben von Andreas Mühling

PHILO

Redaktion: Beate Alenfelder, Manfred Ecker,
Andreas Mühling
Satz: Karin Buß

Herstellung: WS Druckerei, Bodenheim
Printed in Germany
ISBN 3-8257-0071-2

VORWORT

Albert Schweitzer. Ein vertrauter Name. Doch – was hat er zur Sprache gebracht? Was ist von ihm geblieben? Und – was hat er uns heute zu sagen?
Seit über zwanzig Jahren beschäftigt sich der Neutestamentler und passionierte Albert-Schweitzer-Forscher Erich Gräßer mit diesen Fragen. Fernab aller ›Heiligenverehrung‹ und spröder Wissenschaftlichkeit zeigt Gräßer die Bedeutung Schweitzers in der gegenwärtigen und ethischen Diskussion auf. Sein Ergebnis: Die Aktualität Schweitzers an der Schwelle des 21. Jahrhunderts ist größer denn je.
Die vorliegende Auswahl seiner Aufsätze aus zwei Jahrzehnten belegt die These Gräßers und führt zugleich in das Denken Albert Schweitzers ein.

Gräßers Studien wurden für den Wiederabdruck redaktionell überarbeitet, Versehen stillschweigend korrigiert. Die Vereinheitlichung der Zitierweise und die Angleichung an das BASF-Abkürzungsverzeichnis gelangen jedoch nicht immer; zu unterschiedlich waren die Aufsatzsammlungen, Bücher und Zeitschriften, aus denen die Aufsätze entnommen wurden.
Die redaktionelle Arbeit an dieser Aufsatzsammlung haben Frau Karin Buß und Herr Manfred Ecker tatkräftig unterstützt. Besonders hat sich Frau Vikarin Beate Alenfelder um den Anmerkungsapparat verdient gemacht. Ihnen allen gilt mein herzlicher Dank.

Am 23. Oktober 1997 feiert Erich Gräßer seinen 70. Geburtstag. Glücklicherweise: von ›stiller Beschaulichkeit‹ keine Spur! Denn die Aufgaben drängen. Und in der Albert-Schweitzer-Forschung bleibt noch vieles zu tun. So ist es unsere Hoffnung, daß der Jubilar auch weiterhin unverdrossen seine Forschungen betreibt. Mit unseren besten Wünschen. Und dem Segen Gottes.

Oktober 1997 Andreas Mühling

INHALTSVERZEICHNIS

ALBERT SCHWEITZER

»Man darf von Mitlebenden als von Helden sprechen, aber man erzählt nicht die Geschichte derer, die auf dem Weg der Nachfolge Christi kämpfen, leiden, irren und siegen. Das ist sehr schade, denn wir sind so angelegt, daß uns die Wahrheiten des Evangeliums aufleuchten, nicht so oft wir sie lesen, sondern wenn sie von einem Menschen gelebt werden; oft gibt das erst den Funken.«
Das steht in einem Brief, der Albert Schweitzer zu seinem fünfundsiebzigsten Geburtstag am 14. Januar 1950 in den afrikanischen Urwald nach Lambarene geschickt wird. Die Verfasserin ist Schweitzer aus Straßburger Studententagen bekannt, in denen sie gemeinsam einem Freundeskreis angehörten. Jetzt ist sie die Frau des ersten Bundespräsidenten der Bundesrepublik Deutschland: Elly Heuss-Knapp erkennt in ihrem Geburtstagsglückwunsch mit sicherem Gespür, welches das Geheimnis der großen Ausstrahlungskraft und des unvergleichlichen Beispieles ist, das Schweitzer gibt. Er läßt »Wahrheiten des Evangeliums« aufleuchten dadurch, daß er sie lebt. Gewiß hat er sie auch geschrieben, in wissenschaftlichen Werken von hohem Rang und in den Lebenserinnerungen. Aber die vollkommene Identität von Leben und Denken ist es, die in diesem Falle die weltweit respektierte hohe Glaubwürdigkeit des Mannes ausmacht. Schweitzer läßt mit seinem Leben jedes Theorie-Praxis-Problem hinter sich. Als Theologe predigt er die Nächstenliebe nicht nur, sondern tut sie unter den schwierigen Bedingungen des heißen afrikanischen Kontinentes. Als Philosoph analysiert er nicht nur sehr präzise den Verfall der Kultur, sondern bekämpft ihn aktiv mit dem von ihm aufgestellten sittlichen Grundprinzip der ›Ehrfurcht vor dem Leben‹. Als Musikwissenschaftler schreibt er nicht nur die wissenschaftliche Ausgabe des Bachschen Orgelwerkes, sondern gibt zahlreiche Konzerte und rettet an vielen Orten mit seiner Hände Arbeit alte Orgeln vor dem Verfall. Als Mediziner schließlich ist er nicht Pendler zwischen Praxis und Privatleben, sondern Baumeister seines eigenen Spitals, in dem er mit den Helfern und Hilfsbedürftigen in einer Gemeinschaft lebt. Was Schweitzer an Goethe bewundert, gilt ohne alle Abstriche von ihm selber: »Das Große an einem Denker wird immer bleiben, daß seine Gedanken und sein Leben eine Einheit bilden.«[1] Oft gibt das erst den Funken!

1 GVR, S. 523.

Das ›Phänomen der Vielseitigkeit‹, welches Schweitzer ganz zweifellos ist, hat gleichwohl eine alles zusammenbindende Mitte. Im Unterschied zu der Masse der Gebrauchsliteratur findet Elly Heuss-Knapp sie zu Recht nicht im Humanitätsideal, sondern in der Theologie Schweitzers. In Schweitzer begegnen wir einem, »der von Haus aus Theologe ist und bestimmt, auf Lebzeit Theolog zu bleiben« (Martin Buber). Damit sind die tiefsten Energien seines Lebens und Denkens benannt. Eineinhalb Jahre vor seinem Tode schreibt Schweitzer an den Pädagogen Gustav Wyneken: »Ich verehre den Jesus von Nazareth des Evangeliums des Matthäus als meinen Führer im Leben. Durch ihn komme ich zur Geistigkeit des Frommseins. Alles Metaphysische der Religion kann ich als unerforschlich dahin gestellt sein lassen. Der Jesus von Galiläa, der aus dem Matthäusevangelium zu mir spricht, lehrt mich die tiefe Menschlichkeit und Frömmigkeit und hilft mir, Menschen auf diesen Weg zu bringen.«[2] Mehr noch als von der zeitgeschichtlichen Konstellation – Rückgang der Kulturgesinnung seit der Mitte des 19. Jahrhunderts und offener Triumph ihrer nihilistischen Unterströmungen im 1. Weltkrieg – ist diese Grundeinstellung vom Erbe bestimmt. Schweitzers Theologie und Frömmigkeit wurzeln mit all ihren Fasern in seines Vaters Hause. Alles was er geworden ist, war nach seinen eigenen Worten schon mit vierzehn Jahren in ihm fertig angelegt – durch die Kraft seines Vaterhauses im physischen, geistigen und geographischen Sinne.

Am 14. Januar 1875 wird Albert Schweitzer in Kaysersberg im Oberelsaß als zweites Kind eines Pfarrerehepaares geboren. Sehr bald danach wechselt sein Vater in die Pfarrstelle des nicht weit entfernten Günsbach im Fechttal, nahe Colmar. Dieser Ort wird zur bleibenden Heimat Schweitzers. Hierher wird er zeitlebens zu Erholungspausen zurückkehren und sich 1928 mit den Mitteln des Goethepreises der Stadt Frankfurt a.M. ein Haus bauen, das heute Museum ist und ein Zentralarchiv mit dem Nachlaß Schweitzers beherbergt. Hier in Günsbach verlebt Schweitzer mit drei Schwestern und einem Bruder »eine einzigartig glückliche Jugend«[3] in einem von Freundlichkeit und Toleranz geprägten Elternhaus. Die Mutter wird von Elly Heuss-Knapp als »klug«, aber »etwas streng«, der Vater jedoch als »warmherzig« und »behaglich« beschrieben. Er veröffentlicht 1893 – es ist das Jahr, in dem Albert Schweitzer mit recht mittelmäßigem Zeugnis Abitur macht – in den ›Schriften des protestantischen liberalen Vereins in Elsaß-Lothringen‹ als Nr. 41 ein schmales Bändchen mit dem Titel ›Eine Predigt ohne Worte‹. Es handelt sich um eine Dorfgeschichte, in der die Tat der Liebe – das ist die Predigt ohne Worte – einen leidenschaftlich geführten Streit zwischen ›konfessioneller‹ und ›liberaler‹ Theologie bedeutungslos macht durch gelebten Glauben, der sich als ›persönliche‹ Erfahrung nicht an äußere Autoritäten bindet, sondern als ›der tiefe evangelische Glaube‹ nach dem Pauluswort verfährt: »Prüfet alles, das Gute behaltet.« Ob der Günsbacher Pfarrer damit seinem nach Straßburg

2 Franz, G.: Briefwechsel.
3 KJ, S. 299.

hinausziehenden Studiosus eine geistige Wegzehrung, eine Losung fürs Leben ins Gepäck legen wollte? Wir wissen es nicht. Wichtig an der Sache sind jedenfalls das Thema – Predigt ohne Worte, d.h. Christentum der Tat – und der Erscheinungsort der Erzählung – protestantischer liberaler Verein, d.h. freies Christentum. Beides umschreibt exakt den geistigen Standort, dem sich Albert Schweitzer lebenslang verpflichtet weiß. »Über alles Geistige und Intellektuelle, über Philosophie und Theologie erhaben ist die Hilfsbereitschaft von Mensch zu Mensch – die Aufgabe, Bruder zu sein.« Er weiß, daß er damit »vom Standpunkt der überlieferten Lehre nicht vollständig und nicht immer befriedigend gewesen ist«. Aber von ihm hat er sich ohnehin nie einengen lassen. Schweitzer gehört zu den großen Selbstdenkern. Das gilt für den Gelehrten wie für den Prediger. Für den Prediger: Während seiner Zeit als Vikar an St. Nicolai zu Straßburg wird Schweitzer eines Tages von seinem Vorgesetzten verwarnt: »Sie haben [...] bis jetzt und nie auf mich gehört, sondern nur Dissertationen bald über diesen, bald über jenen Punkt gehalten, die bisweilen geistreich sein mochten, die aber keine gesunde Nahrung für meine Pfarrkinder sind. Mein fester Wille für die Zukunft ist, daß Sie über die vorgeschriebenen Bibeltexte predigen, wie die kirchliche Ordnung es erheischt.«[4] Die Verwarnung bleibt völlig wirkungslos.

Ebenso eigenwillig ist der Gelehrte. Bei der Erstellung seines Jesusbildes hat er auf die literarische Kritik der Evangelien fast vollständig verzichtet, was Adolf Jülicher zu der Bemerkung veranlaßte: »Schweitzer hat mit diesem Programm den Boden geschichtlich brauchbarer Forschung verlassen.«[5] Eine Arbeit, die die Quellen nicht kritisch sichtet, hat »keinen Anspruch auf Widerlegung, sie ist dogmatische, nicht historische Kritik«.[6] Das Urteil ist sicher übertrieben. Aber wahr ist, daß Schweitzer die historisch-kritische Methode als Überlieferungskritik der Evangelien fremd bleibt. Auch zu aktuellen philosophischen und theologischen Themen nimmt er öffentlich nicht Stellung, obwohl wir aus seinen Briefen wissen, wie aufmerksam er sie verfolgt. So bekennt er zum Beispiel vom Existentialismus, daß er ihn »schüttelte«[7]. »Anständigerweise sollte ich aus Familienrücksichten (gemeint ist seine Verwandtschaft mit J.P. Sartre) wenigstens etwas Existentialismus heucheln können, aber ich kriege es nicht fertig.«[8] »Er ist mir dasselbe wie Atonale Musik.«[9] Karl Barths Theologie erscheint ihm gar als »Ketzerei«, weil die historischen Grundlagen des Christentums darin sträflich vernachlässigt seien.[10] Statt dessen habe Barth die »Dialektik« in die Gedankenwelt des Christentums eingeführt, »wobei ich mich frage, was denn Dialektik, dieses dunkle Ding, das in

---

4 Zit. nach Minder, R.: Lambarene.
5 Jülicher, A.: Überlieferung, S. 6.
6 Jülicher, A.: Überlieferung, S. 6.
7 Brief vom 17. Mai 1955 an Fritz Buri.
8 Brief vom 17. Mai 1955 an Fritz Buri.
9 Brief vom 17. Mai 1955 an Fritz Buri.
10 Brief vom 20. Januar 1931 an Martin Werner.

so vielen Bedeutungen gebraucht wird, mit dem Christentum zu tun hat. Der Herr Jesus und Paulus haben nichts von Dialektik gewußt, Gott sei Dank.«[11]
Man sieht daran: Einseitigkeit macht die Größe, aber auch die Grenze von Schweitzers theologischem Denken aus. Das trifft auch für seine generelle Kritik an den Theologen zu: »Tempelhüter sind sie und brave Seelen, wohlbestallte Diener der Obrigkeit, Bücherschreiber auch, belesen, beflissen und groß im gegenseitigen Polemisieren über Dinge, die außer der Zunft niemand interessieren. Wo bleibt das christliche Feuer? Ich ersticke in dieser Atmosphäre. Die Fronten verlaufen ganz anderswo.«[12] Trotz solcher Kritik hält Schweitzer seinem elsässischen Kirchentum lebenslang die Treue. Ihm ist es wichtig, daß er ein ordinierter Prediger ist. Als 1960/61 das Gerücht aufkommt, er sei zur Kirche der Unitarier übergetreten, tritt er dem mit dem Hinweis entgegen: »Ich gehöre immer noch meiner lieben Elsässischen Protestantischen Kirche an, in der ich zehn Jahre als Prediger zu St. Nicolai gewirkt habe.«[13]
Eine wichtige Komponente dieser kirchlichen Existenz ist die ökumenische Grundhaltung, die ebenfalls aufs Vaterhaus zurückgeht. Die Günsbacher Kirche war und ist bis zum heutigen Tage eine Simultankirche, d.h. daß die evangelischen und die katholischen Christen darin nacheinander ihren Gottesdienst feiern. Schweitzers völliges Unverständnis für jede Form des Konfessionalismus hat hier seine Wurzel. »Für den Protestantismus gilt: In meines Vaters Haus sind viele Wohnungen. Wir sind in unserer Zeit die Einzigen, die bei der Vorstellung eines Gesamtprotestantismus verbleiben. Das bedeutet eine Mission, die wir erfüllen.«
Das Unverständnis für den Konfessionalismus hat übrigens eine auffallende Parallele im Unverständnis für nationalistische Politik. Zum Streit darüber, ob er Deutscher oder Franzose sei, nimmt Schweitzer niemals Stellung. Bei der Verleihung des Friedensnobelpreises des Deutschen Buchhandels erzählt Theodor Heuss eine Anekdote, die ihm berichtet worden war: »Nämlich als der Goebbels in einer bemerkenswerten Instinktlosigkeit auf die Idee kam, diesen seltsamen Urwalddoktor doch auch als Attraktion in dieses Deutschland hereinzuholen für Orgelkonzerte und Vorträge, da hat er mit der tastenden Kompromißformel, an die Sie sich erinnern wollen, geschrieben: ›Mit deutschem Gruß!‹ Sie, Schweitzer, schlossen Ihre Absage mit der souveränen Formel: ›Mit zentralafrikanischem Gruß!‹« Der Geist des Weltbürgers Schweitzer war zu groß, um nicht die Enge des Nationalismus oder Konfessionalismus hinter sich zu lassen. Den von den Vätern, dem eigenen und dem Großvater Schillinger, auch er Pfarrer im Vogesischen Münstertal, ererbten ›Aufklärungsgeist‹ erwirbt sich Schweitzer, um ihn für immer zu besitzen. Aufklärungsgeist, das ist die Überzeugung, daß der Fortschritt der Menschheit nur dadurch möglich wird, daß das Vernunftgemäße an die Stelle der Meinungen und der Gedankenlosigkeit tritt. Schweitzers Verständnis von Religion

11 Brief vom 30. Oktober 1956 an Prof. Schütz.
12 Zit. nach Minder, R.: Lambarene.
13 Brief vom 12. März 1962 an Prof. E. Jensen.

verbindet sich damit nahtlos. Denn die Einheit von Vernunft und Religion ist ihm von jeher feste Überzeugung gewesen. Vernünftiges Denken und christlicher Glaube können darum nicht in Streit miteinander geraten, weil beide nur eine Wahrheit kennen: den elementaren Sinn des Menschseins. So kommt es zu dem Bekenntnis: »Als tiefste Religion ist mir das Christentum zugleich die tiefste Philosophie.« »Durch die Ethik der Ehrfurcht vor dem Leben werden wir in elementarer, tiefer und lebendiger Weise fromm.«[14]

1893 geht Schweitzer als Student nach Straßburg. Er wird dort – von kurzen Studienaufenthalten in Berlin und Paris abgesehen – runde zwanzig Jahre bleiben. Aber was für Jahre! Um das zu erreichen, was Schweitzer in dieser Straßburger Zeit an wissenschaftlicher, künstlerischer und praktischer Tätigkeit leistet, dazu würde ein normaler Bürger wahrscheinlich zwei oder drei Menschenleben brauchen. Aber eine robuste Gesundheit und eine eiserne Disziplin, die ihn über längere Phasen mit nur vier Stunden Schlaf auskommen lassen, machen Schweitzer einen Werdegang möglich, der nicht seinesgleichen hat. Er beginnt mit dem Studium der Theologie und Philosophie, in das aber gleich zu Anfang die einjährige Militärzeit fällt. Ein verständnisvoller Hauptmann macht es jedoch möglich, daß Schweitzer den Besuch der Vorlesungen nicht unterbrechen muß. In einer Manöverpause im Herbst 1894 bereitet er sich auf eine Fleißprüfung vor, wobei er Beobachtungen am Neuen Testament macht, die für seinen eigenen Beitrag zur Leben-Jesu-Forschung von entscheidender Bedeutung sein werden und die ihn auf den Weg eines selbständigen Jesusforschers drängen. Inzwischen wird auch das Studium der Philosophie und der Musiktheorie nicht vernachlässigt. Hinzu kommt regelmäßige Orgelbegleitung der Kantaten und Passionen in den Konzerten, die Ernst Münch in der Wilhelmerkirche eingeführt hat.

Das ist von großem Einfluß für Schweitzers Bachauffassung. Überhaupt ist es in dieser Zeit noch gar nicht ausgemacht, wohin das alles führen soll – ins Pfarramt, zu einer Musiker- oder Forscherlaufbahn. Schweitzer studiert zunächst ohne klares Berufsziel, sehr bald aber – ab dem sechsten Semester – mit einem Gelöbnis: bis zum dreißigsten Lebensjahr »der Wissenschaft und der Kunst zu leben«[15], um sich von da an »einem unmittelbaren menschlichen Dienen zu weihen«[16]. Mit der Begründung dieses Entschlusses hält man den Schlüssel zu Schweitzers Lebenswerk in der Hand: »Es kam mir unfaßlich vor, daß ich, wo ich so viele Menschen um mich herum mit Leid und Sorge ringen sah, ein glückliches Leben führen durfte. [...] An einem strahlenden Sommermorgen, als ich – es war im Jahre 1896 – in den Pfingstferien zu Günsbach erwachte, überfiel mich der Gedanke, daß ich dieses Glück nicht als etwas Selbstverständliches hinnehmen dürfe, sondern etwas dafür geben müsse.« Er faßt jenen Entschluß und bemerkt dazu: »Gar viel hatte mich beschäftigt, welche Bedeutung dem Worte Jesu ›Wer sein Leben will behal-

14 PEHMD, S. 159.
15 LD, S. 99.
16 LD, S. 99.

ten, der wird es verlieren, und wer sein Leben verliert um meinet- und des Evangeliums willen, der wird es behalten‹, für mich zukomme. Jetzt war sie gefunden. Zu dem äußeren Glücke besaß ich nun das innerliche.«[17] Welcher Art das geplante Wirken sein würde – er wird später erfolglose Versuche in Fürsorgeorganisationen für verwahrloste und verlassene Kinder, dann auch für Vagabunden und entlassene Strafgefangene machen –, ist ihm damals keineswegs klar. »Ich überließ es den Umständen, mich zu führen.«[18]
Nun, die Umstände führen ihn zunächst zur ersten theologischen Prüfung im Mai 1898. Danach widmet er sich ganz der Philosophie. Das Angebot einer Promotion zum Dr. phil. über Kant wird innerhalb eines Jahres erledigt, die Dissertation mit dem Thema ›Die Religionsphilosophie Kants von der Kritik der reinen Vernunft bis zur Religion innerhalb der Grenzen der blossen Vernunft‹ noch im Jahre 1899 bei Mohr (Siebeck) in Freiburg/Tübingen veröffentlicht – ein 325 Seiten starkes, methodisch wie sachlich respektables wissenschaftliches Erstlingswerk. Das daraufhin von der Philosophischen Fakutät in Straßburg gemachte Angebot zur Habilitation lehnt Schweitzer ab. Er will das Predigtamt an St. Nicolai, das er inzwischen angetreten hat, nicht quittieren. Bis 1911 wird er es ununterbrochen innehaben. Obwohl er die Anfechtung eines Pfarrers in ungeistlicher Zeit kennt – »Es ist nicht erquickend in unserer zweifelnden und gleichgültigen Zeit Pfarrer zu sein. Man möchte den Menschen unserer Tage geistig etwas geben, ihnen Jesus bringen und kann es nicht«[19] –, empfindet er die Möglichkeit, »das Evangelium predigen zu dürfen, als ein unaussprechliches Glück«. Ein im Günsbacher Archiv vorhandenes, von seiner späteren Frau Helene Bresslau geführtes Verzeichnis – es beginnt 1898 und endet 1912 – notiert etwa 300 Predigten, von denen nur wenige in zwei schmalen Bändchen nach seinem Tode veröffentlicht wurden. Ungezählt bleiben die Unterrichtsstunden mit Konfirmanden und die Amtshandlungen. Zu den letzteren gehört 1908 die Trauung von Elly Knapp mit Theodor Heuss. Trautext ist Mt 5,13: »Ihr seid das Salz der Erde.« Die Traupredigt selbst zeigt klassisch jenen Voluntarismus und Ethizismus, die Schweitzers Theologie und Weltanschauung zu einer Einheit zusammenbinden: »Das höchste Glück in diesem Augenblick ist nicht, daß zwei Menschen sich innerlich geloben: wir wollen für einander leben, sondern daß dies in ihren Gedanken zugleich bedeutet: wir wollen miteinander für etwas leben. [...] Nur die haben begriffen, um was es sich bei der Arbeit in unserer Zeit handelt, denen es aufgegangen ist, daß alles Helfen, Bessern und Fördern auf die Schaffung eines neuen Geistes gehen muß. Die Arbeit, die nicht in diesem Sinn getan ist, ist ein Laufen auf das Ungewisse. Der Geist aber, auf den wir hinwirken, ist der Geist Jesu.« Nachdem die historische Grundlage des Christentums entfallen ist – Jesus starb, und das von ihm verkündigte nahe Gottesreich blieb aus –, ist dieses Hinwirken auf den Geist Jesu das zentrale Thema aller

17 LD, S. 99.
18 LD, S. 99.
19 SPr (Predigt vom 19. November 1905 zu Mt 14,22-32).

Theologie und Verkündigung Schweitzers. Und er weiß sich damit vor allem den Angefochtenen verpflichtet: »Diesen verlorenen Schafen«, so schreibt er, »fühle ich mich berufen. [...] Höher als der kirchlich festgelegte Glaube steht die Frömmigkeit, das Sein in der Liebe.« »Die Frömmigkeit, nicht der ›Glaube‹ ist das Fundament der Religion. Die Frömmigkeit ist die Energie des Glaubens.« Frömmigkeit aber ist der *gelebte* Gedanke des Reiches Gottes, ist der Auftrag, im Geiste Jesu zu handeln und so das Reich Gottes zu verwirklichen. »Diese Diesseitsreligion darf man nicht mißachten. Sie ist mehr im Geiste Jesu als die Geistespaläste der gewöhnlichen Dogmatiker.«

Schweitzers Predigten einer theologischen Kritik zu unterziehen, ist sehr einfach. Die biblischen Texte sind hier nicht Inhalt, sondern nur Veranlassung für das appellative Reden. Was zu sagen an der Zeit ist, bestimmen nicht eigentlich sie, sondern bestimmt das elementare Denken dessen, was getan werden muß. Sodann: Das auf Offenbarung begründete Heilsgeschehen als Grund der Predigt wird nicht sichtbar. Insofern ist es nur folgerichtig, daß das Bekenntnis der Kirche fast völlig fehlt. Der Mensch Jesus rückt näher in dem Maße, als der Christus des Glaubens sich entfernt. Tatsächlich sind die Predigten so etwas wie die Urform dessen, was Schweitzer später in seinen ethischen und kulturphilosophischen Werken ausarbeiten wird. Seine Religion ist Kulturphilosophie. Das dabei leitende Interesse ist die Versöhnung von Glauben und Denken. Das macht – bei aller Kritik – Schweitzers Theologie zu einer Herausforderung für uns alle. In der Einheit von Theologie, Glauben und Leben, wie sie dieser Mann praktizierte, mag größere Überzeugungskraft liegen als in der dogmatisch ›richtigen‹ Verkündigung, die jedoch mit der gelebten Wirklichkeit ständig in Konflikt kommt bzw. die einen Dissensus zwischen wissenschaftlicher und praktischer Theologie hinnehmen muß. Wir müssen uns klar machen: was uns ein Mangel scheint – keine Bekenntnisbindung –, hält Schweitzer für einen Gewinn: »Unter religiösem Gesichtspunkt ist das bedenklichste Merkmal unseres Zeitalters das Verschwinden aller liberalen Frömmigkeit; fast alles ist Bekenntnis und Dogmatik.« Das ist ein klares Bekenntnis zum liberalen Geist, dem Dogmatismus das Gegenteil von Wahrheitssuche ist. Um »der Kraft eines wahrhaftigen Verstehens der Wahrheit« willen macht Schweitzer keinerlei Zugeständnisse, weder dogmatische noch kirchlich-konfessionalistische. Die Frömmigkeit, das ganz persönliche Verhältnis zu Jesus, bleibt davon unberührt. Die Zeugnisse sind Legion, die es dokumentieren. »Ich habe immer klarer erkannt, daß die einzige Wahrheit und das einzige Glück darin besteht, unserem Herrn Jesus Christus zu dienen, da, wo er uns nötig hat.« Jesus Christus, der Herr! Darauf liegt der Ton. Der Umgang mit ihm ist eine Begegnung von Wille zu Wille. Der historische Jesus darf bleiben, der er war. Denn für den heutigen Glauben ist nur der Geist Jesu maßgeblich. Als Theologe und Prediger verfährt Schweitzer nach dieser Überzeugung und wagt von sich zu sagen: »Von

allen protestantischen Ketzern bin ich also der brävste und der kirchlichste [...] und kann mich auf Marcus und Matthäus besser berufen als die Kirche.«[20]
In einer Art Gegenrede zur einstigen Traupredigt hat sich Theodor Heuss bei der Verleihung des Friedenspreises des Deutschen Buchhandels an Albert Schweitzer für den Trost bedankt, den dieser Mann in den Herzen anderer weckte: »Denn in den verdammten und verderbten Jahren war Ihr Name, Ihr So-Sein und Ihr Da-Sein, für Zahllose in der ganzen Welt Trost und Ruhe.« Aber bis es dahin kam, war für Schweitzer noch ein Riesenpensum zu bewältigen. Ein Jahr nach dem philosophischen Doktor folgt 1900 der theologische. Schon zwei Jahre später habilitiert er sich mit einer knapp über 100 Seiten starken, sprachlich faszinierend schönen und genialen Studie über ›Das Messianitäts- und Leidensgeheimnis. Eine Skizze des Lebens Jesu‹ (im Druck 1901 erschienen). Sie enthält im Gerüst bereits die gesamte spätere Theologie und im ›Nachwort‹ das wissenschaftliche Credo, das Schweitzer nie wieder ändern wird: »Die Urteile über diese realistische Darstellung des Lebens Jesu können sehr verschieden sein, je nach dem dogmatischen, historischen oder literarischen Standort der Kritik. Nur den Zweck des Buches mögen sie nicht antasten: der modernen Zeit und der modernen Dogmatik die Gestalt Jesu in ihrer überwältigenden heroischen Größe vor die Seele zu führen. Das Heroische geht unserer Weltanschauung, unserem Christentum und unserer Auffassung der Person Jesu ab. Darum hat man ihn vermenschlicht und erniedrigt. Renan hat ihn zur sentimentalen Figur entweiht, feige Geister wie Schopenhauer wagten es, sich auf ihn zu berufen für ihre entnervende Weltanschauung, und unsere Zeit hat ihn modernisiert, indem sie sein Werden und seine Entwicklung psychologisch zu begreifen gedachte. Wir müssen dazu zurückkehren, das Heroische in Jesu wieder zu empfinden, wir müssen vor dieser geheimnisvollen Persönlichkeit, die in der Form ihrer Zeit weiß, daß sie aufgrund ihres Wirkens und Sterbens eine sittliche Welt schafft, welche ihren Namen trägt, in den Staub gezwungen werden, ohne es auch nur zu wagen, ihr Wesen verstehen zu wollen: dann erst kann das Heroische in unserem Christentum und in unserer Weltanschauung wieder lebendig werden.«[21]
Mit einer Antrittsvorlesung vor der Theologischen Fakultät zu Straßburg über die Logos-Lehre im Johannesevangelium am 1. März 1902 beginnt für Schweitzer die Privatdozentenzeit als Neutestamentler. Neben die regelmäßigen Predigten treten nun auch die Vorlesungen. Über diese Dozententätigkeit ist wenig bekannt, über den Inhalt seiner Vorlesungen gar nichts.[22] Man weiß nur, daß er über das Leben Jesu, die Pastoralbriefe, die Katholischen Briefe, den Galaterbrief, die Johannesoffenbarung sowie über ›Taufe und Abendmahl im Neuen Testament und dem 1.-4. Jahrhundert‹ gelesen hat. Gleichzeitig ist er für drei Jahre Stiftsdirektor des

20 Brief vom 1. Juni 1958 an Herrn Bahr.
21 MLG, S. 340.
22 Anmerkung des Herausgebers: 1997 werden die erst vor wenigen Jahren aufgefundenen Vorlesungen von Erich Gräßer und Johann Zürcher veröffentlicht.

Collegium Wilhelmitanum in Straßburg, zu dessen Pflichten hebräische Lektüre des Alten Testamentes mit den Studenten gehört. Nebenher laufen Bachstudien, deren Ergebnis die große Bach-Biographie ist (französisch 1905; deutsch und ganz neu geschrieben 1908). Während Schweitzer auf allen anderen Fachgebieten mit kritischen Einwänden nicht verschont wurde, hat er in der Musik kaum Widerspruch hinnehmen müssen. Schweitzer, der ohne Musik nicht leben konnte, beweist seine Kompetenz als Musiktheoretiker durch ein künstlerisch vollkommenes Spiel an Klavier und Orgel. Es verwundert nicht, daß er seinen theologisch-weltanschaulichen Standpunkt auch im Bach-Buch zu Zuge bringt: »Zuletzt war aber auch das orthodoxe Luthertum nicht die eigentliche Religion des Meisters, sondern die Mystik. Seinem innersten Wesen nach ist Bach eine Erscheinung in der Geschichte der deutschen Mystik.« Schweitzer tritt für eine werkgerechte Interpretation des Meisters ein. Durchweg wird ihm Bach zu schnell gespielt. Nicht durch das Tempo, durch die Phrasierung solle man das Leben, das in Bachs Musik liegt, zur Geltung bringen. Schweitzer vertritt die These, daß der musikalische Satz »nur der in Tönen gehärtete Wortsatz«[23] sei. »Dem Bach der Gralswächter der reinen Musik setzte ich in meinen Buche denjenigen entgegen, der Dichter und Maler in Musik ist. Alles, was in den Worten des Textes liegt, das Gefühlsmäßige wie das Bildliche, will er mit größtmöglicher Lebendigkeit und Deutlichkeit in dem Material der Töne wiedergeben. Vor allem geht er darauf aus, das Bildliche in Tonlinien zu zeichnen. Er ist noch mehr Tonmaler als Tondichter. [...] Darin ist Bach der Größte unter den Großen. [...] Das größte an dieser urlebendigen, wunderbar plastischen, einzigartig formvollendeten Kunst ist der Geist, der von ihr ausgeht. Eine Seele, die sich aus der Unruhe der Welt nach Frieden sehnt, und Frieden schon gekostet hat, läßt darin andere an ihrem Erlebnis teilhaben.«[24]
Nichts hat Schweitzer so sehr befriedigt wie die Tatsache, daß er mit seinen Gedanken eine neue Ära der Pflege Bachscher Musik eingeleitet hat.
Ohne alle Einschränkung der oben genannten Tätigkeiten beginnt Schweitzer 1905 – inzwischen dreißig Jahre alt – mit dem Medizinstudium. Das hat eine Vorgeschichte. Und sie macht der Ungewißheit über den späteren Dienst ein Ende. »Eines Morgens«, so schreibt er in seinen Lebenserinnerungen, »im Herbst 1904, fand ich auf meinem Schreibtisch im Thomasstift eines der grünen Hefte, in denen die Pariser Missionsgesellschaft allmonatlich über ihre Tätigkeit berichtete. [...] Mechanisch schlug ich dies am Abend zuvor in meiner Abwesenheit auf meinen Tisch gelegte Heft auf, während ich es, um alsbald an meine Arbeit zu gehen, beiseite legte. Da fiel mein Blick auf einen Artikel mit der Überschrift ›Les besoins de la Mission du Congo‹ (Was der Kongomission not tut). Er war von Alfred Boegner, dem Leiter der Pariser Missionsgesellschaft, einem Elsässer, und enthielt die Klage, daß es der Mission an Leuten fehle, um ihr Werk in Gabun, der

23 BATo, S. 398.
24 LD, S. 82.

nördlichen Provinz der Kongokolonie, zu betreiben. Zugleich sprach er die Hoffnung aus, daß dieser Appell solche, ›auf denen bereits der Blick des Meisters ruhe‹, zum Entschluß bringe, sich für diese dringende Arbeit anzubieten. Der Schluß lautete: ›Menschen, die auf den Wink des Meisters einfach mit: Herr, ich mache mich auf den Weg, antworten, dieser bedarf die Kirche.‹ Als ich mit dem Lesen fertig war, nahm ich ruhig meine Arbeit vor. Das Suchen hatte ein Ende.«[25]
Der äußerlich so nüchterne Vorgang bedeutet nach innen einen Ruf, gegen den es keine Einwendungen gibt. Schweitzer selbst hat es auch nie anders empfunden; er wird später nach Äquatorialafrika gehen, weil er sich »berufen fühlte«.
Eineinhalb Jahre wird niemand etwas von diesem Entschluß erfahren. Seine vielfältigen Beschäftigungen in Straßburg gehen einfach weiter, wobei das Medizinstudium besondere Mühe macht. Acht Jahre vergehen, ehe er es 1913 mit dem Dr. med. abschließt. Die Erklärung dafür ist einfach: Es sind die Jahre, in denen Schweitzer jene Bücher schreibt und veröffentlicht, mit denen er sich für immer als Theologe einen Namen gemacht hat. Allem voran ist das die aus Vorlesungen herausgewachsene Untersuchung der Geschichte der Leben-Jesu-Forschung, die er 1906 erstmals unter dem Titel ›Von Reimarus zu Wrede‹ veröffentlicht. Das Buch hat 418 Seiten und gewinnt mit der zweiten Auflage von 1913, jetzt unter dem Titel ›Geschichte der Leben-Jesu-Forschung‹, seine endgültige, auf 659 erweiterte Form. Ohne Übertreibung kann man von diesem Buch sagen, was Schweitzer im Blick auf das Leben Jesu von David Friedrich Strauß gesagt hat: »Als literarisches Werk« gehört es »zum vollendetsten, was die wissenschaftliche Weltliteratur kennt.«[26] Schweitzer läßt hundertfünfzig Jahre Forschungsgeschichte Revue passieren und zeigt, daß das »historische Fundament des Christentums, wie es die rationalistische, die liberale und die moderne Theologie aufgeführt haben«[27], nicht mehr existiert. Und zwar ist es nicht von außen zerstört worden, »sondern in sich selbst zusammengefallen, erschüttert und gespalten durch die tatsächlichen historischen Probleme, die eines nach dem andern auftauchten und sich trotz aller darauf verwandten List, Kunst, Künstlichkeit und Gewalt in die Gesamtanschauung, die den Jesus der Theologie der letzten hundertfünfzig Jahre hervorgebracht hatte, nicht einebnen lassen wollten und jedesmal, kaum begraben, in neuer Form auferstanden«.[28] Wer das Biographische im Leben Jesu sucht, findet es nicht, sondern muß es erfinden bzw. psychologisierend ergänzen. Das so entstehende Bild sagt jeweils sehr viel über die Subjektivität des Autors oder den Geist einer Epoche, aber fast gar nichts über den Jesus der Geschichte. Dieser ist so fest in der eschatologischen Gedankenwelt des Frühjudentums verwurzelt, daß er sich nicht daraus herauslösen läßt. Man versteht ihn aufgrund seiner konsequenten Eschatologie, d.h. daß er all sein Reden und Tun in der Erwartung des alsbald herein-

---

25 LD, S. 101 f.
26 GLJF, S. 150.
27 GLJF, S. 873.
28 GLJF, S. 872.

brechenden Gottesreiches gesehen hat – oder man versteht ihn gar nicht. Denn »mit der Eschatologie wird es eben unmöglich, moderne Ideen in Jesus hineinzulegen und sie von ihm durch die neutestamentliche Theologie wieder als Lehen zurückzuempfangen«[29]. Damit hat Schweitzer der modernen Theologie einen Weg abgeschnitten, auf dem sie durch den immer wieder angestellten Versuch einer »Scheidung zwischen Vergänglichem und Bleibendem«[30] Jesus unmittelbar in die eigene Zeit stellte. Als könne der apokalyptische Endzeitprediger unserer Gegenwart als ein ihr Gleichzeitiger begegnen! Das geht nur mittels einer Gewaltsamkeit, die sich nicht scheut, die historischen Grundfragen ganz einfach beiseite zu schieben.

Schweitzer stellt sich also mit seinem Buch in die Reihe derer, die ein echtes Verständnis der neutestamentlichen Verkündigung heraufführen halfen dadurch, daß sie einem verbürgerlichten Verständnis des Christentums gegenüber auf die Fremdheit der Gedanken des neuen Testamentes hinweisen. Das Ergebnis ist positiv und negativ zugleich. Das positive Ergebnis muß man dialektisch formulieren: Dem christlichen Glauben hat er die Auseinandersetzung »mit der historischen Wahrheit über Jesus«[31] als eine unabweisbare Aufgabe zugewiesen. Und: Die Jesusforschung ist für immer um ihre Naivität gebracht zu meinen, sie könne das Leben des historischen Jesus hinter den Evangelien, so wie es wirklich gewesen ist, wiedergewinnen.

Das negative Ergebnis der Problemgeschichte ist dieses: Indem Schweitzer die zuletzt genannte Erkenntnis selbst nicht ernst nimmt, entwirft er ein apokalyptisches Jesusbild, in das kräftige Züge eines Abenteurers hineingemengt sind. So sehr und so ausschließlich ist dieser Jesus von der baldigen Nähe des Hereinbrechens der Himmelsherrschaft überzeugt, daß er noch seinen Tod als Versuch versteht, dem Rad der Geschichte in die Speichen zu fallen, die Geschichte aufzuhalten und so das Ende herbeizuzwingen. Damit ist er gescheitert. Was bleibt, ist der ›Geist Jesu‹, die ›Persönlichkeit‹, das ›Heroische‹ dieser Gestalt, welches, in ethisches Tun umgesetzt, unsere ›Nachfolge‹, unser Christsein ausmacht. Über diesem Jesusbild ist Schweitzer freilich selbst zum exegetischen Abenteurer geworden, der manchen Textbefund einfach ignoriert. Vor allem diesen: Es ist unmöglich, den historischen Jesus vom geglaubten Christus zu trennen. Die Jesusüberlieferung ist in allen vier Evangelien von Ostern her erzählt. In ›Jesus Christus‹ ist das historische Einmal des geschichtlichen Menschen Jesus und das eschatologische Ein-für-Allemal des himmlischen Christus unlösbar verschränkt. Wer diese Verschränkung auflöst, hebt das Wesen der Botschaft selbst auf.

Unmittelbar an seine Jesusstudien schließt Schweitzer Forschungen zu Paulus an. 1911 läßt er seine ›Geschichte der paulinischen Forschung von der Reformation bis auf die Gegenwart‹ erscheinen. Sie ist insofern eine Fortsetzung seines Jesus-

29 GLJF, S. 371.
30 GLJF, S. 878.
31 GLJF, S. 33.

buches, als er gegen die damals geltende Paulusforschung den Einfluß griechischer Vorstellungen auf das Gedankensystem des Apostels verneint und statt dessen seine Theologie ebenfalls aus der jüdischen Eschatologie erklärt. Man merkt es dem Buch an, daß es Schweitzer 1911 – es ist die Zeit seines medizinischen Staatsexamens – an Ruhe gefehlt hat. Jedenfalls hat er selbst in eine ihm nahegelegte Neuauflage nicht eingewilligt.

Und noch eine theologische Schrift entsteht in dieser Zeit, die aber unmittelbar mit seinem Medizinstudium zusammenhängt: ›Die psychiatrische Beurteilung Jesu. Darstellung und Kritik‹ (1913). Es ist seine medizinische Dissertation, deren ursprünglicher Titel lautete: ›Kritik der von medizinischer Seite veröffentlichten Pathographien über Jesus‹ (1913). Der Verdacht, daß Jesus krankhafte Züge aufweist, verflüchtigt sich in dem Augenblick, in dem erkannt wird, daß seine Gedankenwelt ganz in der frühjüdischen eschatologischen Vorstellungswelt wurzelt. Man sieht die Beharrlichkeit, mit der Schweitzer bei seinem Jesusverständnis bleibt – bis in das 1967 postum erschienene Werk hinein ›Reich Gottes und Christentum‹, herausgegeben und mit einem Vorwort versehen von Ulrich Neuenschwander.

An theologischen Werken werden zu diesen Veröffentlichungen nur noch zwei hinzukommen: die kleine, aber außerordentlich wichtige Schrift ›Das Christentum und die Weltreligionen‹ (München 1923). Den endgültigen Schlußpunkt setzt die 1930 sehr verspätet erscheinende ›Mystik des Apostels Paulus‹. Daß sie 1981 mit einer Einführung von Werner Georg Kümmel noch einmal als Taschenbuch aufgelegt wurde, zeigt die Wichtigkeit dieses wohl bedeutendsten theologischen Werkes von Albert Schweitzer. An der Tatsache ist nicht zu rütteln, daß diese Paulusinterpretation »in ihren grundlegenden Einsichten dem geschichtlich zutreffenden Verständnis der paulinischen Theologie den Weg bereitet hat«[32]. Auch jetzt arbeitet Schweitzer mit dem Bewußtsein, daß die bisherige Paulusforschung versagt hat. Statt aus dem jüdisch-apokalyptischen erklärte sie die Theologie des Apostels aus dem griechischen Geist oder bestenfalls aus einer Mischung von beiden. Demgegenüber versteht Schweitzer sie konsequent aus der frühjüdischen Eschatologie, genauer aus der Apokalyptik. Im paulinischen Gedankensystem ist ihr primärer Sinn der, daß der neue Äon schon angebrochen ist. Entsprechend ist die Erlösung bei Paulus nicht individualistisch, sondern als ein die ganze Welt betreffendes Geschehen verstanden. Und das Hineingestelltsein in diese ›eschatologische Heilssituation‹, diesen richtig erkannten Sachverhalt, umschreibt Schweitzer mit dem mißverständlichen Begriff ›Mystik‹. Und auch, daß Schweitzer die paulinische Rechtfertigungstheologie gegen den reformatorischen Strich bürstet – als Kampfeslehre in der Auseinandersetzung mit dem Judentum entstanden, ist sie ein ›Nebenkrater‹ im Hauptkrater der ›eschatologischen Mystik‹ – zeigt, daß auch dieses Buch trotz seiner faszinierenden Geschlossenheit seine Grenzen hat. Sie heben aber die Wichtigkeit der Erkenntnis nicht auf, daß es

32 Kümmel, W.G.: Einführung, S. XVI.

Paulus gewesen ist, der das Evangelium Jesu sachlich so zu Ende gedacht hat, daß kein anderer Weg mehr offen steht. Und so kann sich die paulinische Theologie »in dem Glauben aller Zeiten als stets erneuernde Kaft betätigen«. In der Sache ist das eine ganz andere Einschätzung der Bedeutung und Wirkung des paulinischen Denkens als etwa bei Luther oder Karl Barth. Und doch bestätigt sie in bemerkenswerter Parallelität das theologische Gewicht des Paulinismus. Die allzeit notwendige reformatorische Theologie (nicht konfessionalistisch, sondern sachlich gemeint) wäre ohne ihn nicht möglich. Schweitzer drückt das auf seine Weise aus, wenn er feststellt: »Paulus ist der Schutzheilige des Denkens im Christentum. Vor ihm müssen sich alle verbergen, die dem Evangelium mit der Vernichtung freien Denkens im Glauben an Jesum zu dienen glauben.«[33]
Im Blick auf die Jesus- und Paulusforschung Schweitzers ist mit Recht gesagt worden, »daß Jesus und Paulus die zwei Gestalten seien, auf die sein Leben und Denken ausgerichtet sind. Sie waren ein Leben lang die Sterne, die ihm den Weg gewiesen und bestrahlt haben. Dabei ist Jesus der Herr, zu dem man kaum die Augen zu erheben wagt. Zu Paulus aber stellt sich eine Beziehung her, die man bei aller Ehrfurcht nur als eine solche der Intimität bezeichnen kann. Sie ist der zweite Pfeiler, auf dem das bei aller hartnäckigen Betonung der grundlegenden Bedeutung des Denkakts so persönlich fundierte Christentum Schweitzers ruht.«[34]
Nach den Jahren intensivster theologischer, philosophischer und musikwissenschaftlicher Studien in Straßburg bricht Schweitzer 1913 zu dem großen »Wagnis« seines Lebens auf, »das in seiner sehr opferreichen und ganz phrasenlosen Zähigkeit noch die Seelen der Welt bewegen sollte«. Zuvor muß er in »schweren Wochen über die Maßen« den Einwänden der Verwandten und Bekannten standhalten, die ihm die »Sinnlosigkeit« seines Entschlusses vorhalten mit dem Argument, er solle das »Wirken unter den Wilden« solchen überlassen, die damit nicht »Gaben und Kenntnisse in Wissenschaft und Kunst ungenützt liegenließen«[35]. »In den vielen Diskussionen, die ich damals mit als christlich geltenden Leuten als ein müder Partner durchzufechten hatte, berührte es mich merkwürdig, wie fern ihnen der Gedanke lag, daß das Streben, der von Jesu verkündeten Liebe zu dienen, einen Menschen aus seiner Bahn werfen könne, obwohl sie es im Neuen Testament lasen und es dort ganz in der Ordnung fanden.«[36]
Auch ein monatelanges Tauziehen mit der Pariser Missionsgesellschaft, in deren Diensten Schweitzer nach Afrika ziehen will, geht der ersten Ausfahrt voraus. Ihr ist Schweitzers Theologie nicht geheuer. Selbst noch gegen die Arbeit eines Missionsarztes hat sie Bedenken, »der nur die rechte christliche Liebe, nicht aber auch

33 MAP, S. 486.
34 Picht, W.: Wesen, S. 87.
35 LD, S. 103.
36 LD, S. 103.

den rechten Glauben«[37] hat. Erst als Schweitzer versichert, er werde »stumm wie ein Karpfen [...] sein«[38], gibt sie nach.
Am 26. März 1913 reist Schweitzer von Bordeaux aus erstmals nach Lambarene am Ogowe-Fluß in Gabun, um praktisch aus dem Nichts ein Spital aufzubauen, das sich im Laufe der Jahre entwickeln und die Aufmerksamkeit der Welt auf sich ziehen wird. Er reist mit seiner Frau, einer ausgebildeten Krankenschwester. Später muß sie aus Gesundheitsgründen mit der Tochter Rhena, dem einzigen der Ehe geschenkten Kind, in Deutschland zurückbleiben. Der Tapferkeit und aufopferungsvollen Entsagung dieser Frau ist bisher nur mit einem schmalen Bändchen von Marianne Fleischhak gedacht worden.
Mit einer längeren, kriegsbedingten Unterbrechung von 1917 bis 1924 (in dieser Zeit vollendet Schweitzer sein ethisches Hauptwerk, die ›Kulturphilosophie‹ I und II, 1923) und vielen kurzen Urlaubspausen bleibt Schweitzer insgesamt fünfzig Jahre in seinem Spital unter dem ungünstigen tropischen Klima tätig. Seine Schrift ›Zwischen Wasser und Urwald‹ (1929), die ›Mitteilungen aus Lambarene‹ (1924 bis 1927), der Bildband ›Das Spital im Urwald‹ (1948) und vieles andere berichten von dieser aufopferungsvollen Tätigkeit, bei der Schweitzer Arzt, Baumeister und Seelsorger zugleich ist. Eine immer größer werdende Korrespondenz und das wissenschaftliche Arbeiten gehen auf Kosten der Nachtruhe. Das Buch über ›Die Weltanschauung der indischen Denker. Mystik und Ethik‹ entsteht in dieser Zeit und erscheint 1935. Bei den Europa-Aufenthalten füllen Vorträge in vielen Ländern bis hin nach USA sowie Konzerte die Wochen und Monate. Lambarene braucht Geld! Denn Schweitzer war auf eigene Kosten dorthin gegangen. Die Pariser Missionsgesellschaft hatte keinen Pfennig gegeben.
Als die Welt ihn mit Ruhm und Ehre zu überhäufen beginnt, verändert das seine bescheidene Lebensweise in keiner Hinsicht. Höhepunkte dieser Ehrungen sind der Goethepreis der Stadt Frankfurt am Main (1928), der Friedenspreis des Deutschen Buchhandels (1951) und der Friedens-Nobelpreis (1953). Als Schweitzer sich jedoch 1958 in drei Aufrufen über Radio Oslo für die Einstellung von Atomversuchen und gegen die Herstellung von Atombomben ausspricht, erfährt die bislang uneingeschränkte Hochschätzung des großen Menschenfreundes einen plötzlichen Knick. Man wollte sich an ihm erbauen, aber nicht von ihm in Pflicht nehmen lassen. Schweitzer zu bewundern ist leicht; seinem Geist zu folgen, wird in unserer Zeit immer schwerer.
Neunzig Jahre zählt sein Leben, als der Tod es ohne vorherige Krankheit rasch beendet. Seinem Wunsche gemäß wird er in Lambarene beerdigt und auf sein Grab ein Holzkreuz gesetzt, auf dem nur der Name ›Dr. Albert Schweitzer‹ sowie Geburts- und das Todesdatum (4. September 1965) stehen. So schlicht, wie sein Leben war, ist auch sein Tod.
Auf die Frage, warum Schweitzer ein an Erfolgen reiches Leben als theologisch-akademischer Lehrer und Orgelspieler, als Schriftsteller und Gelehrter aufgab, gibt

---

37 LD, S. 111.
38 LD, S. 129.

es verschiedene Antworten. Albert Einstein sieht darin »zu einem bedeutsamen Teil Flucht vor unserer moralisch versteinerten und seelenlosen Kulturtradition –, ein Übel, dem gegenüber der Einzelne machtlos ist«. Elly Heuss-Knapp jedoch nennt es »die Logik der Heiligen«. Sie dürfte recht behalten. Für Schweitzer ist sein Gehen nach Afrika »Gehorsam gegen Jesus«, weil dort jene Schuld gesühnt werden muß, »die die dem Namen nach christlichen Nationen draußen begehen«. Was wäre gewesen, wenn er nicht gegangen wäre? Theodor Heuss meint, daß dann möglicherweise in der Theologie nie jene »dogmatische Verhärtung« eingetreten wäre, der die Ethik »schon fast eine Art von [...] ›Säkularisation der Religion‹ bedeutet«. Das bleibt Spekulation. Aber angesichts der Verlegenheiten, in denen sich Theologie und Kirche gegenüber den ethischen Herausforderungen unserer Zeit befinden, legt sich doch die Vermutung nahe, Schweitzers Stimme sei zu wenig gehört worden. Protestantischer Tradition ist die Verhältnisbestimmung von Dogmatik und Ethik immer schwer gefallen.

Nicht so Albert Schweitzer. Leicht, zu leicht löst er das Problem, indem er die Dogmatik ganz in der Ethik der Liebe aufgehen läßt. Die theologische Kritik daran hat immerhin zu bedenken, daß Schweitzer seine ›universelle Ethik‹ der Ehrfurcht vor dem Leben absichtsvoll nicht theologisch begründet, sondern ganz aus dem elementaren Denken ableitet. Mit dieser Ethik, die »allem Willen zum Leben die gleiche Ehrfurcht vor dem Leben entgegenbringt wie dem eigenen« – sie war ihm das »Grundprinzip des Sittlichen« –, hat Schweitzer als einem anvertrauten Pfund gewuchert. Wir aber haben das Pfund alsbald wieder vergraben. Denn es gilt dem europäischen Denken nach wie vor »als ein Dogma, daß die Ethik es eigentlich nur mit dem Verhalten des Menschen zum Menschen und zur Gesellschaft zu tun hat«. Erst heute, angesichts der ökologischen Krise, im Stadium schwerster Bedrohung der Überlebenschancen des Planeten Erde, werden uns die Augen für die gnadenlosen Folgen dieses Dogmas geöffnet. Ethik muß es auch zu tun haben mit dem Verhalten des Menschen zum nichtmenschlichen Leben, ja zur Natur überhaupt. Der Mensch kann nicht leben ohne das Leben der Schöpfung. Schöpfung ist etwas Unteilbares. In dem Maße, in dem wir sie schädigen, schädigen wir auch uns. Das Gift, das wir in sie hineingeben, gibt sie an uns zurück. Verwüstete Schöpfung heißt immer auch: verwüstete Menschen. Wo aber wären Schöpfung und damit wir selbst mehr verwüstet als in unserem brutalen Umgang mit den Tieren, insbesondere den Nutztieren in der modernen Massentierhaltung und bei den unnötigen Tierexperimenten? Schweitzer schreibt: »Es ist das Schicksal einer jeden Wahrheit, vor ihrer Anerkennung ein Gegenstand des Lächelns zu sein. Einst galt es als eine Torheit anzunehmen, daß die farbigen Menschen wahrhaft Menschen seien und menschlich behandelt werden müßten. Die Torheit ist zur Wahrheit geworden. Heute gilt es als übertrieben, die stete Rücksichtnahme auf alles Lebendige bis zu seinen niedersten Erscheinungen herab als Forderung einer vernunftgemäßen Ethik auszugeben. Es kommt aber die Zeit, wo man staunen wird, daß die Menschheit so lange brauchte, um gedankenlose Schädigungen von Leben als mit Ethik unvereinbar einzusehen.«

Albert Schweitzer – ein protestantisches Profil? Er ist es in hohem Maße: Mit seiner Paulusforschung, mit der Leben-Jesu-Forschung, in die als »eine Wahrhaftigkeitstat des protestantischen Christentums«[39] er sich einreiht. Er ist es auch darin, daß ihm »Wahrheit im höchsten Sinne ist, was im Geiste Jesu ist«,[40] nämlich tätige Nächstenliebe, die alles Lebendige umgreift. Und er ist es schließlich und vor allem mit seinem unbedingten Willen zur Wahrhaftigkeit. In der Vorrede zur sechsten Auflage der ›Geschichte der Lebens-Jesu-Forschung‹ schreibt Schweitzer: »Zum Wesen des Protestantismus gehört, daß er eine Kirche ist, die nicht kirchgläubig, sondern christgläubig ist. Dadurch ist ihm verliehen und aufgegeben, durchaus wahrhaftig zu sein. Hört er auf, unerschrockenes Wahrhaftigkeitsbedürfnis zu besitzen, ist er nur noch ein Schatten seiner selbst und damit untauglich, der christlichen Religion und der Welt das zu sein, wozu er berufen ist.«[41]

39 GLJF, S. 36.
40 GLJF, S. 36.
41 GLJF, S. 36.

EHRFURCHT VOR ALLEM LEBENDIGEN

I

Als Albert Schweitzer zu Beginn unseres Jahrhunderts seine Ethik der Ehrfurcht vor dem Leben entwarf, tat er es unter dem Eindruck des Niedergangs der Kultur, der ihm gleichbedeutend war mit dem Verfall des Menschlichen. Die Hauptursache dafür sah er in einem Ungleichgewicht von materieller und geistiger Entwicklung: letztere hielt mit der ersteren nicht Schritt. »Flugzeuge tragen heute die Menschen durch die Luft über eine Erde dahin, auf der Hunger und Räuberbanden ihr Wesen haben.« Das war das 1923 gewählte Beispiel für einen ›Fortschritt‹, den Schweitzer »grotesk« nannte. In einer von der Ethik abgekoppelten technischen Kultur vermochte er nur eine verhängnisvolle »Unkultur« zu sehen. Denn er war überzeugt, daß »das Zweckmäßige« »in letzter Linie [...] nur durch das Ethische zu verwirklichen ist«.
Wie sehr Schweitzer damit im Recht war, zeigt unsere Gegenwart. Die Verselbständigung des technisch Machbaren gegenüber dem technisch Verantwortbaren hat uns heute in den Würgegriff eines Fortschritts gebracht, der die Welt mit Umweltkatastrophen von apokalyptischen Ausmaßen überzieht und nur noch die Alternative ›Ende oder Wende‹ zuläßt. Das heißt, die von Schweitzer mit seinem Lebensbeispiel und mit seinem Denken entwickelte Gegenkraft gegen das Verhängnis einer nichtethischen Kulturauffassung ist vorerst wirkungslos geblieben, obwohl jeder Einsichtige mit Schweitzer überzeugt ist, »daß die Menschheit sich in einer neuen Gesinnung erneuern muß, wenn sie nicht zugrunde gehen will«.
Schweitzer hatte gehofft, mit seiner Ethik der Ehrfurcht vor dem Leben dieser neuen Gesinnung das tragende Gerüst gegeben zu haben. »Die bisherige Ethik ist unvollkommen, weil sie es nur mit dem Verhalten der Menschen zum Menschen zu tun haben glaubt. In Wirklichkeit aber handelt es sich darum, wie der Mensch sich zu allem Leben, in seinem Bereich befindlichen Leben, verhält. Ethisch ist er nur, wenn ihm das Leben als solches heilig ist, das der Menschen und das aller Kreatur.«[1] Schweitzer selbst hat sich eine geradezu soteriologische Wirkung von

1 ELEL, S. 181.

dieser Ethik versprochen. Er glaubte, daß wir durch sie »andere Menschen« würden, die »in einer höheren Weise als der bisherigen in der Welt daheim sind und in ihr wirken«.[2] Das sollte auch der bedrohten Tierwelt zugute kommen. Das Aufkommen der Bewegung des Tierschutzes am Ende des vorigen Jahrhunderts begrüßte er lebhaft. »Ich hatte den Eindruck, daß ein neues Licht in dem Dunkel der Ideen aufgegangen sei und stetig zunehmen werde«,[3] ein Licht, das die Tiere in die Nächstenliebe einbezieht.[4] Andererseits verführten solche Hoffnungen ihn keineswegs zu weltfremder Schwärmerei. »Ethik, die uns Ehrfurcht vor allem Leben und Liebe zu allem Leben lehren will, muß uns zugleich in schonungsloser Weise die Augen darüber öffnen, in wie vielfacher Weise wir uns in der Notwendigkeit befinden, Leben zu vernichten und zu schädigen.«[5]

II

Mit Recht hat man diese Ethik eine stets abrufbare »humane Reserve« (Harald Steffahn) genannt. Aber sie wurde und wird nicht abgerufen, auch nicht vom Christentum, in dem sie doch ihre Wurzeln hat. Die christlichen Kirchen verkündigen zwar die Nächstenliebe als Hauptgebot. Aber dieses Hauptgebot ist eingegrenzt auf den Mitmenschen. Die gnadenlosen Folgen bekommen wir heute zu spüren: über dem Wohl des Menschen vergaß man das der Natur. Man erfaßte diesen Vorgang mit dem Stichwort »Hominisierung« (Carl Amery), das ist die aberwitzige Vorstellung, alles sei nur um des Menschen willen da, die Erde ein großer Selbstbedienungsladen. Das biblische Bekenntnis: »Die Erde ist des Herren und was sie füllt« (Ps 24,1 = 1. Kor 10,26) wird ersetzt durch den hybriden Satz: »Die Erde ist des Menschen und was sie füllt.« Alles ist Material zu seinem Nutz' und Wohl! Anderen Geschöpfen aus dem Tier-, dem Pflanzen- oder Erdreich, die sich nicht als Nutztiere oder Nutzpflanzen oder Mineralien verwenden lassen, wird das Wohnrecht auf der Erde bestritten. Die wilden Tiere rotten wir aus, die zahmen verwandeln wir in Tiermaschinen – um von Schlimmerem zu schweigen wie der Robbenjagd, der Abschaffung der Schimpansen oder der vollmechanisierten Massenschlächterei unter den letzten Walen. »Am Beginn der Menschwerdung«, so vermutet der Verhaltensforscher Paul Leyhausen vom Max-Planck-Institut für Verhaltensphysiologie, »stand der bedingungslose Radikalismus: soweit wir jedenfalls zurückschauen können, war die Gattung Homo immer bemüht, für alles, was sie erstrebte, radikale Mittel zu finden, und ganz besonders für alles, was sie störte, Radikalkuren.« Wilhelm Buschs »Wenn mir aber was nicht lieb, weg damit! ist mein Prinzip!« dürfte dem Sinn nach das erste Credo der Menschheit gewesen sein und ist es bis heute geblieben. Das Insekt, das einen umsummt oder gar sticht, schlag's tot, weg damit! Die Schädlinge, Motten, Mäuse,

---

2 ELEL, S. 180.
3 ELEL, S. 173.
4 PTSB, S. 140.
5 PTSB, S. 141.

Ratten und was sonst noch alles: weg damit! Die angeblichen oder wirklichen Konkurrenten des Jägers, die Raubtiere und Raubvögel: weg damit! Das Großwild der Erde braucht Land und macht doch nur Schaden, weg damit! Urwälder, Ödland, Sümpfe und Wüsten: weg damit! Daß hier etwas Bedrohliches ins Haus steht, beginnen die Fachleute zu vermuten: die Verwandlung der Erde zu einem Stern – so tot wie Mond und Merkur.

III

Die theologische Ethik nimmt diese Herausforderung bisher nur zögernd an, die offizielle Kirche noch gar nicht.
Ich will einen Punkt herausgreifen, an dem dieses ihr Versagen besonders schwerwiegend ist: bei ihrem Nicht-Verhältnis zur Tierwelt. Die Tiere nicht in ihr Verständnis von Nächstenschaft und Barmherzigkeit einbezogen zu haben, war schon immer schlimm; heute, im Blick auf die brutalisierte Tiernutzung, ist es ein unglaublicher Skandal. Zwar war es lange hinter Mauern des Schweigens verborgen. Inzwischen aber haben Presse, Funk und Fernsehen große Löcher in diese Mauern gebrochen. Man kann sehen, was sich dahinter verbirgt: ein »gigantischer KZ-Betrieb« (Robert Spaemann), in dem täglich Tausende von wehrlosen Opfern gefoltert, gequält, getötet werden – unnötig! Ich weiß, daß es auch nötige Opfer gibt, daß wir töten dürfen und auch töten müssen. Aber ist die Mechanisierung des Eierlegens nötig, indem man hierzulande in Legehennenbatterien ca. 70 Millionen Hennen zu je vier in einen Drahtkäfig pfercht, der 40 x 43 cm mißt, wo ihnen in einem 18-Stunden-Tag in einer Freßrinne das mit Antibiotika versetzte Futter gereicht wird und per Fließband die Eier eingesammelt werden (laut Spruch des Oberlandesgerichtes Frankfurt am Main Tierquälerei). Ist es nötig, täglich 400.000 Tiere zu Versuchszwecken zu verbrauchen? Ist es erlaubt, Hunde durch Atemmasken so lange Zigarettenrauch inhalieren zu lassen, bis sie an Lungenkrebs verenden? Dürfen Hunderte von Testhasen geblendet werden, um jene Augentropfen herzustellen, die die Pupillen der Damen am Abend gefahrlos vergrößern? Darf – zum Testen von Kosmetika – Tieren bei lebendigem Leib das Fell abgezogen werden, um den Wirkstoff dann zu erproben? Ist es nötig, riesige Mengen von Haarlack in die Kehlen von Tieren zu schütten, bis sie verenden, »damit die Bürokraten es wissenschaftlich versichert bekommen, was man auch so annehmen kann, daß nämlich massive Dosen von Lack für die Kehle schädlich sind« (Robert Spaemann)? In einem Aufklärungsblatt lese ich: »Ein Hund wird gekreuzigt, weil man die Dauer des Todeskampfes Christi untersuchen will. Eine trächtige Hündin wird aufgeschlitzt, um den Muttertrieb des leidenden Geschöpfes zu beobachten. An einer Universität stellt man Versuche an, die bei Hunden und Katzen schwere Krämpfe bis zur Bewußtlosigkeit bewirken, um die Gehirnwellen der Tiere während dieser Tortur zu studieren. Mehrere Beagles, die für ihr sanftes, zutrauliches Wesen bekannt sind, werden mit elektrischen Schlägen solange gequält, bis sie sich gegenseitig angreifen. Die Geistesgrößen, die das ersonnen haben, verkünden, sie hätten sich ›mit einer Studie über Jugendkriminalität befaßt‹. Tagtäglich wer-

den viele hunderttausende Tiere – hauptsächlich Mäuse, Ratten, Meerschweinchen, Hamster, Hunde, Katzen, Kaninchen, Affen, Schweine, Schildkröten, aber auch Pferde, Esel, Ziegen, Vögel und sogar Fische – von Menschen, die sich durch einen weißen Kittel als Wissenschaftler oder als solche, die es werden wollen, ausweisen, durch Säuren langsam geblendet, wiederholtem Schock oder intermittierendem Untertauchen ausgesetzt, werden vergiftet, mit tödlichen Krankheitserregern injiziert, aufgeschlitzt, eingefroren, aufgetaut und wieder eingefroren, dem Hunger- oder Dursttod ausgeliefert, in vielen Fällen, nachdem man ihnen verschiedene Drüsen ganz oder teilweise entfernt hat oder das Rückenmark durchtrennt hat. Es kann Wochen, Monate, Jahre dauern, bis der Tod sie erlöst – der Tod ist das einzig wirksame Betäubungsmittel, das die meisten dieser Tiere kennenlernen.«

Lassen wir die Frage nach dem medizinischen Nutzen solcher Versuche beiseite. Kompetente Ärzte halten 95 Prozent davon für völlig sinnlos. Umgekehrt gibt es Beweise der Schädlichkeit solcher Versuche für den Menschen. Die zehntausend Mißbildungen durch Contergan wären nicht aufgetreten, wenn man sich nicht auf die Ergebnisse der Tierversuche verlassen hätte. Man brauchte aber ein Alibi, falls etwas schiefgeht. Denn daß die Reaktionen eines Tierorganismus nicht ohne weiteres auf einen menschlichen Organismus übertragbar sind, wußte man auch vorher schon. Jedenfalls stiften die schamlose Massentierhaltung und die meist unnötigen Tierversuche »eine Welt des Grauens, des Schmerzes, der Todesangst, eine Welt [...] technisch perfektionierter Gefühllosigkeit« (Robert Spaemann), und das inmitten einer Zivilisation, die sich ihrer christlichen Wurzeln rühmt! Eine kirchliche Verlautbarung gegen den verbrecherischen Wahn, daß jeder beliebige Vorteil von Menschen jedes beliebige Leiden von Tieren rechtfertige, gibt es meines Wissens nicht. »Es sind ja nur Tiere«, wird gerne gesagt, und: »es gibt Wichtigeres zu tun – Eindämmung des Hungers und der Menschenrechtsverletzungen –, als sich der Tiere anzunehmen«. Ich aber stimme Spaemann zu: Zweitwichtigstes so lange zu unterlassen, bis alles Wichtigste sich erledigt hat, ist für die Gesellschaft das Ende aller Kultur. Und ich füge hinzu: Für die Kirchen ist es das Ende aller ihrer Glaubwürdigkeit! Man braucht sich nicht einschüchtern zu lassen durch den möglichen Einwand, es sei unnötig oder gar unsittlich, sich über Tiermißhandlungen zu ereifern, da doch der Mensch dem Menschen noch viel Schlimmeres antue.

Abgesehen davon, daß das nicht stimmt (s.u.), verfehlt der Einwand auch den Kern der Sache, der darin liegt, »daß der ganze Strom von Brutalität sich aus derselben Quelle speist; mögen sich die Opfer durch ihre verschiedene Stellung im zoologischen System unterscheiden – die Henker sind sich allemal gleich, auch darin, daß sie meist humane oder gar humanitäre Beweggründe vorzuweisen haben« (Jürgen Dahl). Nein, angesichts des arroganten und gnadenlosen Umgangs mit den Tieren, die doch zur Ahnenreihe des Menschen gehören, bedrückt die Tatsache, daß sie ein vergessenes Stück der Dogmatik, der Ethik und der praktischen Theologie sind. Die Brüder und Schwestern aus den niedrigen Ordnungen des Tierreichs kommen gar nicht vor, nicht in der Predigt, nicht im Unterricht, an keinem Erntedankfest, an keinem Bußtag, in keinem Schuldbekenntnis. Kein Dank erwähnt sie! »Wer stolz ein Mitgeschöpf verschmäht,/das unter Gottes Aufsicht steht/entehrt auch seinen Schöpfer«, heißt es im Biberacher Gesangbuch von 1802, in dem es noch eine Abteilung Lieder unter der Überschrift gab ›Pflichtgemäßes Betragen gegen Thiere, Pflanzen und Bäume‹. Von diesem »pflichtgemäßen Betragen« ist in den theologischen Ethiken nicht die Rede. Im 1356 Seiten starken ›Evangelischen Erwachsenenkatechismus‹ aus dem Jahre 1975, der sich ›Kursbuch des Glaubens nennt‹, wird in einem knappen Umweltschutzkapitel (Seiten 281-290) nur die Unantastbarkeit des Menschen verteidigt. Die Tiere kommen überhaupt nicht vor. Sie fehlen als Stichwort auch im Register. Weil es eben nur Tiere sind! Dabei hat Gott auch um der Tiere willen Ninive verschont (Jona 4,11). Westliche Christen des 20. Jahrhunderts dagegen brachten Zehntausende von Tieren auf das Bikini-Atoll, um die Wirkung der Strahlenausschüttungen auf lebende Wesen bei Atombombenexplosionen zu testen. Sie schießen lebende Tiere ins Weltall, um dem Menschen den Weg auf den Mond zu bahnen – eine ganz unnötige technische Protzerei. Sie gurten Affen und Schweine auf Gleitschlitten – unbetäubt natürlich –, die sie mit hoher Geschwindigkeit auf Wände aufprallen lassen, um Sicherheitsgurte für Autofahrer zu erproben. Das ist Sadismus. Und Sadismus ist Sünde. Das alte Kirchengesangbuch hat das noch gewußt: »Was gäbe mir wohl den Beruf,/ein Leben, das die Allmacht schuf/leichtsinnig zu zerstören?« Wenn überhaupt, dann hat die stumme Kreatur, die beliebig als ›Material‹ verschlissen wird, außerhalb, aber nicht innerhalb der Kirche ihre Anwälte. Es mutet einigermaßen grotesk an, wenn Theologen die kirchliche Lehrerlaubnis entzogen wird, weil sie Dogmen kritisieren, die ohnehin an Schrift und Tradition keinen Anhalt haben. Man hat aber noch nie vernommen, daß sie je gemaßregelt worden wären, weil sie sich an Gottes Auftrag, dem dominium terrae, versündigen, indem sie nicht für die gequälte Kreatur eintreten. Kein Wunder! »Die Kirche ist für die Menschen da«, so hört man es von Rom bis Konstantinopel, von Wittenberg bis Washington. »Und Menschen sind ja schließlich wichtiger als Tiere.« Die solche Banalität bloßlegende Frage des Philosophen bleibt ungehört: »Warum sind sie denn wichtiger? Was macht die Würde des Menschen aus, die ihn über die Tiere erhebt? Was macht ihn zum Herrn der Schöpfung? Seine Fähigkeit, Dinge zu unterlassen, weil sie niedrig, widerwärtig und gemein sind, obwohl er sie ungestraft tun kann; seine Fähigkeit, für außermenschliche Wesen eine Fürsorgepflicht zu übernehmen, seine Fähigkeit, das Schwache zu schützen. Tiere sind schwach. Wer sie quält, wird nie befürchten müssen, daß ihnen ein Rächer ersteht, der den Spieß eines Tages umdreht« (Robert Spaemann).

Diese Einsicht kommt nicht zum Zuge, weil theologischerseits das Verhältnis zum Tier noch immer bestimmt ist von der römisch-rechtlichen Tradition der Unterscheidung von Person und Sachen. Ein eklatantes Beispiel dafür ist der Fastenbrief des Bischofs Machens von Hildesheim vom 8. März 1949: »Tiere haben keine geistige Seele und kennen kein Fortleben nach dem Tode. Darum haben sie aber auch keinerlei Würde, auf die sie ihre Rechte bauen könnten.Und in der Tat, Tiere haben keine Rechte. Sie haben keinen Anspruch auf Dasein und Gesundheit, auf Eigentum und guten Ruf.«

Es fällt schwer, darauf nicht mit Nietzsches Sarkasmus zu antworten: »Wir halten die Tiere nicht für moralische Wesen. Aber meint ihr denn, daß sie uns für moralisch halten? – Ich fürchte, die Tiere betrachten den Menschen als ein Wesen ihresgleichen, das in höchst gefährlicher Weise den gesunden Tierverstand verloren hat.« Jedenfalls, bei solch verstockten Ansichten wie der des Bischofs findet man seinen Trost geradezu darin, daß die Kinder der Welt klüger sind als die Söhne des Lichtes. Arthur Schopenhauer zum Beispiel: »Die vermeintliche Rechtlosigkeit der Tiere, der Wahn, daß unser Handeln gegen sie ohne moralische Bedeutung sei, ist eine geradezu empörende Rohheit und Barbarei des Abendlandes.« »Nicht Erbarmen, sondern Gerechtigkeit ist man den Tieren schuldig.«

Spaemann hat die Person-Sachen-Unterscheidung ad absurdum geführt mit der schlichten Feststellung, daß Tiere weder Personen noch Sachen sind, sondern eben Tiere, und das heißt: empfindsame Wesen. Jedes einzelne Tier ist eine »kleine fühlende Welt«. Ihm mutwillig den Tod zu geben, es unnötig zu quälen, ist böse an sich. »Wo Schmerz ist, da ist der Beginn von Subjektivität, der Beginn einer ›Innenseite‹ des Lebens. Die absichtliche Verwandlung eines solchen Lebens in ein Bündel von Leiden und stummer Verzweiflung ist ein Verbrechen. Was sollte eigentlich sonst ein Verbrechen sein« (Robert Spaemann).

Es ist das Ganze nicht eine Frage des Mitleids, wie überhaupt das Thema heraus muß aus dem Geruch, ein Thema für empfindsame Seelen, für Naturromantiker, idealistische Weltverbesserer oder sentimentale ›Tierfreunde‹ zu sein. Wo fühlende Lebewesen um beliebiger Zwecke willen zu Opfern gemacht werden, muß ich nicht erst ein Freund der Opfer sein, um für sie einzutreten. Ich muß ›nur‹ ein Anwalt des Rechts sein. Die Millionen sinnloser Tieropfer Jahr für Jahr appellieren nicht an unser Mitgefühl, sie appellieren an unser Rechtsgefühl. »Wir haben nicht das Recht, ein fühlendes Wesen in die perverse Lage zu bringen, wo Nichtsein besser ist als Sein« (Robert Spaemann).

Was die zu dem allem schweigende Kirche von dieser philosophischen Ebene her als Anklage trifft, das trifft sie von ihrer eigenen theologischen Ebene her als Verurteilung. Denn im biblischen Zeugnis ist das Zuordnungsverhältnis von Mensch und Tier ein solches, daß sich der Blasphemie schuldig macht, wer massenhafte unnötige Tierquälerei unwidersprochen passieren läßt mit dem Entlastungsargument, es seien ja ›nur‹ Tiere.

Das fängt an mit der klaren Erkenntnis kreatürlicher Verwandtschaft von Mensch und Tier: »Wenn man das Geschick jedes Menschen und das Geschick der Tiere miteinander vergleicht: Sie haben ein und dasselbe Geschick. Wie diese sterben, so sterben jene. Beide haben ein und denselben Atem. Einen Gewinn, den nur der Mensch hätte, aber nicht das Tier, gibt es nicht. Beide sind Windhauch. Beide gehen an ein und denselben Ort. Beide kommen vom Staub her, beide kehren zum

Staub zurück. Wer weiß, ob der Atem der einzelnen Menschen wirklich nach oben steigt, während der Atem der Tiere ins Erdreich hinabsinkt« (Prediger 3,19-21)? Auf seine Kreatürlichkeit geblickt, gibt es überhaupt keinen spezifischen Wert des Menschen innerhalb der Schöpfung. Gleiche Herkunft und gleiches Ziel – Staub – binden Mensch und Tier ebenso unterschiedslos zusammen wie das gleiche Lebensprinzip: *ruah*.
Kohelets These von der Gleichwertigkeit von Mensch und Tier läßt zweifellos den dennoch vorhandenen Mehr-Wert des Menschen außer acht. Als das von Gott angeredete und beauftragte Geschöpf ist der Mensch Gottes Ebenbild (Gen 1,27). Und ein moderner Kommentar meint: Vor dem düsteren Nivellierungshintergrund »erscheint die Botschaft des Evangeliums um so mehr lebensbejahend: der Wert des Menschseins ist so kostbar, daß ›das Wort Fleisch (= Mensch) wurde‹ (Joh 1,14).« Nur ist dem sofort hinzuzufügen: nach neutestamentlichem Zeugnis ist in der gefallenen Schöpfung Christus allein Gottes Ebenbild (2. Kor 4,4; Kol 1,15; 3,10). Er allein ist der ›Menschensohn‹, der wahre, heile, Gottes Willen ganz entsprechende Mensch. Er gibt dem Glaubenden mit der Gliedschaft an seinem Leibe den verlorenen Mehr-Wert, die Gottebenbildlichkeit, zurück (Röm 8,29; vgl. 2. Kor 3,18). Und er tut es so, daß die durch die Schuld Adams unfreiwillig ins Verderben gerissene Schöpfung hoffen darf, an der Erlösung Adams teilzuhaben: »Auch die Schöpfung soll von der Sklaverei und Verlorenheit befreit werden zur Freiheit und Herrlichkeit der Kinder Gottes« (Röm 8,21).
Dazu paßt, daß im Alten wie im Neuen Testament die Barmherzigkeit Gottes Mensch und Mitgeschöpfe in gleicher Weise umgreift. »Herr, du hilfst Menschen und Tieren«, betet der Psalmist (Ps 36,7). »Du läßt Gras wachsen für das Vieh, auch Pflanzen für den Menschen« (Ps 104,14). Gott »gibt dem Vieh seine Nahrung, gibt den jungen Raben, wonach sie schreien« (Ps 147,9). Ja, beide, Menschen und Tiere, »warten auf dich, daß du ihnen Speise gibst zur rechten Zeit« (Ps 104,27). Beide werden mit dem gleichen Segen gesegnet (Gen 1,22.28).
Gottes Fürsorge für alle Geschöpfe setzt sich ins Neue Testament hinein fort. Die Blumen auf dem Felde und die Vögel unter dem Himmel stellt Jesus den Menschen als Beispiel für rechte Sorglosigkeit hin. Sie werden von Gott versorgt (Mt 6,25.28). Das Bild vom guten Hirten (Ps 23) ist Hinweis auf die Schutzbedürftigkeit der Kreatur, der selbstverständlich Rechnung zu tragen ist. Nur Diebe und Räuber halten es anders (Joh 10,1-10). Eine Henne und ihre Küchlein sind Jesus Gleichnis für seine Retterfunktion. Das Tier als selbst-redendes Beispiel für ungeteilte Zuwendung und Liebe! Den ultraorthodoxen Sabbatrigoristen sagt Jesus: »Ihr Heuchler! Bindet nicht jeder von euch am Sabbat seinen Ochsen oder Esel von der Krippe los und führt ihn zur Tränke?« (Lk 13,15; vgl. 14,5). Offenbar liegt Gott doch etwas an den Ochsen (gegen Paulus, 1. Kor 9,9b)! Nach Mk 1,13 war Jesus 40 Tage in der Wüste, »lebte mit den wilden Tieren zusammen, und die Engel bedienten ihn« – Zeichen der Heilszeit, daß die paradiesischen Zustände des Anfangs wiederkehren, als Mensch und Tier in Eintracht miteinander lebten (Walter Schmithals). Seit Jesu Leben, Leiden und Sterben muß sich

jede Herrschaft des Menschen an seinem Bilde messen, auch die Herrschaft über die Fische des Meeres, über die Vögel des Himmels, über die Tiere auf dem Lande und die Pflanzen auf dem Felde (Gen 1,28 f.). »Drum ist's g'nug, daß dir, oh Christ, die Bruderliebe heilig ist, und daß der Dank der Armen, der Dank der Leidenden dich preist: du solltest auch, wie Gott dich's heißt, des Thieres dich erbarmen« (Biberacher Gesangbuch).

IV

Solches Erbarmen tut not! Das holocaustische Ausmaß der Tieropferung in den Labors vergrößert sich von Tag zu Tag. Es ist »ein von jeder Kontrolle abgeschirmter, in sich selbst rotierender und nach Parkinsons Prinzip sich ständig ausweitender Betrieb der Folterung von Millionen von Tieren, ein Betrieb, der längst von allen einsehbaren Zwecken abgekoppelt ist« (Robert Spaemann). Würde unsere Vorstellungskraft ausreichen, das zu erfassen, was in den Tier-KZs geschieht, es würde uns den Schlaf rauben und bei Tag keinen Augenblick heiter und unbeschwert sein lassen. Es gibt einzelne Menschen, die Selbstmord begehen, weil sie den Gedanken daran nicht ertragen. Auschwitz ist keineswegs Vergangenheit. Es ist Gegenwart. Die Gaskammern und Verbrennungsöfen werden weiterbeschickt – mit fühlenden, schmerzempfindenden Lebewesen, deren einziges Verbrechen es ist, daß sie keine Menschen sind: die vernichtet werden, weil das angeblich der herrschenden (Menschen-)Rasse nutzt. Es ist das dem Judenmord so verzweifelt ähnlich! Ich sage nicht, daß das eine so schlimm ist wie das andere. Mit Spaemann sage ich nur, daß beides schlimm ist und daß hinter beidem dasselbe verwerfliche Prinzip steht, daß der Zweck jedes Mittel heiligt. Und die Kirche schweigt! Sollte sie in Jahren wieder einmal ein Schuldbekenntnis nachreichen, wird es ihr keiner mehr abnehmen. Denn im Unterschied zum Dritten Reich gehört heute ja kein Mut dazu, zu reden und zu handeln.
Man kann auf vielfache Art unter die Räuber fallen. Auf die schrecklichste Art widerfährt das heute unsern Mitgeschöpfen. Sie begreifen gar nicht, was vor sich geht. Sie haben keine Stimme, um sich zu verteidigen, keine Kraft, um sich zu wehren. Sie haben keinen Rechtsanwalt, der ihre Peiniger vor Gericht zieht. »Sie werden nie als Kläger auftreten, nie als Richter, nie als Wähler.« Sie können nicht in den Hungerstreik treten und so ihr qualvolles Leben verkürzen. Sie haben nicht das Mittel der Arbeitsniederlegung, um ihre Rechte durchzusetzen. Und sie haben nicht, wie der denkende Mensch, die Möglichkeit der Schmerzdistanzierung, der Schmerzbewältigung. »Sie haben keinen Trost« (Grzimek). »Auf dem Weg in die Gaskammern Psalmen singen – das kann kein Tier. Es ist der dumpfen Angst sprachlos ausgeliefert, und seine Angst ist fast immer Todesangst« (Robert Spaemann). Nein, schlimmer kann kein Mensch unter die Räuber fallen! Die Kirche aber spielt in diesem Verbrecherstück keineswegs – wie man erwarten sollte – die Rolle des barmherzigen Samariters (wenigstens diese!). Sie ist Priesterin und Levitin. Sie geht vorüber.

Carl Amery schließt sein Buch ›Das Ende der Vorsehung. Die gnadenlosen Folgen des Christentums‹ mit dem Kapitel ›Wort des abwesenden Gottes‹. Darin heißt es zuletzt: »du schreist: der himmel ist nicht für die vögel da, die weltgeschichte nicht für die abkömmlinge von schimpansen. Ich aber sage dir: kein himmel, der nicht für die vögel da ist, war und ist je für dich da; und ferner: was du dem geringsten Meiner schimpansen, deiner brüder, antust, das hast du dir selbst getan; und abermals: wenn du nicht wirst wie der geringste dieser schimpansen, wirst du nicht in das reich eingehen. [...] du fragst: hast Du mir nicht den Sohn geschickt mit der verheißung einer zukunft, die alle meine zurüstungen übersteigt? Ich aber sage dir: Er hat dir ein beispiel gegeben, daß du tust, wie Er getan hat, geh hin, gib deine untertanen frei und diene, wie Er gedient hat: diene deinen brüdern und schwestern sonne, mond, ochs, esel, schimpansen, ameisen, bäumen, regen und tau. wen habe Ich je erwählt, den anderes erwartet hat als dienen? gedenke, daß du staub bist und zum staub zurückkehrst. dann – kannst du Mein Sohn sein.«

ALBERT SCHWEITZER UND RUDOLF BULTMANN

Ein Beitrag zur historischen Jesusfrage

I

Der Versuch, Albert Schweitzer und Rudolf Bultmann zueinander in Beziehung zu setzen, scheint aus mehreren Gründen wenig aussichtsreich zu sein. In ihrer Theologie unterscheiden sie sich sehr grundsätzlich. Die persönlichen Beziehungen waren herzliche, beschränkten sich aber auf gelegentlichen Austausch der eigenen Bücher und Artikel, wobei die Begleitschreiben jeweils von hoher gegenseitiger Wertschätzung als Persönlichkeit und Wissenschaftler zeugen.[1] Es gibt jedoch keinen Briefwechsel wie beispielsweise zwischen Martin Buber und Albert Schweitzer oder zwischen Karl Barth und Rudolf Bultmann. Schweitzer hat gelegentlich in Briefen an seine Freunde, aber nie öffentlich zu Bultmann Stellung genommen.[2] Umgekehrt hat Bultmann Schweitzers theologische Schriften durchweg positiv, aber pflichtgemäß rezensiert[3] und zu dessen 80. Geburtstag einen Festschrift-Artikel beigesteuert, der freilich ohne jede persönliche Bezugnahme ist und allenfalls indirekt auf Schweitzers Denken eingeht: Bultmann expliziert nämlich die schon 1926 in seinem ›Jesus‹-Buch gemachte Unterscheidung von objektiver Geschichtsbetrachtung und existentieller Geschichtsbegegnung bzw. »existentiellem Wahrnehmen«[4]. In einem anderen Aufsatz aus dem gleichen Jahr wird das Werk Albert Schweitzers als *echte* (im Unterschied zur säkularisierten) »Verkündigung« durch die Tat von Bultmann ausdrücklich anerkannt[5] – eine ganz

---

1 Zwei solcher Schreiben von Bultmann an Schweitzer befinden sich im Schweitzer-Archiv in Günsbach, vier Briefe von Schweitzer an Bultmann im Bultmann-Nachlaß von Frau Antje Bultmann Lemke.

2 Proben bei Gräßer, E.: Theologe, S. 249 f.

3 Mit Sicherheit gilt das von der Besprechung der ›Geschichte der paulinischen Forschung‹ (1911), Bultmann, P.: Rezension zu GPFRG, S. 605, und der ›Geschichte der Leben-Jesu-Forschung‹ (1913), Bultmann, R.: Rezension zu GLJF, S. 643, denn schon 1907 hat Martin Rade Bultmann »die Rezension der neutestamentlichen Schriften in der ›Christlichen Welt‹ anvertraut« (Brief von Bultmann an W. Fischer vom 17. November 1907; den Hinweis verdanke ich meinem Assistenten Martin Evang). Weniger sicher ist das für die Rezension der ›Mystik des Apostels Paulus‹ (1930), Bultmann, P.: Rezension zu MAP, S. 1153-1158.

4 Bultmann, R.: Wissenschaft, S. 107-121.

5 Bultmann, R.: Verkündigung, S. 129.

unbeabsichtigte Antwort auf die eher peinliche Frage, ob Schweitzer Christ war.[6] 1952 verlieh Bultmanns Marburger Theologische Fakultät Schweitzer, »dem religionswissenschaftlichen Forscher, dem theologischen Denker, dem Arzt und Missionar, der den Menschen unserer Tage das Evangelium durch Wort und Tat verkündigt und ihnen dadurch die Gestalt und Botschaft Jesu wieder glaubhaft gemacht hat, ehrenhalber Titel, Rechte und Würde eines Doktors der Religionswissenschaften«.[7] In einem Brief vom 30. Juni 1952 bedankt sich Schweitzer bei der Marburger Fakultät mit folgendem Geständnis: Die Ehrung »ist für mich etwas ganz besonderes, weil ich mich zu Marburg ja von jeher hingezogen fühlte. Diejenigen, die dort lehrten, bedeuteten mir viel.«[8] Damit sind die Berührungen der beiden großen Männer unseres Jahrhunderts aber auch schon alle genannt. Gleichwohl reizt der Versuch, Schweitzer und Bultmann näher zueinander in Beziehung zu setzen. Das öffentliche Bekenntnis beider zur liberalen Theologie, die sie »die Ehrfurcht vor der Wahrheit über alles zu stellen« lehrte,[9] ohne die sie »keine Theologen [hätten] werden oder bleiben können«[10], gibt dazu freilich keinen hinreichenden Anlaß. Eher schon die Behaglichkeit, die beide beim Scheitern der Leben-Jesu-Theologie empfinden und die so etwas wie einen Gleichklang der Seelen erkennen läßt: »Wer als ein Bewunderer des Rechts und der Kraft des wahren Rationalismus die Unbefangenheit der modernen Theologie, welche im Grunde nur ein historisierender Epigonen-Rationalismus ist, verloren hat, freut sich der Ohnmächtigkeit und Kleinheit ihres vorgeblichen historischen Jesus, freut sich aller derer, die an diesem Bilde irre werden, [...] freut sich, an seiner Zerstörung mitzuarbeiten.«[11] Nicht anders Bultmann (im Blick auf Schweitzers ›Geschichte der Leben-Jesu-Forschung‹): »Indes die Wissenschaft kennt Angst so wenig wie der Glaube, sondern freut sich stets der Skeptiker und der ewig Fragenden; mag auch manch einer ärgerlich sein, aus bequemer Ruhe gestört zu werden, und mag auch mancher Alarmruf ein blinder sein.«[12] Und noch einmal Bultmann: »Ich habe mich in meinem kritischen Radikalismus noch nie unbehaglich gefühlt, sondern ganz behaglich. Ich habe aber vielfach den Eindruck, daß meine konservativen Kollegen im Neuen Testament sich recht unbehaglich fühlen; denn ich sehe sie immer bei Rettungsarbeiten begriffen. Ich lasse es ruhig brennen; denn ich sehe, daß das, was da verbrennt, alle die Phantasiebilder der Leben-Jesu-Theologie sind, und daß es der *Χριστὸσ κατὰ σάρκα* selbst ist.«[13]

---

6 Grabs, R.: Denker, S. 45 ff.; vgl. dazu Gräßer, E.: Theologe, S. 7 ff.

7 Laudatio der Universität Marburg, in: Bähr, H.W.: Albert Schweitzer, S. 432.

8 Brief vom 30. Juni an die Universität Marburg.

9 PBJ, S. VI.

10 Bultmann, R.: Liberale Theologie, S. 2. »Hier war – das empfanden wir – die Atmosphäre der Wahrhaftigkeit, in der wir allein atmen konnten« (ebenda).

11 GLJF, S. 499.

12 Bultmann, R.: Rezension GPFRG, S. 605.

13 Bultmann, R.: Christologie, S. 101. Vgl. Picht, W.: Wesen, S. 258: »Bultmann steht im Zusammenhang der alten liberalkritischen Schultradition. Kann man Schweitzer als deren Toten-

Auf dieser zuletzt genannten Spur der historischen Jesusfrage uns bewegend, begegnen uns Schweitzer und Bultmann nun doch immer wieder als zwei Denker, die bei dem Versuch, den traditionellen Historismus und die von ihm in der Theologie aufgeworfenen Probleme zu überwinden, erstaunlich nahe beieinander sind. Das wird besonders daran deutlich, wie sie die Aporie der historischen Jesusfrage gewichten und wie sie ihr hermeneutisch zu entsprechen versuchen.

II

Unter allen neuzeitlichen Versuchen, den im Historismus problematisch gewordenen Gegenwartsbezug geschichtlicher Ereignisse zurückzugewinnen, wird als einflußreichster gerne und mit Recht die existentiale Interpretation Bultmanns genannt.[14] Dabei übersieht man zumeist,[15] daß Schweitzer schon 1901 in seiner ›Skizze des Lebens Jesu‹, besonders aber 1913 in seiner ›Geschichte der Leben-Jesu-Forschung‹ diesbezügliche Anstrengungen machte, mit denen er sich vielleicht nicht gerade jenen »Gotteslohn« an Lessing verdient hat, welcher demjenigen zufallen sollte, der ihm, Lessing, über den garstig breiten Graben zwischen zufälligen Geschichtswahrheiten und notwendigen Vernunftwahrheiten hinweghülfe.[16] Wohl aber hat sich Schweitzer damit als Wegbereiter derjenigen Diskutanten erwiesen, die sich ab der Mitte unseres Jahrhunderts die hermeneutische Aporie der historischen Jesusfrage besonders angelegen sein ließen.[17] Und eben dabei tritt eine besondere Affinität zu Bultmann in den im folgenden genannten drei Punkten hervor.

1. Die Möglichkeit des ungeschichtlichen Jesus

Die neuzeitlichen Theologen eint die Überzeugung, daß unter den Bedingungen des historischen Bewußtseins der Glaube an Jesus Christus seine Wahrheit nicht zur Geltung bringen kann, wenn er der Frage nach der geschichtlichen Wahrheit ausweicht. Zu ihr gehört – nach heutigem Wissensstand freilich als rein hypothetischer Fall[18] – auch die *Möglichkeit* des ungeschichtlichen Jesus. Brennend

---

gräber bezeichnen, so ist er ihr Erbe und ›Testamentsvollstrecker‹ (Stauffer). Die gemeinsame theologische wie geistesgeschichtliche Herkunft [...] hat bedeutsame Entsprechungen zur Folge.«

14 Zum Beispiel Conzelmann, H.: Art. Jesus Christus, Sp. 648-653; Hahn, F.: Methodologische Überlegungen, S. 56.

15 Ausnahmen sind zum Beispiel Robinson, J.M.: Einführung, S. 21 ff., und Dahl, N.A.: Der historische Jesus, S. 104 ff.

16 Lessing, G.E.: Beweis des Geistes, S. 287, 285.

17 Kümmel, W.G.: Jesu Antwort, S. 177 ff.

18 Schweitzer spricht von der »endgültigen Widerlegung der Ungeschichtlichkeit Jesu« und nennt sie eine »undurchführbare Hypothese« (GLJF, S. 789). Bultmann hält den Zweifel, ob Jesus gelebt hat, für »unbegründet und keines Wortes der Widerlegung wert« (Bultmann, R.: Jesus, S. 14).

gemacht haben dieses Problem zu Beginn unseres Jahrhunderts die radikalen Bestreiter der Geschichtlichkeit Jesu John M. Robertson, Peter Jensen, William Benjamin Smith, Arthur Drews und andere.[19] Schweitzer aber hat das Verdienst, die damit für die Theologie aufgebrochene prinzipielle religionsphilosophische Frage nach der Bedeutung des geschichtlichen Jesus für das Christentum der Gegenwart »in den Vordergrund«[20] gestellt zu haben. Sie hat – wie Bultmann mit Recht hervorhebt – eine doppelte Gestalt: »Wie setzen wir uns mit der Möglichkeit des ungeschichtlichen Jesus auseinander?« Und: »Was ist uns der allzu geschichtliche Jesus?«[21]

Zur ersten Frage. Wieso ist sie ein ernst zu nehmendes Problem, wenn doch die Bestreitung der Historizität Jesu sich historisch als unhaltbar erwiesen hat?[22] Nun, der Gedanke stellt sich als die symptomatische Folge des historischen Denkens überhaupt ein und bringt dessen grundsätzlichen Relativismus zum Zuge. Allerdings bezieht Schweitzer die Möglichkeit der Ungeschichtlichkeit Jesu nicht positivistisch auf die historische Faktizität der Existenz Jesu, sondern »religionsphilosophisch« auf die religiöse Bedeutung des historischen Jesusbildes, auf die »Persönlichkeit« Jesu.[23]

Die moderne Theologie, so argumentiert Schweitzer, darf die »Eventualität der Nichtexistenz Jesu«[24] nicht prinzipiell ausschließen. Sie muß vielmehr »von vornherein und immer mit der Möglichkeit einer eventuellen Preisgabe der Geschichtlichkeit Jesu rechnen«.[25] Steht sie doch, wenn sie historisch wahrhaftig ist, »vor dem Problem, daß sich aus Zeugnissen der Vergangenheit strenggenommen überhaupt nichts beweisen, sondern nur mehr oder weniger wahrscheinlich machen läßt«[26]. Im Falle Jesu verschärft sich die Problematik noch, »weil alle ihn betreffenden Nachrichten auf eine einzige Überlieferungsquelle, das Urchristentum, zurückgehen und keine brauchbaren Kontrollangaben aus der jüdischen und heidnischen Profangeschichte vorliegen. Es ist also nicht einmal eine Steigerung bis in die allerhöchsten Grade der Wahrscheinlichkeit möglich«.[27] Konsequenz: »Rein

19 GLJF, S. 634 ff. Die neueren und neuesten Bestreiter der Geschichtlichkeit Jesu nennt Kümmel, W.G.: Jesu Antwort, S. 183, und stellt die Unhaltbarkeit ihrer Argumente fest.

20 GLJF, S. 717.

21 Bultmann, R.: Rezension zu GLJF, S. 643.

22 Dazu grundsätzlich Ebeling, G.: Dogmatik II, S. 383 f.

23 Groos, H.: Größe und Grenzen, S. 425.

24 GLJF, S. 726.

25 GLJF, S. 723. Anders Ebeling, G.: Dogmatik II, S. 384: »Jede Rechenschaftsablage über das Wesen des christlichen Glaubens muß nun einmal die Historizität Jesu als faktische Vorgegebenheit in Rechnung stellen und davon ausgehen. Anders verfahren hieße, ungeschichtlich denken, und das bedeutet in diesem Fall einfach: falsch denken. Es wäre im buchstäblichen Sinne bodenlos, wollte man den christlichen Glauben von vornherein dem Problem der Geschichte dadurch entziehen, daß man von der dogmatischen Prämisse ausginge, es sei für den Glauben gleichgültig, ob Jesus gelebt hat oder nicht.«

26 GLJF, S. 722, vgl. auch S. 721 f.

27 GLJF, S. 722. Auch für Bultmann ist »nach überwiegender Wahrscheinlichkeit« (!) Jesus wirklich der Träger seiner Botschaft gewesen (Bultmann, R.: Jesus, S. 14).

logisch betrachtet werden sowohl die Geschichtlichkeit wie die Ungeschichtlichkeit Jesu immer nur Annahmen bleiben.«[28]
Handelte es sich jedoch nur um die Quellenfrage, so wäre Schweitzer kaum bis zu der Forderung fortgeschritten, die Religion müsse »von jeglicher Geschichte unabhängig«[29] sein. Dies ist vielmehr eine Voraussetzung aufgrund des *Wesens* der Religion. »Die Religion muß über eine Metaphysik, das heißt eine Grundanschauung über das Wesen und die Bedeutung des Seins, verfügen, die von Geschichte und überlieferten Erkenntnissen vollständig unabhängig ist und in jedem Augenblick und in jedem religiösen Subjekt neu geschaffen werden kann. Besitzt sie dieses Unmittelbare und Unverlierbare nicht, so ist sie ein Sklave der Geschichte und muß sich in knechtischem Geiste fortwährend gefährdet und bedroht sehen.«[30]
Also müssen wir die Religion nicht nur auf die »Überlieferung und ihre Deutung«, sondern vielmehr »auf den Geist« gründen.[31] Anders setzt sie sich »den unberechenbarsten Zufälligkeiten« seitens der historischen Forschung aus und gibt damit ihren Anspruch auf »Wissenschaftlichkeit« preis.[32] Richtet sich die Theologie »aber so ein, daß sie innerlich von der Geschichte unabhängig ist und sich diesen Angriffen gegenüber auf die religionsphilosophische, die Möglichkeit des Verlusts der Geschichtlichkeit Jesu von vornherein in Rechnung setzende Betrachtungsweise zurückziehen kann, so werden aus den Angriffen, die sie in Atem hielten und demoralisierten, Vorpostengefechte, die die historischen Truppen beschäftigen, das Gros aber weiter nicht in Mitleidenschaft ziehen können.«[33]
Schweitzer – und das rückt ihn nahe an Bultmanns Seite – ist also nicht von dem apologetischen Interesse geleitet, den Glauben von der stürmischen Plattform der Historie auf ein sturmfreies Terrain bzw. (wie man[34] es Bultmann vorgeworfen hat) »in die sturmfreie Festung des Kerygmas« hinüberzuretten. Nicht anders als Bultmann leitet auch ihn der vor allem von Kant reflektierte und begründete Sachverhalt, daß alle Objekte der Geschichte Tatsachen und nicht Glaubenssachen sind und daß über die Gültigkeit von Glaubenssachen nicht durch geschichtliche Feststellungen zu befinden ist.[35] Zur Verdeutlichung setzen wir den rein hypothetischen Fall, daß im Heiligen Lande das historisch unanfechtbare Protokoll des Lebens Jesu gefunden würde. Könnte es Text der Predigt der Kirche sein? Müßte die Kirche nicht auch dann noch am Neuen Testament festhalten, weil sich ihr *allein hier* der soteriologische Sinn und die Bedeutung des Lebens Jesu zeigen, und zwar von Tod und Auferstehung her?

---

28 GLJF, S. 722.
29 GLJF, S. 732.
30 GLJF, S. 723.
31 GLJF, S. 38.
32 GLJF, S. 723.
33 GLJF, S. 725.
34 Jeremias, J.: Problem des historischen Jesus, S. 15.
35 Conzelmann, H.: Art. Jesus Christus, S. 648.

Doch bleiben wir bei dem von Schweitzer und Bultmann erwogenen hypothetischen Fall: Was aber wäre, wenn aus der »Möglichkeit des Verlusts der Geschichtlichkeit Jesu«[36] Wirklichkeit würde? Oder genauer gefragt: Wie trägt die religionsphilosophische Frage »den beiden extremen Fällen« Rechnung, »daß Jesus für die moderne Religiosität nicht existieren könnte, entweder weil er nicht gelebt hat oder aber, weil er sich als zu historisch erweist«?[37] Nun, sie verlöre dann »zwar viel, aber bei weitem nicht alles«. Es würde »das freisinnige Christentum dann eben aus den Erkenntnissen und Energien der unmittelbaren, von jeder historischen Begründung unabhängigen Religion weiterleben«[38]. Denn diese ist ja nicht allein »auf die Geschichte«, sondern auch »auf den Geist gesät«[39]. Den aber tragen wir in uns als die »Idee der sittlichen Weltvollendung und dessen, was wir in unserer Zeit müssen«. Diese Idee besitzen wir keineswegs deswegen, »weil wir sie durch historische Offenbarung vom ihm [Jesus] bezogen haben. Sie liegt in uns und ist mit dem sittlichen Willen gegeben«. Und weil Jesus »in der Nachfolge der Großen unter den Propheten« »seinen Willen und seine große Persönlichkeit« in diese Idee hineingelegt hat, »hilft er dazu mit, daß sie auch in uns zur Herrschaft gelange und wir sittliche Kräfte für unsere Zeit werden«.[40] Wenn es aber anders wäre – so darf Schweitzers Gedanke fortgeführt werden –, wenn es diesen Jesus nie gegeben hätte, »wenn wir auf uns allein angewiesen wären und nicht unter dem Eindruck seiner Persönlichkeit ständen«, dann würde unseren »Motive[n] des Wollens und Hoffens« *etwas* fehlen, »Höhe« und »Klärung«,[41] nicht aber würden *sie selbst* fehlen.

Es ist dies Schweitzers Weise, mit dem »ewige[n] Problem der unlöslichen Wechselbeziehungen zwischen unmittelbarem religiösem Denken und geschichtlicher Religion«[42] fertig zu werden: Er hält sie eben *nicht* für unlöslich. *Prinzipiell* ist Jesus entbehrlich und muß es unter der positivistischen Prämisse sein, daß ein geschichtswissenschaftlichen Kontroversen anheimgegebener Gegenstand ›Jesus‹, als der er dort zwangsläufig erscheint, der Grund gegenwärtigen Glaubens nicht sein kann.[43] Es sei denn, es gibt das, was Gerhard Ebeling »die christologische Bedeutung der Historizität Jesu« nennt, die »an eine strukturelle Eigentümlichkeit des christlichen Glaubens überhaupt rührt«.[44] Dann ist die historische Rückfrage

---

36 GLJF, S. 724.
37 GLJF, S. 728.
38 GLJF, S. 721.
39 GLJF, S. 721.
40 GLJF, S. 885.
41 GLJF, S. 878 f.
42 GLJF, S. 713.
43 GLJF, S. 731. Die *prinzipielle Entbehrlichkeit* Jesu hat freilich dessen *faktische Unentbehrlichkeit* für das Leben und Denken Schweitzers nie ernsthaft tangiert. Es hieße die Bedeutung abschwächen wollen, die die Begegnung mit Jesus von Nazareth und die Nachfolge für Schweitzer hatten, wollte man es anders sehen. Vgl. Picht, W.: Wesen, S. 72 ff.
44 Ebeling, G.: Dogmatik II, S. 384, der eine Problemlösung in dieser Richtung sucht (vgl. ebenda, §§ 21 und 22).

nach Jesus gerade auch für den Theologen unerläßlich. Und in dieser Richtung bewegen sich denn auch (von wenigen Ausnahmen abgesehen) die heutigen Problemlösungen.[45]

Schweitzer geht eigene Wege. Dabei erinnern seine Überlegungen jedoch unmittelbar an Bultmann. Nicht in der Problemlösung! Für Bultmann hat der Glaube sein eigentliches, Historismus und Rationalismus grundsätzlich entzogenes Standbein nicht in der religiösen Subjektivität des einzelnen, sondern im Kerygma als Anrede, in der Predigt der Kirche, im unverfügbaren Wort Gottes. Jedoch in der Fragestellung gibt es frappierende Parallelen.

Ganz einig ist sich Bultmann mit Schweitzer darin, daß die Historie nicht über die Wahrheit des Glaubens befinden kann. 1920 wendet er sich in einem Vortrag ausdrücklich der Frage zu, »was die Geschichte uns für unsere Gegenwart lehrt«, und zitiert dabei Friedrich Gogarten: »Es geht in der Religion um die Ewigkeit, und die läßt sich nun einmal in keinen Zeitabschnitt fangen, und sei es der bedeutendste, der sich je auf Erden ereignete. [...] Es liegt der Religion schlechterdings gar nichts daran, in irgendeiner vergangenen Zeit eine Offenbarung der Ewigkeit zu finden und zu verehren, sondern sie will in ihrer Gegenwart die Ewigkeit finden.«[46]

Neben einem *allgemeinen* Vorwurf gegen die »liberale Theologie«, zu der sich Bultmann an dieser Stelle noch einmal ausdrücklich bekennt,[47] hört er daraus auch einen *speziellen* gegen die Annahme, »daß eine bestimmte Person, der ›historische Jesus‹, als normativ angesehen würde«. Aber den historischen Jesus »und seine Religion« könne man nicht zur Grundlage der Frömmigkeit machen, sondern nur »Mythus und Kultus, die doch einzig der Ausdruck für das Lebendige, Ewige, Übergeschichtliche einer Religion sein können«.[48] Hier wird von Bultmann erstmals[49] der berühmte *Satz eins* aus seiner ›Theologie des Neuen Testaments‹[50] präludiert: »Das Christentum als selbständige religiöse Gemeinde hat erst da seine Existenz, wo es sich eine eigene soziologische Form, wo es sich Mythus und Kultus geschaffen hat.« Also bei Paulus und den hellenistischen Gemeinden, die Christus als Kyrios kultisch verehren, während Jesus »als Abschluß und Erfüllung in die Geschichte des Judentums hineingehört«[51].

---

45 Hengel, M: Kerygma oder Geschichte, S. 323 ff.; anders freilich Strecken, G.: Problematik der Jesusfrage, S. 453 ff.; Schmithals, W.: Evangelium, S. 61 ff.

46 Bultmann, R.: Mystische Religion, S. 738, 739 (das Zitat aus Gogartens Schrift ›Religion weither‹, 1917, S. 67 f.). Bultmanns Vortrag ist wiederabgedruckt in: Moltmann, J.: (Hg.): Theologie II, S. 29-47; im folgenden wird zitiert nach der auch im Neudruck angegebenen ursprünglichen Paginierung.

47 Bultmann, R.: Mystische Religion, S. 739.

48 Bultmann, R.: Mystische Religion, S. 739, 740.

49 Kümmel, W.G.: Paulusforscher, S. 174-193.

50 1. Lieferung 1948; »Die Verkündigung Jesu gehört zu den Voraussetzungen der Theologie des NT und ist nicht ein Teil dieser selbst.«

51 ChW 34, S. 740, 729.

Mythus und Kultus als Grund der Frömmigkeit sind sicher nicht dasselbe wie der Geist bei Schweitzer. Aber das Bemühen, von der Geschichte unabhängig zu werden, indem der Glaube auf eine Metaphysik (Schweitzer) bzw. auf das Übergeschichtliche (Bultmann) gegründet wird, ist dasselbe.
Deutlicher wird die Sache mit den berühmten Anführungszeichen, in die wir Jesus 1926 bei Bultmann gesetzt sehen. Damit will er zum Ausdruck bringen, daß es jedem unbenommen ist, »Jesus« nur als »abkürzende Bezeichnung für das geschichtliche Phänomen« gelten zu lassen, um das er sich bemüht. Es ist das »der Komplex von Gedanken«, wie er in der ältesten Schicht der synoptischen Überlieferung vorliegt und dessen Träger »nach überwiegender Wahrscheinlichkeit« Jesus war. »Sollte es anders gewesen sein, so ändert sich damit das, was in dieser Überlieferung gesagt ist, in keiner Weise«.[52] Das heißt, soweit diese Verkündigung Entscheidungscharakter hat, kommt er ihr nicht deswegen zu, weil es die Verkündigung *Jesu* oder sonst »einer begrenzten geschichtlichen Person« ist,[53] sondern weil er dem Wort als solchem eignet. »Also: *das innere Verhältnis von Wort und Träger des Wortes ist für den Anspruch des Wortes gleichgültig.*«[54] Die Problematik dieser Auskunft steht hier nicht zur Debatte. Uns geht es darum, daß bei aller sonstigen Verschiedenheit Schweitzer und Bultmann sich doch darin einig sind, daß dem Glauben eine zuverlässige Grundlage nicht dadurch gegeben werden kann, daß man das Bild des ›wirklichen‹ Jesus historisch erarbeitet. »Damit ist gegeben, daß es eine ›geschichtliche‹ Lösung der Frage nach der Bedeutung Jesu für die heutige Religion nicht geben kann.« »Der einzig wahrhaftige Weg führt weitab von allen historischen Schmugglerpfaden auf die Höhen des Denkens,« so Schweitzer,[55] während Bultmann beifällig Karl Barths Antwort auf die vierzehnte der von Adolf von Harnack gestellten Fragen zitiert:[56] »Kritisch geschichtliches Studium bedeutet das verdiente und notwendige Ende *der* ›Grundlagen‹ dieser Erkenntnis (d.h. der Erkenntnis des *Glaubens*), die keine sind, weil sie nicht von Gott selbst gelegt sind. Wer es etwa noch nicht weiß (und wir wissen

52 Bultmann, R.: Jesus, S. 14. Zu den gängigen Mißverständnissen dieses Satzes vgl. Schmithals, W.: Nachwort, S. 154; zu seiner grundsätzlichen Problematik Ebeling, G.: Dogmatik II, § 21.

53 Der Begriff in ChW 34, S. 740.

54 Bultmann, R.: Christologie, S. 100.

55 GLJF, S. 731. Damit steht nicht im Widerspruch, daß »das geschichtliche Problem des Lebens Jesu, wie es sich der wissenschaftlich verfahrenden Forschung enthüllt hat, [...] durch die aus der spätjüdischen Eschatologie gewonnene Erkenntnis als im wesentlichen gelöst angesehen werden« darf (GLJF, S. 28). Denn das bezieht sich auf die von Schweitzer nicht bestrittene Möglichkeit, den Ablauf der Ereignisse des Lebens Jesu zu rekonstruieren. Vgl. Kümmel, W.C.: Problem, S. 392 ff.

56 Die Frage lautet: »Wenn die *Person Jesu Christi* im Mittelpunkt des Evangeliums steht, wie läßt sich die Grundlage für eine zuverlässige und gemeinschaftliche Erkenntnis dieser Person anders gewinnen als durch *kritisch-geschichtliches Studium*, damit man nicht einen *erträumten* Christus für einen wirklichen eintausche? Wer anders aber vermag dieses Studium zu leisten als die wissenschaftliche Theologie« (ChW 37, S. 8)?

es alle immer *noch* nicht), daß wir Christus nach dem Fleische *nicht* mehr kennen, der mag es sich von der kritischen Bibelwissenschaft sagen lassen; je radikaler er erschrickt, um so besser für ihn und die Sache.«[57] Warum besser? Antwort: Weil dann die Versuche enden, »dem Glauben eine Begründung zu geben, die sein Wesen zunichte« macht, »weil hier überhaupt eine Begründung versucht wird«.[58] Das führt zugleich zur Frage unseres nächsten Abschnittes.

2. Was ist uns der allzu geschichtliche Jesus?

Die wichtigste Folgerung, die Schweitzer und Bultmann aus ihren Einsichten ziehen, ist also die, daß sie die Relevanz des geschichtlich erkannten Jesus *für den Glauben* bestreiten. Schweitzer: »Das moderne Christentum« darf Jesu Bedeutung »nicht künstlich dahin steigern, daß er alle Erkenntnis auf ihn zurückführt und die Religion ›christozentrisch‹ ausbaut. Der Herr kann immer nur ein Element der Religion sein; nie aber darf er als Fundament ausgegeben werden«.[59]
Man hört die Ahnen raunen und Bultmann applaudieren. Ahne ist neben Lessing und Kant vor allem J.G. Fichte: »Den Weg zur Seligkeit muß man *gehen;* das ist's: die Geschichte, wie er entdeckt und geebnet wurde, ist wohl sonst gut, aber zum Gehen hilft sie nichts.«[60] Für solche Gedanken war Schweitzer sicher aufgeschlossen, vielleicht noch mehr in der Form, wie sie durch Wilhelm Hermann, Bultmanns Lehrer, vertreten wurden,[61] der Lessing zwar recht gibt, dann aber hinzufügt, daß es uns »in der Religion« nicht um eine »geschichtslose Wahrheit« zu tun ist, »sondern um das Faktum unserer Rettung von der Welt«. Dieser Tatsache versichern wir uns durch den Hinblick auf das Ereignis Jesus Christus, welches »durch die Größe seines Gehaltes« jene Macht ausübt, »und das deshalb für jeden Menschen zu einem Erlebnis werden soll, das er für sein Inneres verwertet«.[62] Das kommt dem nahe, was Schweitzer den Eindruck der Persönlichkeit Jesu nennt,[63] und ist alles andere als eine historische Kontinuität. Gegenwärtiges Christentumsverständnis vermag seine Legitimation nicht mittels künstlicher Brücken über den garstig breiten Graben einfach beim historischen Jesus abzuholen. Dessen Bedeutung kann konstitutiv, aber nie kausativ für die gegenwärtige christliche Wahrheitsüberzeugung sein.[64]

57 Bultmann, R.: Liberale Theologie, S. 4.
58 Bultmann, R.: Liberale Theologie, S. 13.
59 GLJF, S. 723.
60 Fichte, J.G.: Die Staatslehre, S. 582.
61 Der Vermutung gibt Groos, H.: Größe und Grenzen, S. 421, mit Recht Raum.
62 Herrmann, W.: Glaube, S. 237.
63 GLJF, S. 879.
64 Vgl. Koch, T.: Albert Schweitzers Kritik, S. 237.

Daß Bultmann in einer kritischen Auseinandersetzung mit Wilhelm Hermann den Rekurs auf die ›Persönlichkeit‹ Jesu ausdrücklich ablehnt,[65] entfernt ihn dennoch nicht grundsätzlich von dieser Position. Denn was für Bultmann der Entscheidungsruf für oder gegen eine in der Verkündigung Jesu erschlossene »Möglichkeit des Selbstverständnisses« ist,[66] das trifft sich sachlich insofern mit Schweitzer, als dieser alle über das Verstehen von Wille zu Wille hinausgehenden Beziehungen zu Jesus für »unwirklich« hält: Sie existieren »nur in Worten und Formeln. Wir besitzen nur so viel von ihm, als wir ihn uns das Reich Gottes predigen lassen«.[67] Es sei dahingestellt, daß das »uns das Reich Gottes predigen lassen«, d.h., sich für die Reich-Gottes-Arbeit in Anspruch nehmen lassen, für Schweitzer inhaltlich etwas anderes ist als die Entscheidung für oder gegen eine durch Jesu Predigt erschlossene Möglichkeit des Selbstverständnisses. *Strukturell* ist die hier wie da gegebene Antwort auf die Frage, was der historisch vergangene Jesus unserer Gegenwart sein kann, gleich beantwortet. Denn wenn existentiale Interpretation den Versuch bedeutet, etwas im Blick auf dasjenige zu verstehen, was den Menschen unbedingt angeht, so ist Schweitzers Verstehen von Wille zu Wille in gewisser Weise eine ›existentiale‹ Interpretation. Um so mehr, als in der Reduktion des menschlichen Selbstverständnisses auf Handeln und Entscheidung eine auffällige Übereinstimmung zwischen Schweitzer und Bultmann besteht. Denn wenn für letzteren das Wesen des Menschen *der Wille* ist, so ist kein großer Abstand zu der Auffassung Schweitzers, daß die Beziehung zu Jesus eine solche von »Wille zu Wille« sei.[68]
Schließlich stimmen Schweitzer und Bultmann auch darin überein, daß Jesus über seine eigene Person keine Lehre vorgetragen hat, die der nachösterlichen Gemeinde zur Wiederholung oder zum Ausbau bereitgestanden hätte. Diesen Sachverhalt explizieren beide in völlig übereinstimmender Weise am Problem ›Paulus und Jesus‹, für das sich Bultmann in einem Aufsatz von 1936 ausdrücklich auf Schweitzer beruft.[69] Dieser hatte erkannt, daß Paulus die »Autorität des predigenden Jesus«[70] durch die der inzwischen eingetretenen »Tatsachen« Tod und Auferstehung ersetzt. Wahrheit ist ihm jetzt, was sich daraus »als Wissen von der

---

65 Vgl. Bultmann, R.: Glaube I, S. 93, 101 ff.

66 Bultmann, R.: Christusbotschaft, S. 467.

67 GLJF, S. 882 f.

68 Picht, W.: Wesen, S. 258; vgl. auch Buri, F.: Charakter, S. 44 ff.

69 Bultmann, R.: Jesus und Paulus, S. 224, Anmerkung 16; Schweitzer nimmt zum Problem Stellung in GLJF, S. 763 f., GPFRG, S. 186 ff., 191; MAP, S. 166 ff. In einem Brief vom 28. August 1930 bedankt sich Bultmann bei Schweitzer für dieses zuletzt genannte Paulusbuch, das der Autor ihm zugesandt hatte, und schreibt: »Urteile ich [...] über die Frage nach dem Zusammenhang nach rückwärts (›Paulus u. Jesus‹) wie Sie, so sehe ich den Zusammenhang nach vorwärts insofern anders an, als ich überzeugt bin, daß hellenistische Gedanken sich schon bei Paulus finden« (für die Fotokopie des Briefes danke ich Ali Silver im Schweitzer-Archiv in Günsbach).

70 GLJF, S. 764.

Erlösung ergibt«. Es führt ihn dazu, »in der Lehre schöpferisch neben Jesus auftreten zu müssen«[71]. »So kommt es, daß die Autorität des historischen Jesus vor der des Verklärten verblaßt.«[72] Mit Bultmann gesagt, daß er erhöhte Christus des Kerygmas den historischen Jesus »sozusagen verdrängt« hat; das Kerygma hat sich »an die Stelle des historischen Jesus gesetzt; es vertritt ihn«[73].
Schweitzer und Bultmann sind sich also einig darin, daß es unmöglich ist, »das Evangelium Jesu ohne weiteres zum Christenglauben zu erheben« (*historische Kontinuität*).[74] Das ist nur von Tod und Auferstehung Jesu her möglich, mit denen der neue Äon begonnen hat. Und so verfahren ja dann auch alle andere Evangelien. Julius Wellhausens Satz ist also richtig: »Für das, was mit dem Evangelium verlorengeht, ist der historische Jesus, als Grundlage der Religion, ein sehr zweifelhafter und ungenügender Ersatz. Ohne seinen Tod wäre er überhaupt nicht historisch geworden.«[75]
Um so energischer vertreten Schweitzer und Bultmann die *sachliche Kontinuität*. Sie gründet in der gleichen eschatologischen Erwartung »samt allem, was damit mitgegeben ist«[76]. Verschieden ist nur der Standort. Jesus blickt voraus auf die jetzt kommende Gottesherrschaft; Paulus blickt zurück.[77] Unter diesem Gesichtspunkt wird die Alternative ›Jesus oder Paulus‹ hinfällig. »Für die wirklich geschichtliche Betrachtungsweise führt die Lehre Pauli nicht von der Jesu ab, sondern enthält sie in sich.«[78] Schärfer noch heißt es einige Seiten vorher: »Eine Fortsetzung des Evangeliums Jesu ist nur der authentische, urchristlich-eschatologische Paulinismus. Dieser allein ist das Evangelium Jesu in der nach seinem Tode zeitgemäßen Form.«[79] Das deckt sich mit Bultmanns Beurteilung der Sachlage, daß man nicht von Paulus los und zurück zu Jesus kann. »Man kann nur durch Paulus zu Jesus, d.h., man ist von Paulus gefragt, ob man Gottes Tat in Christus als das Ereignis verstehen will, das über die Welt und über uns entschieden hat und entscheidet.«[80] Nur daß Bultmann damit zu der Erkenntnis fortschreitet, daß das Paradox des Glaubens gerade in der Tatsache liegt, daß ein historisches Ereignis das eschatologische Ereignis sei, wohingegen Schweitzer

---

71 MAP, S. 167 f.
72 GLJF, S. 764.
73 Bultmann, R.: Christusbotschaft, S. 468.
74 MAP, S. 507.
75 Wellhausen, J.: Einleitung, S. 115
76 MAP, S. 167.
77 Bultmann, R.: Jesus und Paulus, S. 224, Anmerkung 16; MAP, S. 167. Anders Kümmel, W.G.: Jesus und Paulus, S. 221, wo gegen Schweitzer und Bultmann geltend gemacht wird, daß der entscheidende Unterschied zwischen Jesus und Paulus nicht in der Beurteilung der eschatologischen Situation liegen könne. Beide betonten das *Nebeneinander* »von angebrochener Endzeit und zu Ende gehender Weltzeit«.
78 MAP, S. 507.
79 MAP, S. 504.
80 Bultmann, R.: Jesus und Paulus, S. 229.

Jesus als innergeschichtliche Erscheinung *»in ihrer überwältigenden heroischen Größe«* versteht[81] und damit die Verkündigung Jesu säkularisiert.[82]
Halten wir als Ergebnis fest: Als um die Jahrhundertwende die radikale Evangelienkritik (Wrede, Wellhausen) und die religionsgeschichtliche Schule (Bousset, Heitmüller) den Unterschied zwischen der Botschaft Jesu und der Verkündigung der Urgemeinde zur unüberbrückbaren Kluft zwischen Jesus und der Kirche überhöhten und so ungewollt zu Zulieferern der radikalen Bestreiter der Existenz Jesu wurden, entwarf Schweitzer sein Konzept der urchristlichen Geschichte, das einen Ausweg aus dem Dilemma wies: Jesus und Urchristentum werden von der eschatologischen Botschaft und durch die eschatologische Erwartung als *Einheit* zusammengehalten. Dies ist der theologisch wichtigste Ertrag der Konzeption Schweitzers, den Bultmann zu nutzen wußte.[83]

3. Das hermeneutische Problem

stellt sich für Schweitzer und Bultmann in gleicher Weise durch die weltanschauliche Abständigkeit Jesu und seiner Verkündigung, wodurch die Frage ihrer Übersetzbarkeit zur unabweisbaren Notwendigkeit wird: Wie kann der in seiner Zeit lebende Jesus, der »nicht mit über die Furt« geht,[84] der »in Widerspruch zu unseren Anschauungen steht«, wie kann er »trotz alles Fremdartigen« »eine Bedeutung für unsere Religion haben?«[85] Nicht anders als Bultmann zählt Schweitzer zu diesem Fremdartigen vor allem »die primitive, spätjüdische Metaphysik, in der Jesus seine Weltanschauung ausspricht«[86], Vorstellungen, »die sich in keiner Weise in moderne überführen lassen und nicht einmal den elementarsten Bedürfnissen des Denkens und der Spekulation entgegenkommen«[87]. Damit ist lange vor Bultmann und noch weitaus länger nach David Friedrich Strauß »die Unmöglichkeit der Repristinierung des mythischen Weltbildes« festgestellt und der Theologie die Aufgabe gewiesen zu prüfen, ob das Neue Testament eine davon unabhängige Wahrheit hat.[88] Und bei Schweitzer wie bei Bultmann steht mit der Prüfung des

81 MLG, S. 340.
82 Bultmann, R.: Verkündigung, S. 128, wo freilich Schweitzer nicht ausdrücklich genannt wird.
83 Dahl, N.A.: Der historische Jesus, S. 127.
84 GLJF, S. 498. »Als historische Erscheinung bleibt er in seine Zeit gebannt.«
85 GLJF, S. 731. Zur Fremdartigkeit Jesu bei Schweitzer vgl. vor allem Picht, W.: Wesen, S. 57 ff.
86 GLJF, S. 877
87 GLJF, S. 726.
88 Bultmann, R.: Neues Testament und Mythologie, S. 16. Das hier im Blick auf die mythische Eschatologie ausgesprochene berühmte *›erledigt‹* ist längst vor Bultmann von Schweitzer formuliert worden, wenn dieser feststellt: Das Fremdartige der eschatologischen Auffassung Jesu »erledigt sich von selbst, sobald seine Bedingtheit durch das ihm vorliegende Vorstellungsmaterial erkannt ist. Dazu bedarf es weder langer Reden noch großer vorauszusetzender Kenntnisse« (GLJF, S. 884). Insofern ist Bultmanns Bemerkung von 1941, alles von ihm zur

zeitlich bedingten Vorstellungsmaterials zugleich die grundsätzliche Problematik zur Debatte, ob und wie vergangene Geschichte (also Jesus) heute beredt wird. Wieder ist die Gemeinsamkeit groß. Schweitzer: »Mit seinem Tode vernichtet er [Jesus] die *Form* seiner Weltanschauung, indem *seine* Eschatologie unmöglich wird. Damit gibt er allen Geschlechtern und allen Zeiten das Recht, *ihn in ihren Gedanken und Vorstellungen zu erfassen, daß sein Geist ihre Weltanschauung durchdringe, wie er die jüdische Eschatologie belebte und verklärte.*«[89] Und Bultmann: Was man tun kann, »ist nur dies, daß man an die gegenwärtige geschichtliche Situation anknüpft, sie weiterbildet, indem man rücksichtslos abschneidet, was veraltet und unwahrhaftig geworden ist, und einfügt, was sich zwingend geltend macht«.[90]

Bei der Durchführung der Aufgabe fällt eine methodische Gemeinsamkeit sofort ins Auge: Es kann und darf sich bei der Prüfung des Vorstellungsmaterials nicht um eine Scheidung »zwischen Kern und Schale«[91], »zwischen Vergänglichem und Bleibendem«, nicht um »Auswahl und Abstriche« handeln,[92] sondern es kann sich »nur um eine Übertragung des Urgedankens jener Weltanschauung in unsere Begriffe handeln«, nicht um Eliminierung also, sondern um Interpretation.[93] Das erkenntnisleitende Interesse dabei ist die Frage, was bleibt, wer der »ewige [...] Jesus« ist,[94] der *mit* über die Furt geht. Die Antwort kann nach Schweitzer »nur aus der religiösen Überlegung« kommen,[95] das ist die unabhängig von Jesus vorhandene »rationale Religiosität«[96], für die Jesus nicht eine »Autorität der Erkenntnis«, sondern nur eine solche des »Willens« zu sein vermag.[97] »Nicht der historisch erkannte, sondern nur der in den Menschen geistig auferstandene Jesus kann unserer Zeit etwas sein und ihr helfen. Nicht der historische Jesus, sondern der Geist, der von ihm ausgeht und in Menschengeistern nach neuem Wirken und

Entmythologisierung Gesagte hätte »auch vor 30 oder 40 Jahren schon ähnlich gesagt sein können« (Bultmann, R.: Neues Testament und Mythologie, S. 23), völlig zutreffend. Unter ›Frühere Versuche der Entmythologisierung‹ nennt er Schweitzer der Sache nach, nicht dem Namen nach (ebenda, S. 25).

89 MLG, S. 326.

90 ChW 34, S. 740.

91 Bultmann, R.: Neues Testament und Mythologie, S. 24 f.

92 Bultmann, R.: Neues Testament und Mythologie, S. 21.

93 Bultmann, R.: Neues Testament und Mythologie, S. 24. Sehr deutlich in dieser Hinsicht auch Schweitzer: Die Theologie lehrt, Jesus habe Gott als Vater offenbart, »wo doch das Problem gerade dieses ist, wie wir unseren aus dem modernen Denken gewonnenen Begriff von Gott mit der naiven Vorstellung Jesu in Einklang bringen können« (GLJF, S. 733 f.). Schweitzer will unnötigen Anstoß an der Glaubensbotschaft ausräumen. »Dasselbe meint Bultmann«, schreibt er in einem Brief vom 30. Oktober 1956, obwohl er den Begriff ›Entmythologisierung‹ für verfehlt hält; vgl. Gräßer, E.: Theologe, S. 249.

94 GLJF, S. 511.

95 GLJF, S. 731.

96 GLJF, S. 738.

97 GLJF, S. 878.

Herrschen ringt, ist der Weltenüberwinder.«[98] Darauf folgt als hermeneutischer Grundsatz: »Das wahre Verstehen ist das von Wille zu Wille. Das wahre Verhältnis zu ihm ist das des Ergriffenseins von ihm.« »Jesus ist unserer Welt etwas, weil eine gewaltige geistige Strömung von ihm ausgegangen ist und auch unsere Zeit durchflutet. Diese Tatsache wird durch eine historische Erkenntnis weder erschüttert noch gefestigt.«[99] Die Erkenntnis eines gemeinsamen Wollens (»Jesusmystik«) führt uns unmittelbar mit Jesus zusammen. Vom »Vorstellungsmaterial Jesu« machen wir uns frei, beugen uns aber »unter den dahinter stehenden gewaltigen Willen«. Indem wir ihm dienen, werden wir »sittliche Kräfte für unsere Zeit«[100] und schaffen so »durch sittliche Arbeit« das Reich Gottes, das Jesus noch in zeitgeschichtlicher Gebundenheit seiner Vorstellungen »von göttlicher Intervention« erwartet hat.[101] Damit hat Schweitzer den garstig breiten Graben überwunden. Es gibt »keine Weltanschauung, so groß und tief sie sei, die nicht Vergängliches enthält. Aber der Wille selbst ist zeitlos«.[102]
Noch bei der Bedingung der Möglichkeit, vergangene Geschichte heute zu verstehen, sehe ich Schweitzer und Bultmann nahe beieinander. Denn wenn Schweitzer das Verstehen Jesu davon abhängig macht, daß wir »*Entsprechendes*« denken und erleben wie er, daß es bei uns eine »Resonanz« gibt, »Äquivalente«, »Gedanken«, die denen entsprechen, »die sich in Jesu Begriff des Reiches Gottes zusammenfinden«[103], so ist das in der Sache nichts anderes als das von Bultmann geltend gemachte Vorverständnis bzw. der für ein Verstehen vorausgesetzte »Lebenszusammenhang«[104]. Daß sich dann aber trotz gleicher methodischer Voraussetzungen im *Ergebnis* eine unüberbrückbare Kluft zwischen Schweitzer und Bultmann auftut, hat einen leicht erkennbaren Grund: Bultmanns Begegnung mit der Dialektischen Theologie. Während sich in einem Aufsatz von 1917 noch kein grundsätzlicher Unterschied zur liberalen Theologie zeigt,[105] begegnen wir bereits 1920 einer Mischung aus Zustimmung und Ablehnung. Die »ethische Religion« behält einerseits ihr Recht: In ihr ist es »der schaffende Lebenswille, der uns in

[98] RWr, S. 399.
[99] GLJF, S. 874. Vgl. das schöne Bild in RWr, S. 399: »Wie eine Wasserpflanze, solang sie auf dem Wasser treibt, schön blühet, aber abgerissen von ihrem Grunde alsbald welk und unkenntlich wird: so der historische Jesus, den man vom Boden der Eschatologie loslöst und historisch als zeitlose Größe begreifen will. Das Ewige und Bleibende an Jesus ist von geschichtlicher Erkenntnis durchaus unabhängig und kann nur aus seinem jetzt in der Welt wirkenden Geist heraus begriffen werden. Soviel Geist Jesu, soviel wahre Erkenntnis Jesu.«
[100] GLJF, S. 885.
[101] GLJF, S. 883.
[102] GLJF, S. 876 f.
[103] GLJF, S. 881.
[104] Richtig gesehen von Robinson, J.M.: Einführung, S. 23; vgl. Gräßer, E.: Theologie, S. 79 ff.
[105] Bultmann, R.: Bedeutung der Eschatologie, S. 76 ff. Neu ist freilich die Einsicht in die zentrale Bedeutung der Eschatologie. Aber bezeichnend ist die Einschränkung: Paulus wolle mit dem eschatologischen Begriff »etwas ganz Anderes« zum Ausdruck bringen: »das Erlebnis, in dem ihm die ganze Größe des sittlichen Gottes offenbar ward« (ebenda, S. 86).

unserm Schicksal als Kämpfer im Gehorsam unter das Gute zur Erfüllung unseres inneren Lebens reifen läßt.«[106] Andererseits aber heißt es: »Soll der Protestantismus nicht im religiösen Moralismus stecken bleiben, so darf er nicht die Gesinnungsethik Jesu allein predigen; denn diese ist als solche keine Religion, sondern er muß das Spezifische des religiösen Lebens kennen und zum Bewußtsein bringen, er muß von der Offenbarung Gottes reden können.«[107]
1924 verdichtet sich die Kritik: Überall da, wo man die ›Persönlichkeit‹ Jesu rühmt und auf ›religiöse Erfahrungen‹ pocht, nimmt man dem Christentum sein Skandalon, »d.h., es wird nicht gesehen, daß Gottes Anderssein, Gottes Jenseitigkeit die Durchstreichung des ganzen Menschen, seiner ganzen Geschichte bedeutet«.[108] Auf Schweitzer angewendet heißt das: wenn er die Reich-Gottes-Predigt in das sittliche Grundprinzip der *Ehrfurcht vor dem Leben* einmünden läßt, eliminiert er in Wahrheit die Botschaft vom entscheidenden Handeln Gottes, das Kerygma also.[109] Der Schweitzer-Schüler Fritz Buri hat diese Sperre Bultmanns sofort erkannt und behauptet, die Entmythologisierung müsse konsequent zur Entkerygmatisierung weitergeführt werden, weil sich »das Entscheidende« »nicht außerhalb unserer Existenz, sondern in ihr ereignet«.[110] Für Bultmann ist jedoch der Vollzug christlichen Seinsverständnisses unlösbar an das Christusgeschehen gebunden.[111] Nicht so bei Schweitzer. »Unser Glaube baut sich auf der Persönlichkeit Jesu auf.«[112] Aber er ist nicht Glaube an Jesus Christus. Das Christusgeschehen nimmt Schweitzer gar nicht als ein eschatologisches in den Blick. Er versteht Jesus als eschatologischen Ethiker, der keine entscheidende (offenbarende), sondern nur eine pädagogische Funktion hat.[113] Er »hilft dazu«, daß die in uns liegende und mit dem sittlichen Willen gegebene »Idee der sittlichen Weltvollendung« die nötige »Klärung« erfährt und »auf eine Höhe« gebracht wird.[114] Solche Betrachtung lehnt Bultmann ab: »Die Geschichtsforschung würde eine Arbeit der ›Erinnerung‹ im platonischen Sinne sein, ein Sichklarwerden über das, was man im Grunde schon hat. Solche Geschichtsbetrachtung wäre im Grunde rationalistisch; die Geschichte als zeitliches Geschehen wäre ausgeschaltet.«[115] Tatsächlich aber redet das Neues Testament »von einem *Ereignis*, durch welches Gott das Heil der Menschen beschafft hat; es verkündigt Jesus nicht nur primär als den Lehrer, der zwar entscheidend Wichtiges gesagt hat und den wir deshalb dauernd ehrfürchtig verehren, dessen Person aber grundsätzlich gleichgültig wird für den,

---

106 ChW 34, S. 743.
107 ChW 34, S. 742.
108 Bultmann, R.: Liberale Theologie, S. 13.
109 Vgl. Bultmann, R.: Neues Testament und Mythologie, S. 25.
110 Buri, F.: Entmythologisierung, S. 100.
111 Bultmann, R.: Neues Testament und Mythologie, S. 31.
112 MLG, S. 325.
113 Vgl. vor allem CWR. Zur Sache: Picht, W.: Schweitzer, S. 71.
114 GLJF, S. 879.
115 Bultmann, R.: Jesus, S. 12.

der seine Lehre erfaßt hat; sondern es verkündigt eben seine Person als das entscheidende Heilsereignis«.[116]

III

Obwohl Schweitzer und Bultmann hinsichtlich der historischen Jesusfrage ganz nahe beieinander sind, was das Problembewußtsein und das methodische Vorgehen anbetrifft, sind sie in der Lösung doch fundamental voneinander unterschieden. Schweitzer sucht, wie sonst, so auch diesmal, die *konsequente* Lösung: »Jesus [ist] entweder ganz historisch oder ganz unhistorisch.«[117] Und auch das folgende meint er so, wie er es sagt: »Entweder hat Jesus nicht existiert oder er war so, wie ihn Markus und Matthäus, im wörtlichen Sinn verstanden, schildern«.[118] Bultmann nennt das Schweitzers »Todfeindschaft gegen alle halben Lösungen«.[119] Sie hat Schweitzer nicht nur Lob, sondern auch herbe Kritik eingebracht.[120] Bultmann selbst hätte keine von den beiden Lösungen übernehmen können. Er differenziert. Und während in Schweitzers System der Ethiker den Historiker überrundet, bleibt Bultmann auch als Historiker Theologe – im kerygmatisch-christologischen Sinne des Wortes. Das zeigen die beiden abschließenden Zitate. Schweitzer: »Denn alles, was man Wirkliches über Erlösung aussagen kann, geht zuletzt darauf zurück, daß wir in der Willensgemeinschaft mit Jesus von der Welt und uns selbst frei werden und Kraft und Frieden und Mut zum Leben finden.«[121]
Bultmann: Das Neue Testament behauptet, »daß der ›Glaube‹ erst von einer bestimmten Zeit ab überhaupt *Möglichkeit* geworden ist, und zwar infolge eines *Geschehens*, des Christusgeschehens. Glaube als gehorsame Preisgabe an Gott und als innere Freiheit von der Welt ist nur möglich als Glaube an Christus.«[122]

---

116 Bultmann, R.: Neues Testament und Mythologie, S. 25.
117 GLJF, S. 787.
118 GLJF, S. 731.
119 ChW 26, S. 605.
120 So schreibt zum Beispiel J. Wellhausen am 17. Dezember 1911 an W. Bauer im Blick auf die ›Geschichte der paulinischen Forschung‹: Schweitzer »verschmäht die Induction und faßt die Sache gleich bei der Wurzel; die Wurzel ist natürlich bei Paulus wie bei Jesus die Parusie. Die Methode ist wie bei Baur, wenngleich das Resultat anders: immer von der Idee, oder von dem springenden Punkt des Systems aus. Seine Begabung, seine Productivität, seine Arbeits- und Fassungskraft sind imposant. Er ist Musiker, Mediciner, Pastor und Privatdocent; durch Concerte verdient er sich seinen Unterhalt und die Mittel zur Missionirung der Kongoneger – er will im Herbst 1912 nach dem Kongo. Ich bin ganz starr und fürchte nur, daß er sein Pulver vorzeitig verschießen wird, so immens auch der Vorrath bei ihm sein mag. Für einen Professor an einer theol. Facultät paßt er natürlich nicht, noch viel weniger als weiland D.F. Strauss, der im Vergleich mit ihm der reine Philister war« (ich verdanke die Abschrift des Briefes Rudolf Smend in Göttingen).
121 GLJF, S. 885 f.
122 Bultmann, R.: Kerygma und Mythos I, S. 31.

In der Frage des historischen Jesusverständnisses ist die Forschung weder bei Schweitzer noch bei Bultmann stehengeblieben, sondern über sie hinausgegangen.[123]
Aber ganz zweifellos verdankt sie beiden die entscheidenden Impulse dazu.

123 Vgl. Käsemann, E.: Problem, S. 125 ff.; Robinson, J.M.: Kerygma; Ders.: Hermeneutik, S. 13 ff.; Jüngel, E.: Paulus und Jesus. Für den heutigen Stand der einst von Käsemann angestoßenen Diskussion vgl. vor allem Kümmel, W.G.: Jesusforschung (1965-1975), S. 340 ff., sowie die Nachträge 1975-1980: Teil 1, S. 317 ff.; Teil 2, S. 136 ff.; ferner Stegemann, H.: Der lehrende Jesus, S. 3 ff.

ZUM STICHWORT ›INTERIMSETHIK‹

Eine notwendige Korrektur

I

»Das Zusammensein einer ethischen und einer eschatologischen Gedankenreihe bei Jesus bildete von jeher eines der schwersten Probleme der neutestamentlichen Wissenschaft. Wie können sich in *einem* Denken zwei so verschiedene, in manchem diametral entgegengesetzte Weltanschauungen vereinigen?«[1]
Die Antworten auf diese Frage gehen auch fast neunzig Jahre nach Albert Schweitzer noch immer auseinander.[2] Und obwohl Schweitzer gezeigt hat, daß das Eschaton als die sachliche Einheit der Verkündigung Jesu anzusehen ist, daß also der Bezug der ethischen Forderungen auf die erwartete Zukunft elementar ist – »ihnen einen andern Charakter beilegen, hieße die Wetterseite einer Steinmauer mit Wasserfarben bemalen«[3] –, ist die Frage des Wie noch immer umstritten. Der Lösung, die Schweitzer selber vorgeschlagen hat, begegnet man jedenfalls zumeist mit harscher Kritik. Ob berechtigt oder nicht, das soll im folgenden untersucht werden.

II

Seit Julius Wellhausen gilt es der neutestamentlichen Wissenschaft als ausgemacht, daß mit der Etikettierung ›Interimsethik‹ die sittliche Botschaft Jesu als *Provisorium* eingestuft und damit falsch gedeutet werde.[4] Als Urheber dieser Fehldeutung werden bis in neueste Veröffentlichungen hinein Johannes Weiß und Albert Schweitzer genannt, und zwar häufig in einem Atemzug.[5] Dieses undifferenzierte Urteil ist meines Erachtens nicht gerecht. Denn Wellhausens messerscharfe Kritik, daß »Ignoranten sich zu behaupten erdreistet haben«, »Jesus habe die Moral für eine provisorische Ascese gegolten, die nur in Erwartung des nahen

1 MLG, S. 221.
2 Vgl. Schrage, W.: Art. Ethik IV, S. 435-462.
3 GLJF, S. 826.
4 Wellhausen, J.: Einleitung, S. 107.
5 Zum Beispiel Bultmann, R.: Erforschung, S. 9; Schrage, W.: Ethik, S. 33 f.; Weder, H.: Die Rede der Reden, S. 25; Luz, U.: Evangelium, S. 191, Anmerkung 15, und S. 192; Schnackenburg, R.: Die sittliche Botschaft, S. 39 f., 115.

Endes zu ertragen war und nur bis dahin ertragen werden mußte«[6], war zwar gegen Schweitzer gezielt,[7] aber getroffen fühlen mußte sich von dieser Kritik weniger Schweitzer als vielmehr Weiß. Zwar hat Schweitzer den Begriff ›Interimsethik‹, jedoch nicht in dem von Wellhausen inkriminierten Sinn, während umgekehrt Weiß den Begriff nicht hat, wohl aber das anstößige Verständnis der Ethik Jesu. Sie ist nach Weiß »Anweisung für die letzten Kampfeszeiten«[8]. Als Jesus sie erläßt, hat er mit dieser Welt nichts mehr gemein, »er steht mit einem Fuße schon in der zukünftigen«[9]. Man muß »alle Brücken hinter sich abgebrochen« haben und darf »durch kein tieferes Interesse mehr mit der Welt verbunden« sein, um dieser Ethik zu folgen.[10] »Bei solchem Ausgangspunkt können wir eine systematische ethische Gesetzgebung, welche das Leben einer sittlichen Gemeinschaft auf Jahrhunderte hinaus in allen Einzelheiten zu regeln imstande wäre, nicht erwarten, denn an die Fortdauer eines solchen Gemeinwesens wird eben bei der Nähe des Weltendes gar nicht gedacht. Wie im Kriege Ausnahmegesetze in Kraft treten, die sich so im Frieden nicht durchführen lassen, so trägt auch dieser Teil der ethischen Verkündigung Jesu einen besonderen Charakter. Er fordert Gewaltiges, zum Teil Übermenschliches, er fordert Dinge, die unter gewöhnlichen Verhältnissen einfach unmöglich wären.«[11] Nun, die Ausnahmegesetze gelten nur für die Dauer des Ausnahmezustandes. Hat sich dieser erledigt – also beim Übergang von der Naherwartung zur Fernerwartung –, sind es auch die Gesetze. Darum muß Weiß nach einem *anderen* Teil in der Ethik Ausschau halten, der nicht apokalyptisch determiniert ist, weil es andernfalls um die Relevanz der sittlichen Botschaft Jesu für unsere Zeit geschehen wäre. Er findet diesen anderen Teil, der Jesus »turmhoch über Propheten, Apokalyptiker und Zeitgenossen stellt«[12], zum Beispiel in den antipharisäischen Weherufen und im Doppelgebot der Liebe. Das sind »jene ›Sittensprüche‹ voll reinster tiefster Weisheit, [...] die nichts von eschatologischer Erregung verraten, sondern einfach und ruhig das aussagen, was sein lauteres, klares, gottinniges Gemüt als selbstverständlich empfindet«[13]. Daß Weiß zu einer zweifelhaften *psychologischen* Erklärung greifen muß, um die *Einheit* der

---

6 Wellhausen, J.: Einleitung, S. 107. In der 2. Auflage von 1911, S. 97, hat Wellhausen das Urteil gemildert, indem er die dreisten Ignoranten wegließ, im übrigen aber die Sachaussage beibehalten. Er *wiederholt* also die Kritik (gegen Groos, H.: Größe und Grenzen, S. 178).

7 Das zeigt Wernle, P.: Rezension zu RWr, S. 505; vgl. Kümmel, W.G.: Konsequente Eschatologie, S. 333, Anmerkung 25.

8 Weiß, J.: Predigt Jesu, S. 150.

9 Weiß, J.: Predigt Jesu, S. 145.

10 Weiß, J.: Predigt Jesu, S. 152.

11 Weiß, J.: Predigt Jesu, S. 139. Die »Todesbereitschaft« der Jünger »ist die äußerste Probe auf den weltabgewandten Sinn, den Jesus fordert« (S. 152). Das läßt H.J. Holtzmann fragen: »Weht uns nicht, wo die Ausgangstür der Zeitlichkeit so heftig zugeschlagen wird, daraus ein schneidend scharfer und erkältender Luftzug der Ewigkeit an?« (Holtzmann, H.J.: Lehrbuch, S. 242).

12 Weiß, J.: Predigt Jesu, S. 42.

13 Weiß, J.: Predigt Jesu, S. 135 f.

eschatologischen Verkündigung Jesu in wechselhaften Seelenzuständen Jesu zu verankern, spricht nicht für die Lösung des Problems. Tatsächlich hat er damit die Zweigleisigkeit der sittlichen Botschaft Jesu – ein eschatologisches, ein uneschatologisches Gleis – fortgeschrieben; sie wirkt bis heute nach.[14]

Ganz anders Schweitzer! In seiner konsequent-eschatologischen Deutung der Botschaft Jesu gibt es keine Halbheiten: »Jesus [...] hat entweder eschatologisch oder uneschatologisch gedacht, aber nicht beides zugleich oder so, daß das Eschatologische ergänzend zum Uneschatologischen hinzutrat.«[15] Für die sachgemäße Verhältnisbestimmung von Eschatologie und Ethik bedeutet das, daß die Ethik von seiner Eschatologie her und *nur* von dieser her zu verstehen ist. Sie ist als ganze *eschatologische Ethik* bzw. »ethische Eschatologie«[16]. Ihr bleibend Gültiges kann daher nicht *neben*, sondern nur *in* ihr gefunden werden.

Es hat freilich den Anschein, als gebe Schweitzer dieses *bleibend* Gültige von vornherein verloren, indem er die Ethik Jesu eine »Interimsethik« nennt. In aller Regel[17] wird dieser Begriff dann auch als *negative* Qualifikation gedeutet, so, als handele es sich in der sittlichen Botschaft Jesu nicht um absolute, sondern »um relative Forderungen, [...] bei denen der Anspruch des Menschen nur für eine Weile zurückgestellt wird«[18]. Man findet in dem Begriff keine nur *zeitliche*, sondern vor allem auch eine *sachliche* Begrenzung ausgesprochen: Es handelt sich nicht nur um eine *Zeit* »ohne eigentliche Relevanz«[19], sondern auch um eine letztlich irrelevante *Ethik*.

---

14 Vgl. zum Beispiel Kümmel, W.G.: Theologie des Neuen Testaments, S. 43 f.: Die Interimsethik »ist schon darum falsch, weil Jesus die Aufforderung zum Tun des Willens Gottes nicht nur durch den Hinweis auf das nahe Kommen der Gottesherrschaft motivieren konnte. Er verweist vielmehr auch auf Gottes Verhalten (Mt 5,44 f.) [...] und fordert zur Nachahmung Gottes auf (Lk 6,36).« Aber auch W. Schrage (Ethik; ähnlich: Ders.: Art. Ethik IV, S. 437) und viele andere wären hier zu nennen, die alle an der doppelten Begründung der Ethik festhalten, *obwohl* sie mit Schweitzer davon ausgehen, daß Jesu Verkündigung zentral und umfassend eschatologisch bestimmt war. Zu dieser Problematik vgl. besonders Jüngel, E.: Paulus und Jesus, S. 108 f.

15 MLG, S. 223.

16 MLG, S. 882.

17 Zu den Ausnahmen siehe folgende Anmerkung.

18 So das repräsentative Urteil von Bultmann, R.: Jesus [1951], S. 110. Die negative Beurteilung der Interimsethik ist beinahe Allgemeingut der neutestamentlichen Wissenschaft. Ausnahmen sind zum Beispiel Hiers, R.H.: Jesus and Ethics; Sanders. J.T.: Ethics; Strecker, G.: Strukturen; S. 133, Anmerkung 39; Gräßer E.: Theologie, S. 86 f. und (natürlich!) Picht, W.: Wesen, S. 243. Weder bildet eine besonders erfreuliche Ausnahme: »Interimsethik ist die Ethik Jesu also, weil sie nur für die Vorzeit des Reiches Gottes gilt, während im Reich Gottes selbst die Ethik ganz hinfällig wird. Sie gilt für das Interim zwischen dem Jetzt und der Ankunft der Gottesherrschaft. Sie ist also eine vorläufige Ethik, vorläufig freilich nicht im geschichtlichen Sinne (also: so wie alles Geschichtliche vorläufig ist), sondern in einem eschatologischen Sinne. Die Ethik beschäftigt sich mit dem vorläufigen menschlichen Handeln in dieser Zwischenzeit, die dem alleinigen Handeln Gottes in der Gottesherrschaft vorläuft (Weder, H.: Die Reden der Reden, S. 26).

19 So richtig Weder, H.: Die Rede der Reden, S. 25.

Auf der Basis der *mißverstandenen* Interimsethik kommt es dann leicht zu Verzeichnungen der Position Schweitzers, wofür Schrage als Beispiel dienen mag. Als Beweis dafür, daß die Deutung der Ethik Jesu im konsequent eschatologischen Sinne »nicht zutreffen kann«, führt er an: »Es stimmt offenbar nicht, daß die eschatologisch qualifizierten Worte Jesu als Ausnahmegesetz für eine Welt zu verstehen sind, die im Feuerschein und Brandgeruch der hereinbrechenden kosmischen Katastrophe steht (vgl. Bornkamm, Jesus, 197). Jesus war kein Weltuntergangsprophet und kein Katastrophenethiker, der seine Weisungen gar an Symptomen des Funkenflugs oder des Verfalls der Welt orientiert hätte. Bei J. Weiß und Schweitzer erhalten Jesu Worte eine apokalyptische Glut, die sie offensichtlich nicht haben, was übrigens auch der Inhalt der Ethik bestätigen wird.«[20] Hier erheben sich Rückfragen. Lassen wir die Überzeichnung des Bildes beiseite (als einen von der apokalyptischen Glut angesengten Weltuntergangspropheten und Katastrophenethiker, der Angst vor dem Gericht verbreitete, hat Schweitzer Jesus nie gesehen), dann scheint mir das eigentliche Problem die Unausgewogenheit der Argumentation zu sein. Einerseits heißt es ohne jede Einschränkung: »Eschatologie und Ethik gehören bei Jesus unlöslich zusammen«[21], und zwar so, daß die Eschatologie sich keineswegs »auf eine Impuls- und Motivgebung« zurücknehmen läßt; auch materialiter ist die sittliche Botschaft Jesu »von der eschatologischen Gottesherrschaft her zu verstehen« – wenigstens in den Grundzügen, wie Schrage mit Verweis auf Helmut Merklein betont.[22] Andererseits heißt es dann aber, »daß nicht die Eschatologie allein, jedenfalls nicht eine apokalyptische Eschatologie, die Ethik Jesu bestimmt«[23]. Vielmehr »ist das ausschlaggebende Motiv und der tiefste Grund seiner Forderung [...] der ihm [Jesus] rettend nahegekommene Gott und der von ihm [Jesus] mit Vollmacht verkündigte Gotteswille«[24]. Gibt es also doch *zwei* Begründungen?[25]

Ein weiteres Problem tut sich auf. Schrage weist die Interimsethik als unzutreffend ab, weil Jesus die Ethik nicht allein (!) durch die Naherwartung begründet, »sondern entsprechend der zeitlichen Dialektik der Eschatologie [...] auch durch die Gegenwart der Gottesherrschaft«[26]. Aber mit der zeitlichen Dialektik der Eschatologie bringt man Jesus nicht auf Abstand zur frühjüdischen Apokalyptik, weil dieser bereits die Schon-Noch-nicht-Struktur eigen ist.[27]

---

20 Schrage, W.: Ethik, S. 34; ähnlich Ders.: Art. Ethik IV, S. 437.

21 Schrage, W.: Art. Ethik IV, S. 436, 15.

22 Schrage, W.: Art. Ethik IV, S. 437, 32 f.; Merklein, H.: Gottesherrschaft, S. 4, 15, 47.

23 Schrage, W.: Ethik, S. 34.

24 Schrage, W.: Art. Ethik IV, S. 437, S. 23-25; vgl. Ders.: Ethik, S. 34.

25 Daß dem nicht so ist, hat Merklein, H.: Gottesherrschaft, überzeugend gezeigt.

26 Schrage, W.: Art. Ethik IV, S. 437, 10 f.

27 Erinnert sei an das für die Apokalyptik charakteristische Parallelgeschehen im Himmel und auf Erden sowie daran, daß dem hebräischen Zeitdenken nicht nur ein Ineinander von Vergangenheit und Gegenwart, sondern auch von Zukunft und Gegenwart eigentümlich ist. Vgl.

Schließlich: Wenn es heißt, »nicht die apokalyptische Naherwartung«, nicht die »Kürze der noch verbleibenden Frist«, sondern der von Jesus vollmächtig ausgelegte *Gotteswille* gebe »z.B. dem Gebot der Nächsten- und Feindesliebe [...] Grund und Sinn«[28], so frage ich mich, welches Interesse diese Unterscheidung leitet. Ob hier liberales Erbe nachwirkt? Daß Jesus selbst diese Unterscheidung getroffen haben sollte, halte ich für ganz unwahrscheinlich; für ihn dürften Naherwartung und Nähe Gottes eine unlösbare Einheit gebildet haben. Für die Liberalen aber war es typisch, alles, was »weltverneinend« in Jesu Ethik ist, einer spekulativen Apokalyptik zuzuschlagen, während das andere den »Ewigkeitswert dieser Ethik« ausmacht. So jedenfalls hat zum Beispiel Albert Schweitzers Lehrer H.J. Holtzmann die Gewichte verteilt.[29]
Schweitzer klagte also mit Recht, es gäbe noch immer Forscher, »die reden und schreiben, als ob Ethik und Eschatologie einander ausschlössen und darum meinen, den sittlichen Charakter Jesu zu retten, wenn sie das Apokalyptische möglichst einschränken«[30]. Ich fürchte, Schweitzer hätte auch heute immer noch Anlaß, dieses ›Mißverständnis‹ zu beklagen. Dabei besteht gar kein Grund, Jesus von der frühjüdischen Apokalyptik abzusetzen; es besteht lediglich Grund, diese besser zu verstehen.[31]
Weiterhin besteht also die Meinung, daß in Schweitzers Deutung der Ethik Jesu diese ohne eigentliche Relevanz sei. Aber gerade das hat Schweitzer nicht gemeint, eher das Gegenteil, wie sich zeigen läßt.

III

Fragt man, wodurch nach Schweitzers Meinung Jesu Ethik ihren Charakter als ›Interimsethik‹ erhält, so hat die erste Antwort zu sein: durch ihre Bezogenheit auf die kurz bemessene Zeit *zwischen* dem Dasein Jesu und dem Kommen der Gottesherrschaft. *»In Erwartung des Gottesreiches«* ist Jesu Ethik Interimsethik.[32] Das ist kein Urteil über den *Inhalt* der Ethik. Es ist ein Urteil über ihren *Ort* und über ihren *Zweck*. Ihr Ort ist *zwischen* den Zeiten, ihr Zweck ist es, geschickt zu machen für das Reich Gottes.[33] Insofern ist die Kennzeichnung ›Interimsethik‹

einerseits Kuhn, H.-W.: Enderwartung, S. 181 ff., andererseits Müller, K.: Art. Apokalyptik/Apokalypsen III, S. 224 ff.

28 Schrage, W.: Ethik, S. 34.

29 Holtzmann, H.J.: Lehrbuch I, S. 243.

30 GLJF, S. 828.

31 Vgl. die sehr guten Ansätze dazu bei Müller, K.: Art. Apokalyptik/Apokalypsen III, und Merklein, H.: Jesu Botschaft.

32 MLG, S. 216.

33 GLJF, S. 826: »Um weiteren Mißverständnissen vorzubeugen, sei daran erinnert, daß der in der ›Skizze des Lebens Jesu‹ von 1901 geprägte Ausdruck ›Interimsethik‹ nur besagt, daß die sittlichen Forderungen Jesu allesamt auf die innere Bereitung auf die Zugehörigkeit zum kommenden Reich abzielen und im letzten Grunde die Rechtfertigung beim Gericht be-

völlig sachgemäß.[34] Daß sie nicht negativ, sondern positiv gemeint ist, zeigt ihre Bezogenheit auf das zukünftige Reich Gottes und nicht auf eine irgendwo vorhandene oder zu erwartende ewig gültige Dauerethik. »In der Unmittelbarkeit« der ethischen Anschauung Jesu kennt dieses Reich Gottes keine Sittlichkeit und keine Entwicklung.[35] Es setzt vielmehr »einen übernatürlichen Weltzustand voraus, in dem die Menschen ihre irdische Leiblichkeit verloren haben, als Verklärte jenseits von Versuchung und Sünde stehen und in allem gut und vollkommen sind wie die Engel«[36]. Kurzum: Das Reich Gottes »liegt jenseits der ethischen Grenze von Gut und Böse; es wird herbeigeführt durch eine kosmische Katastrophe, durch welche das Böse total überwunden wird. Damit werden die sittlichen Maßstäbe aufgehoben. *Das Reich Gottes ist eine übersittliche Größe.* Zu dieser Höhe des überethischen Idealismus kann sich das moderne Bewußtsein nicht mehr aufschwingen. Wir sind eben durch die Geschichte alt geworden. Für das historische Verständnis der Ethik Jesu ist sie aber die unerläßliche Voraussetzung.«[37]

Es geht Schweitzer also gar nicht um Ethik an und für sich, sondern um das *historische* Verständnis der Ethik Jesu. Und für diese ist nun in der Tat die Erwartung des Reiches Gottes, in dem es keiner ethischen Normen mehr bedarf, die unerläßliche Voraussetzung. Damit ist gesagt, daß es im alten Äon der sittlichen Weisungen (noch) bedarf. Aber selbst die höchsten und vollendetsten führen »nur bis an die Grenze des Reiches Gottes, während jeglicher Pfad verschwindet, sobald man sich auf dem neuen Boden bewegt. Dort braucht man keinen.«[38] Noch bewegen sich Jesus und die Seinen auf jenem Pfad; aber seine Ethik ist schon hier auf den *neuen* Boden bezogen. Das beweist die Jetzt-Dann-Struktur der konkreten ethischen Forderungen, oder, wie Schweitzer sagt: das »Gemisch von Präsens und Futurum« in den Seligpreisungen.[39] Es besagt: »Wer beim Anbrechen des Gottesreichs im Besitz der sittlichen Erneuerung ist, der wird als ein Glied desselben erfunden werden. Dies ist der adäquate Ausdruck für das Verhältnis der Sitt-

---

zwecken.« Damit wendet sich Schweitzer gegen seinen Lehrer H.J. Holtzmann (Gesinnungsethik oder Interimsethik, S. 241-248).

34 Gräßer, E.: Parusieverzögerung, S. 72; vgl. dazu Groos, H.: Größe und Grenzen, S. 179. Cullmann bejaht die mit dem Begriff ›Interimsethik‹ gegebene Ortsbestimmung, »aber nicht in dem Sinne, als ob sie nur fürs erste Jahrhundert Geltung hätte. Denn das Interim geht weiter.« Es »ist im heilsgeschichtlichen Gottesplan beschlossen, und wir haben nach Gottes Willen darin zu leben« (Cullmann, O.: Vorträge und Aufsätze, S. 351, 399). Eine sehr problematische Auskunft!

35 MLG, S. 231; vgl. GLJF, S. 884: Jesus hat das Reich Gottes als »übersittliche Größe« angesehen »und darum nur ›Interimsethik‹ verkündet«.

36 GLJF, S. 826.

37 MLG, S. 232.

38 MLG, S. 232.

39 MLG, S. 230.

lichkeit zum kommenden Gottesreich.«[40] Und so, in dieser ›Jetzt-und-Dann‹-Form, nämlich *»als Buße auf das Reich Gottes hin ist auch die Ethik der Bergpredigt Interimsethik«*[41]. Und natürlich meint das nicht, daß sie materialiter *relativ* sei. Diesem Mißverständnis hat Schweitzer freilich selber Vorschub geleistet mit dem eben zitierten Bild vom Pfad (= ethische Norm) und vom neuen Boden (= Reich Gottes). Natürlich sind die Normen im alten Äon von ›relativer‹ Gültigkeit insofern, als es im neuen keiner mehr bedarf. Aber sind sie deswegen in ihrem Wert herabgesetzt? Doch nur für den, dem ›Wert‹ nur ist, was *Dauer* hat. Wie aber hätte Jesus – Jesus! – einen sittlichen Wert aufstellen sollen, der »außerhalb der Bauflucht des Reiches Gottes lag«?[42] Im Unterschied zur modernen Ethik, die ihr Wertesystem rein immanent bestimmt, erhebt Jesu eschatologische Ethik »absolute Forderungen«[43], weil ihre eschatologische Bedingtheit selber Ausfluß eines absolut ethischen Idealismus ist. Wörtlich: »Man hat ein Vorurteil gegen diese Bedingtheit. Sofern man meint, der Wert der Ethik Jesu würde dadurch herabgesetzt, ist es unberechtigt. Gerade das Gegenteil ist der Fall; denn diese Bedingtheit fließt aus einem absolut ethischen Idealismus, welcher für den erwarteten Vollkommenheitszustand Daseinsbedingungen postuliert, die selbst ethisch sind.«[44]

Man mag letzteres kritisieren, nämlich daß Schweitzer beinahe panethizistisch vom Reich Gottes als einem »überethischen Idealismus« spricht,[45] aber man sollte ihm nicht vorwerfen, daß er mit dem Begriff ›Interimsethik‹ die sittliche Botschaft Jesu *materialiter* »verflacht« habe.[46] Wäre dies der Sinn von ›Interimsethik‹, dann müßte sie logischerweise verglichen sein mit einer sie überragenden, absoluten Ethik, die vom ›neuen Boden‹ her die relative auf dem alten allererst zu einem Relativum macht. Der Vergleich kann aber nicht geführt werden, weil es nichts zu vergleichen gibt![47] Denn »eine Ethik des Reiches Gottes« gibt es für Jesus

---

40 MLG, S. 230.

41 MLG, S. 229. Buße – das scheint mir wichtig – ist für Schweitzer »nicht nur eine sittliche Wiederherstellung im Rückblick auf einen zurückliegenden sündigen Zustand, sondern – und dieser Charakter prävaliert – *auch eine sittliche Erneuerung im Hinblick auf eine bevorstehende allgemeine sittliche Vollendung*«. Sie hat also keine negative Bedeutung, die rückwärts gewandt ist, sondern als »die Buße in Erwartung des Reichs« schließt sie »alle positiven ethischen Forderungen in sich. In dieser Bedeutung ist sie der lebendige Nachhall der altprophetischen Buße« (MLG, S. 227).

42 GLJF, S. 884.

43 GLJF, S. 828.

44 MLG, S. 232.

45 MLG, S. 232.

46 Cullmann, O.: Vorträge und Aufsätze, S. 347.

47 Gegen Holtzmann, H.J.: Lehrbuch I, S. 247: »Wenn das alles nur provisorischen Wert als Interimsethik haben sollte, so müßte man fragen, wie denn auf der letzten Stufe eine noch höhere Stufe der Sittlichkeit aussehen soll.« Von dem ihr zugrundeliegenden Mißverständnis her ist diese Frage völlig konsequent! Sie zeigt aber mit aller Deutlichkeit, daß Schweitzer die Interimsethik *so* nicht verstanden hat.

nicht.[48] Eine Ethik aber, die ganz und gar auf dieses Reich bezogen ist und für die Teilhabe an diesem Reich vorbereitet und die als Ethik zwischen den Zeiten eben ›Interimsethik‹ ist, hat keine minderen Wert, sie hat Höchstwert!
Im übrigen verläuft die Front, an der Schweitzer mit diesem Begriff kämpft, ganz woanders: Im Namen der *bedingten* Ethik wendet er sich gegen die ›unbedingte‹, die in all ihren Spielarten Immanuel Kant beerbt insofern, als in ihr »die sittliche Vollendung der Menschheit sich mit der Vollendung des Reiches Gottes deckt«[49]. Die unbedingte Ethik, nicht die eschatologisch bedingte, ist die relative, weil sie versucht, »den neuen sittlichen Zustand aus sich selbst heraus« zu schaffen.[50] Er läßt sich aber nicht beschaffen,[51] weil er eben *bedingt* ist, d.h., weil er »nach der erwarteten übernatürlichen Vollendung orientiert ist«, also *erwartet* wird.[52] Aus dieser eschatologisch bedingten Ethik folgert Jesus den unbedingten Gehorsam, welcher der Gottesherrschaft so entspricht, daß er ihrer teilhaftig wird.[53]

IV

»Jesu Ethik ist modern, nicht etwa, weil die Eschatologie dabei Begleitgedanke ist, sondern gerade, weil sie von dieser Eschatologie vollständig abhängig ist!«[54]
Albert Schweitzer hat am absoluten Charakter der von ihm so genannten »Interimsethik« also keinen Zweifel gelassen. Daß die Kritik das zumeist verschweigt, ändert nichts daran. Natürlich wußte Schweitzer, daß von einer *bleibenden* Relevanz der Ethik Jesu die Rede nicht sein kann *ohne* die hermeneutische Anstrengung einer »Übersetzung« der »Ideen« Jesu »in die Formeln unserer Zeit«[55]. Er hat diese Aufgabe in den beiden Schlußkapiteln seiner ›Geschichte der Leben-

48 GLJF, S. 826.
49 MLG, S. 231. »In dieser Verselbständigung der Ethik, welcher doch eine gewisse Resignation hinsichtlich der Erreichung des vollendeten Endzustandes anhaftet, zeigt sich, daß die christlich-moderne Ethik von hellenistisch-rationalistischen Gedanken durchsetzt ist und unter dem Einfluß einer zweitausendjährigen Entwicklung steht« (MLG, S. 230 f.).
50 MLG, S. 230.
51 Allerdings heißt es in MLG, S. 245, von der sittlichen Erneuerung, daß sie »die Gläubigen leisten«(!) und daß auf diese Leistung hin »das Reich Gottes eintreten wird«. Problematisch ist vor allem die von Schweitzer daraus gezogene Konsequenz: »Jede sittlich-religiöse Bethätigung ist also Arbeit am Kommen des Reiches Gottes« (MLG, S. 245). Hier überholt der Aktivist Schweitzer deutlich den Exegeten. Aber muß man die *Herbeiführung* des Reiches, die Jesus und die Seinen mit der sittlichen Erneuerung leisten, nicht in einem Gegensatz zur schlechthinnigen Unverfügbarkeit des Reiches sehen? Für Schweitzer ist jenes nur die Konsequenz aus diesem: Weil das Reich von selbst kommt, ist diejenige sittliche Erneuerung gefordert, die es kommen läßt.
52 MLG, S. 231, mit Verweis auf die jüdischen Provenienz und den »unmittelbare[n] Zusammenhang mit der prophetischen Ethik, wo das sittliche Verhalten des Volks durch seine Zukunftserwartungen bedingt war. Wenn daher irgendeine Parallele zur Erklärung der Ethik Jesu herbeigezogen werden darf, so ist es nur die prophetische, niemals die moderne.«
53 Mt 6,33.
54 MLG, S. 244.
55 GLJF, S. 877.

Jesu-Forschung‹ klar skizziert und dabei ausgeführt: »Inwiefern in der ›Interimsethik‹ Gedanken enthalten sind, die ewige Bedeutung haben und in Geltung bleiben, wenn von den eschatologischen Voraussetzungen abgesehen wird, ist eine Frage für sich. Sie darf den Historiker nicht von seiner Aufgabe, der Erfassung der Ethik Jesu, wie sie sich für ihn und seine Hörer darstellte, ablenken und abbringen. Er hat sich um etwaige Kompromisse zwischen der eschatologischen und der modernen Anschauungsweise nicht zu kümmern, sondern sie dem philosophischen Denken zu überlassen. Sein einziges Bestreben muß darauf gerichtet sein, der Ethik Jesu ihren gewaltigen Zug und ihre Besonderheit zu belassen, damit sie unmittelbar auf uns wirke und uns sage, was sie uns zu sagen hat.«[56]

Die »Scheidung zwischen Bleibendem und Vergänglichem« hält Schweitzer in diesem Zusammenhang nicht nur für »unlösbar«, sondern auch für »unnötig. Wie von selbst übersetzen sich seine [Jesus] Worte in die Form, die sie in unserem Vorstellungsmaterial annehmen müssen. Viele, die auf den ersten Blick fremd anmuten, werden in einem tiefen und ewigen Sinne auch für uns wahr, wenn man der Gewalt des Geistes, der aus ihnen redet, nicht Eintrag zu tun sucht. Fast möchte man gegen die Sorgen, wie seine Verkündigung für moderne Menschen verständlich und lebendig gemacht werden könnte, sein Wort ›Trachtet am ersten nach dem Reiche Gottes und nach seiner Gerechtigkeit, so wird euch dies alles zufallen‹ in Erinnerung bringen.«[57]

Obwohl also an dem Urteil der Geschichte über Jesus nicht zu rütteln ist: »Statt die Eschatologie zu bringen, hat er sie vernichtet«,[58] sind er selbst und seine Botschaft damit keineswegs vernichtet. Wie könnte es dann seine eschatologische Ethik sein? »Jesus ist unserer Welt etwas, weil eine gewaltige geistige Strömung von ihm ausgegangen ist und auch unsere Zeit durchflutet. Diese Tatsache wird durch eine historische Erkenntnis weder erschüttert noch befestigt. Sie ist der Realgrund des Christentums.«[59] Was von Jesus insgesamt gilt, gilt so auch von seiner Ethik: In ihrer eschatologischen Welt belassen ist sie größer und wirkt, bei aller Fremdheit, elementarer und gewaltiger als die uneschatologische.[60] Ohne Eschatologie hätte Jesu Ethik nicht den *Enthusiasmus*, nicht das »Unmittelbare« und »Gewaltige«, das unsere »Denkweise« bestimmen will und bestimmen kann.[61] Seine »Imperatorenworte«, »seine gebieterischen weltverneinenden Forderungen an den Einzelnen« haben *wegen* ihrer eschatologischen Begründung weltüberwindende Kraft; sie werden erst dann und dort zu einem »Haufen entladener

56 GLJF, S. 827. Zur Durchführung dieses Programmes bei Schweitzer vgl. Gräßer, E.: Albert Schweitzer und Rudolf Bultmann in diesem Band.

57 GLJF, S. 878; das zuletzt gebrachte Zitat S. 883.

58 RWr, S. 367.

59 GLJF, S. 874.

60 In Anlehnung an das, was Schweitzer in GLJF, S. 878, von Jesus selber sagt: »In seiner eschatologischen Welt belassen ist er größer und wirkt, bei aller Fremdheit, elementarer und gewaltiger als der andere.«

61 GLJF, S. 879.

Sprenggeschosse«, wo man sie davon trennt.[62] »Weil die Ethik Jesu mit dem Weltende rechnet und von allen in der damaligen Welt bestehenden Fragen absieht, veraltet sie nicht und behält in jeder Epoche ihre Bedeutung. Seine Zeit mehr voraussetzend läßt sie sich in jede Zeit einsetzen.«[63] Ohne ihre Bezogenheit auf das Reich Gottes wäre die Ethik Jesu nicht, was sie ist: »Gewaltige Individualethik«, die uns lehrt, »daß, wer am Reich Gottes mit Hand anlegen will, nur etwas ausrichten kann, wenn er sich fort und fort innerlich läutert und von der Welt frei macht«.[64] Daß die radikalen Forderungen der Bergpredigt uns deshalb nicht zu interessieren brauchen, weil sich Jesus mit seiner Erwartung des nahen Gottesreiches getäuscht hat, dieser Ausweg wird uns gerade von Albert Schweitzer versperrt. Von der Bergpredigt sagt er: »Das sind Worte, in denen Jesus durch alle Zeiten hindurch zu jedem Menschen persönlich redet, Tag für Tag, in jeder Lage unseres Lebens, mahnend, fragend, tröstend.«[65] Trotzdem kann es in dem neuesten, sonst ausgezeichneten Kommentar zum Matthäusevangelium heißen: »Johannes Weiß und Albert Schweitzer, die bei Jesus eine ›Interimsethik‹ erkannten, dachten überhaupt nicht daran, *sie* als eigene Ethik zu übernehmen.«[66] In der Tat: In der »Form, in der der Guß stattfand«, das ist die »spätjüdisch-eschatologische Weltanschauung«, dachte Schweitzer nicht daran, sie zu übernehmen; diese *Form* ist für immer zerbrochen.[67] Aber den *Inhalt*, den übernimmt er ohne Abstriche! Denn der ist durch seine Begründung in der geschichtlich inzwischen hinfällig gewordenen eschatologischen Naherwartung nicht korrumpiert, sondern als ewige Wahrheit freigesetzt worden: »Nun sind wir berechtigt, die Religion Jesu ihrem umittelbaren geistigen ethischen Wesen nach in unserem Denken lebendig werden zu lassen.«[68]

---

62 GLJF, S. 875.

63 Zitiert nach Brüllmann, R.: Albert-Schweitzer-Zitate, S. 61.

64 GLJF, S. 885.

65 Berichte aus Lambarene 58/1984, S. 26.

66 Luz, U.: Evangelium, S. 192.

67 LD, S. 75.

68 LD, S. 75. Richtig erkannt und dargestellt von Zager, W.K.: Begriff und Wertung, S. 105-107. Bei Zager finde ich endlich auch den Unterschied zu J. Weiß registriert. Während nach J. Weiß Jesus nur die *passive* Erwartung des Reiches kannte, übt nach Meinung Schweitzers die von Jesus geforderte sittliche Erneuerung eine »nötigende Gewalt« auf das Kommen des Reiches Gottes aus (MLG, S. 246). Damit ist das bleibend Gültige der ethischen Eschatologie Jesu *unmittelbar* gegeben, was Zager richtig erkennt: »Indem nun Schweitzer behauptet, daß es Jesus um die Herbeiführung des Reiches durch die sittliche Erneuerung gegangen sei, ist er in der Lage, die moderne christliche Ethik als legitime Fortführung der ›ethischen Eschatologie‹ Jesu zu erklären, nachdem auf Grund der Nichterfüllung der Naherwartung Jesu das eschatologisch-apokalyptische Element sich als vergängliche Form erwiesen habe. Denn als gedankliche Grundstruktur hält sich in Schweitzers Perspektive die Verknüpfung von ethischer Aktivität und erhoffter Vollendung durch« (Zager, W.K.: Begriff und Wertung, S. 107). Vgl. auch den wichtigen Abschnitt ›Die Bewertung der Apokalyptik‹ durch Albert Schweitzer (ebenda, S. 110-112).

Alles in allem: Nicht ihr eschatologischer Charakter schwächt die Ethik Jesu; ihre völlige Enteschatologisierung brächte sie um ihren Wert. »Man hat gemeint, daß die eingestandene Eschatologie die Bedeutung dieser Worte für unsere Zeit aufheben würde, und war daher fieberhaft bemüht, das nicht eschatologisch Bedingte an ihnen zu entdecken. Wenn man Sprüche fand, die dem Wortlaut nach nicht direkt mit der Eschatologie zusammenhängen mußten, freute man sich, als hätte man sie in ihrem vollen Werte aus dem kommenden Zusammenbruch gerettet. Nun besteht aber das Ewige der Worte Jesu gerade darin, daß sie aus einer eschatologischen Weltanschauung heraus gesprochen und von einem Geiste aufgestellt sind, für den die damalige irdische Welt, ihre geschichtlichen und gesellschaftlichen Zustände schon nicht mehr existierten. Sie passen daher, wie sie sind, in jede Welt, denn in jeder Welt heben sie den, der ihnen ins Auge zu sehen wagt und nicht daran deutelt und dreht, aus seiner Zeit und seiner Welt heraus und machen ihn innerlich frei, daß er geschickt wird, in seiner Welt und seiner Zeit schlichte Kraft Jesu zu sein.«[69]

Im übrigen ist die Tatsache, das Jesus »nur (!) ›Interimsethik‹ verkündet, [...] für das, was er uns zu sagen hat, belanglos, weil sie durch die Übertragung seiner Predigt in unsere Metaphysik aufgehoben wird«.[70] *Aufgehoben* will hier im dialektischen Sinne verstanden werden. Denn Übertragung in unsere Metaphysik, also Entmythologisierung,[71] meint: »Seine Individualethik wird mit der Verneinung der Eschatologie nicht hinfällig, sondern verliert dadurch nur den Lohn-

69 RWr, S. 400. Für diesen Sachverhalt hat R. Bultmann den Begriff der »Entweltlichung« geprägt. Vgl. Bultmann R.: Das Befremdliche, S. 197-212, besonders S. 209-211.

70 GLJF, S. 884 f. Die Übertragung in unsere Metaphysik ist ein zwingendes hermeneutisches Gebot, weil ethische Inhalte nicht ungeschichtlich aus der Vergangenheit in die Gegenwart übernommen werden können. »Der Versuch, unsere Ethik als Ganzes aus der von Jesus verkündeten abzuleiten, ist sinnlos und verkehrt. Er kann zu nichts anderem führen, als daß die letztere künstlich zu einer auf unsere Zeit anwendbaren umgedeutet wird. Unsere moderne Sozialethik muß, wie unsere Metaphysik und unsere Weltanschauung, von sich aus, vernunftgemäß gegeben sein und sich nach ihren natürlichen und immanenten Gesetzen aufbauen. Jesus vermag ebensowenig das Fundament unserer Ethik zu werden, wie er das unserer Religion ist. Er kann nur ein Element, wenn auch ein machtvoll bestimmendes, abgeben« (GLJF, S. 827). Vgl. gerade zu diesem Problem die außerordentlich hilfreichen Überlegungen ›Warum eine neutestamentliche ›Ethik‹?‹, mit denen R. Schnackenburg in die völlige Neubearbeitung seines Buches einführt. Unter anderem heißt es dort: Jesu »eschatologische Perspektive setzt bereits in der Geschichte neue Möglichkeiten ethischen Verhaltens frei, und zwar aus dem unbedingten Glauben an Gottes Macht, seine in Jesus und seinem Wirken angebrochene Herrschaft zu vollenden. [...] Die Kirche befindet sich in der ethischen Erkenntnis immer nur auf dem Weg und muß mit der Ethik der Vernunft im Gespräch bleiben. Darum ist es nicht müßig und überflüssig, sondern für eine christliche Moral geboten, die heilsgeschichtliche Perspektive herauszuarbeiten, besonders die eschatologisch akzentuierten und motivierten sittlichen Weisungen und Forderungen Jesu« (Schnackenburg, R.: Die sittliche Botschaft, S. 24). Diesen Sätzen des verehrten Jubilars hätte Albert Schweitzer seinen Beifall sicher nicht vorenthalten.

71 Vgl. Gräßer, E.: Albert Schweitzer und Rudolf Bultmann, S. 64-68.

gedanken und die eudämonistische Bedingtheit. Die gewaltigen Forderungen der Weltverneinung und der inneren Vollendung der Persönlichkeit büßen damit nichts von ihrer Bedeutung ein. Sie stehen mit jeder Vernunft- und Sozialethik in Spannung, obwohl sie im letzten Grunde auch vernünftig sind, weil nur der als sittliche Kraft in der Welt wirken kann, der sie innerlich überwunden hat und frei von ihr ist. Wenn Jesus in unserer Zeit wiederkäme, würde er zwar nicht mehr in spätjüdischem Sinn eschatologisch denken, aber dennoch den Grundcharakter seiner Ethik nicht ändern, sondern im Hinblick auf alle philosophische und theologische, nationale und soziale Ethik, die das moderne ›Gesetz‹ darstellt, lehren wie damals: ›Es sei denn, daß eure Gerechtigkeit besser ist denn die der Schriftgelehrten und Pharisäer, so könnt ihr nicht in das Himmelreich kommen‹ [...] und die absolute Vollendung und die absolute Hingabe fordern.«[72]

V

Ziehen wir das Fazit: Die Kritik an der ›Interimsethik‹ ist unberechtigt. Denn tatsächlich enden »alle Versuche, Jesu Ethik geschichtlich (!)[73] anders denn als ›Interimsethik‹ aufzufassen, [...] in haltlosen Kompromissen.«[74] Etwas anderes ist für Schweitzer die Frage, was aus der eschatologischen Ethik wurde, »als durch die Geschichte die Eschatologie in dieser ethisch-eschatologischen Weltanschauung langsam verblich«[75]. Seine Antwort: Es »blieb eine ethische Weltanschauung, in der die Eschatologie durch sieghafte Begeisterung und den unvergänglichen Glauben an den Endsieg des Guten weiterlebte. Das Geheimnis des Reiches Gottes enthält das Geheimnis der christlichen Weltanschauung überhaupt. Die ethische Eschatologie Jesu ist die *heroische Form*, in der die modern-christliche Weltanschauung in die Geschichte eintrat!«[76]

Ob Schweitzer mit dieser Überzeugung, daß es Jesus mit seiner Basileia-Predigt um die *sittliche* Vollendung der gesamten Menschheit ging,[77] im Recht ist und ob

---

[72] GLJF, S. 827 f.

[73] *Geschichtlich* ist zu betonen! Denn daß nach der auch für Schweitzer unabdingbaren hermeneutischen Besinnung *heutige* Ethik diesen Charakter verliert, haben wir gesehen.

[74] GLJF, S. 826.

[75] MLG, S. 245.

[76] MLG, S. 245. Richtig sieht und beurteilt diesen Sachverhalt Zager, W.K.: Begriff und Wertung, S. 112: »Die konsequent-eschatologische Deutung Jesu als apokalyptischen (!) Prediger des Reiches Gottes dient Schweitzer als exegetische Basis für seine radikale Ethisierung des Christentums. Insofern er Jesu Ethik ausschließlich als Ethik der Endzeit interpretiert, gewinnt sie für ihn die Qualität des Absoluten.« Den zuletzt genannten Begriff übernimmt Zager von Picht, W.: Wesen, S. 243, wo es außerdem heißt: Die Ethik Jesu »ist unbedingt, denn nur eine unbedingte sittliche Erneuerung kann das Reich Gottes nötigen, in die Erscheinung zu treten«. In der 2. Auflage seiner ›Geschichte der Leben-Jesu-Forschung‹ ist Schweitzer übrigens noch einmal ausdrücklich auf dieses Problem eingegangen, »um weiteren Mißverständnissen vorzubeugen« (GLJF, S. 826).

[77] Vgl. GLJF, S. 878 ff. Schweitzer tut sich natürlich leicht mit dieser Überzeugung. Stand ihm doch fest: »Jesus selber ist, man vergesse es nicht, seinem Wesen nach ein Moralist und

mit der paulinischen Theologie die ›Vorarbeit‹ für die Umwandlung einer konsequent-eschatologischen Reich-Gottes-Vorstellung in eine ebenso konsequent ethisch-voluntaristische gegeben ist,[78] darüber muß natürlich mit Schweitzer gestritten werden.[79] Die Tatsache aber, daß Jesu Ethik *geschichtlich* nicht anders denn als ›Interimsethik‹ aufgefaßt werden kann, bleibt davon unberührt.

Rationalist, der in der spätjüdischen Metaphysik lebte« (GLJF, S. 885). Ob Schweitzer da nicht Züge des eigenen Wesens in Jesus hineinlegte?

78 IRGVUEGU, S. 347.

79 Vgl. dazu besonders Sauter, G.: Zukunft und Verheissung, besonders S. 85-96 und 265; Ders.: Begriff und Aufgabe, S. 191-208.

ETHIK BEI ALBERT SCHWEITZER*

I Einleitendes. Die gegenwärtige Situation

Albert Schweitzer war gerade ein gutes Jahr in Lambarene, als der Erste Weltkrieg ausbrach. Die Arbeit im Spital mußte aufgegeben werden. Er wurde auf der Missionsstation interniert und gedachte die Pause dazu zu nutzen, um endlich sein Paulusbuch fertigzustellen. Doch den Gedanken verwarf er schnell. Jetzt, da der Krieg ausgebrochen war, drängte sich ihm ein anderes, aktuelles Problem auf: das der Kultur. Schon am zweiten Tag seiner Internierung nahm er die Arbeit an der Kulturphilosophie in Angriff. Es sollte neun Jahre dauern, bis das Werk zweibändig in München erscheinen konnte.[1]
Schweitzers Nachdenken über den Verfall und den Wiederaufbau der Kultur setzte freilich schon viel früher ein, schon vor der Jahrhundertwende. Die Ursache des Verfalls sah er in dem sich immer stärker entwickelnden Ungleichgewicht zwischen technisch-materieller und geistiger Entwicklung des Menschen. Vor allem: In einer von der Ethik abgekoppelten technischen Kultur vermochte er nur eine verhängnisvolle »Unkultur« sehen. Schweitzer war überzeugt, daß »das Zweckmäßige« »in letzter Linie [...] nur durch das Ethische zu verwirklichen« ist.[2]
Wie sehr Schweitzer damit im Recht war und ist, zeigt unsere Gegenwart. Die Verselbständigung des technisch Machbaren gegenüber dem ethisch Verantwortbaren hat uns heute in den Würgegriff eines Fortschritts gebracht, der die Welt mit Umweltkatastrophen von apokalyptischen Ausmaßen überzieht. Jetzt, da so etwas wie eine neue Grenzsituation der Menschheit sichtbar wird, beginnen wir die Einsicht Albert Schweitzers einzuholen, »daß die Menschheit sich in einer neuen Gesinnung erneuern muß, wenn sie nicht zugrunde gehen will«.[3] Die Stimmen mehren sich, die zur Besinnung rufen. »Der Mensch darf nicht alles, was er kann. Je mehr er kann, desto größer wird seine Verantwortung. Mit den Möglichkeiten,

* Vortrag im Rahmen der Basler Albert-Schweitzer-Gespräche über das Thema ›Die Ethik der Ehrfurcht vor dem Leben‹ am Samstag, dem 21. November 1987, im Kollegiengebäude der Universität Basel.

1 KPh I, S. 17-94; KPh II, S. 95-420.

2 KPh II, S. 113.

3 KPh II, S. 114. Zur Aktualität der Ethik Albert Schweitzers vgl. Gräßer, E.: Ehrfurcht, S. 274-277.

Leben zu mehren und zu fördern, wachsen die Möglichkeiten, Leben zu schädigen und zu zerstören.« So hieß es in einer Erklärung der Deutschen Bischofskonferenz zu Fragen der Umwelt und der Energieversorgung 1980.[4] Tatsächlich befindet sich die Menschheit jedoch nicht nur in einer neuen Grenzsituation, sondern in einer die Grenzen auf vielen Ebenen überschreitenden Situation. Überall dort zeigt sich, daß wir verlernt haben, die Frage nach dem ethisch Verantwortbaren *vor* die Frage nach dem technisch Machbaren zu setzen. Nur deswegen war es zum Beispiel möglich, daß man Kernkraftwerke in Betrieb nahm, ehe die Frage der Endlagerung gelöst war. Ganz offenkundig dominiert das profitorientierte Denken über das ethisch orientierte. Weitere Beispiele eines möglicherweise grenzüberschreitenden Tuns seien nur mit Stichworten angezeigt: Genmanipulation, In-vitro-Fertilisation, Embryokonservierung, Embryosplitting, Leihmütter, heterologe Insemination, pränatale Diagnostik, Klonen. Angesichts der hier heraufziehenden, in den Folgen unabsehbaren Möglichkeiten und Unmöglichkeiten – der Wagnersche Homunculus aus Goethes Faust ist machbar! – spricht der Philosoph Hans Jonas von den Dämonen unseres eigenen Könnens und verlangt den Verzicht auf Schöpferwillkür. Ihm wird »Furcht und Zittern« – nämlich im Blick auf das technisch Machbare – zur ethischen Tugend. »Auch Ehrfurcht und Schaudern sind wieder zu lernen, daß sie uns vor Irrwegen unserer Macht schützen (zum Beispiel vor Experimenten mit der menschlichen Konstitution). Das Paradoxe unserer Lage besteht darin, daß wir die verlorene Ehrfurcht vom Schaudern, das Positive vom vorgestellten Negativen zurückgewinnen müssen: die Ehrfurcht für das, was der Mensch war und ist, aus dem Zurückschaudern vor dem, was er werden könnte und uns als diese Möglichkeit aus der vorgedachten Zukunft anstarrt. Die Ehrfurcht allein, indem sie uns ein ›Heiliges‹, das heißt unter keinen Umständen zu Verletzendes enthüllt (und das ist auch ohne positive Religion aus dem Auge erscheinbar) wird uns auch davor schützen, um der Zukunft willen die Gegenwart zu schänden, jene um den Preis dieser kaufen zu wollen.«[5]
Späte Einsichten, die man schon sehr viel früher bei Albert Schweitzer hätte lernen können!

II Ethik bei Albert Schweitzer

1. Die ersten Anstöße. Der Verfall der Kultur

Albert Schweitzers Ethik der Ehrfurcht vor dem Leben hat sich in einem langen gedanklichen Ringen herausgebildet. Die Gedanken dazu beschäftigten ihn schon lange vor dem Ersten Weltkrieg. Anfangs wollte er ein Werk schreiben mit dem Titel ›Wir Epigonen‹. Das war um die Jahrhundertwende. Jedoch wenn er seinen

4 Erklärung der Deutschen Bischofskonferenz, S. 3.
5 Jonas, H.: Verantwortung, S. 392 f.

Freunden seinen Gedanken vortrug, sahen die darin nur »interessante Paradoxien und Manifestationen eines Fin-de-siècle-Pessimismus«. »Daraufhin verschloß ich mich vollständig. Nur in den Predigten ließ ich meinen Zweifeln an unserer Kultur und unserer Geistigkeit ihren Lauf.«[6]

Mit Zweifeln an unserer Kultur und unserer Geistigkeit also beginnt es. Das erste Kapitel von ›Verfall und Wiederaufbau der Kultur‹ trägt die Überschrift: ›Die Schuld der Philosophie an dem Niedergang der Kultur‹.[7] Deutlicher als je zuvor wird hier das »Kardinalgebrechen der heutigen Menschheit«[8] auf eine Formel gebracht: »Das Verhängnis unserer Kultur ist, daß sie sich materiell viel stärker entwickelt hat als geistig. Ihr Gleichgewicht ist gestört.«[9] Die Anfangssätze von ›Verfall und Wiederaufbau der Kultur‹ lauten: »Wir stehen im Zeichen des Niedergangs der Kultur. Der Krieg hat diese Situation nicht geschaffen. Er selber ist nur eine Erscheinung davon. Was geistig gegeben war, hat sich in Tatsachen umgesetzt, die nun ihrerseits wieder in jeder Hinsicht verschlechternd auf das Geistige zurückwirken. Die Wechselwirkung zwischen dem Materiellen und dem Geistigen hat einen unheilvollen Charakter angenommen.«[10]

»Wir kamen von der Kultur ab, weil kein Nachdenken über Kultur unter uns vorhanden war.«[11] Und dieses fehlende Nachdenken ist das Versagen der Philosophie! Denn ihr hätte es oblegen, die Weltwirklichkeit auch mit einer Weltanschauung zu begleiten, den Fortschritt sozusagen durch die ethischen Vernunftideen zu regulieren. In der Aufklärungszeit und im Rationalismus hatte die Philosophie noch geleistet, daß sie die Entwicklung des einzelnen und der Gesamtheit mit ethischen Vernunftidealen ausstattete, um ihr so zum wahren Menschentum zu verhelfen. Seit der Mitte des 19. Jahrhunderts hatte das aufgehört. Das Geistesleben beschränkte sich auf Inventarisierung der Wirklichkeit. »Niemand prüfte es auf Adel der Gesinnung und auf Energie zu wahrem Fortschritt.«[12] In diesem Satz steckt Schweitzers ganze Philosophie in nuce. Wahrer Fortschritt ohne einen Adel der Gesinnung ist ausgeschlossen. Für den Adel der Gesinnung aber ist nach Albert Schweitzer die Philosophie verantwortlich. Jedoch: »Aus einem Arbeiter am Werden einer allgemeinen Kulturgesinnung war die Philosophie nach dem Zusammenbruch in der Mitte des 19. Jahrhunderts ein Rentner geworden, der sich fern von der Welt mit dem, was er sich gerettet hatte, beschäftigte. Sie wurde zur Wissenschaft, die die Ergebnisse der Naturwissenschaften und der historischen Wissenschaften sichtete und als Material zu einer zukünftigen Weltanschauung zusammentrug und dementsprechend einen gelehrten Betrieb auf allen Gebieten

6 LD, S. 159.
7 KPh I, S. 23.
8 Groos, H.: Größe und Grenzen, S. 599.
9 KPh II, S. 118.
10 KPh I, S. 23.
11 KPh I, S. 23.
12 KPh I, S. 24.

unterhielt. Zugleich wurde sie immer von der Beschäftigung mit ihrer eigenen Vergangenheit absorbiert. Fast wurde die Philosophie zur Geschichte der Philosophie. Der schöpferische Geist hatte sie verlassen. Mehr und mehr wurde sie eine Philosophie ohne Denken. Wohl dachte sie über die Resultate der Einzelwissenschaften nach, aber das elementare Denken kam ihr abhanden.«[13]

Der Begriff ›elementares Denken‹ spielt bei Schweitzer eine entscheidende Rolle. Er begegnet immer wieder, und er besagt folgendes: Eine Philosophie, deren Hauptziel in zweckfreier theoretischer Erkenntnis besteht, ist ein nicht-elementares Denken. Ist sie aber auf die Klärung von Lebensfragen, vor allem in ethischer Hinsicht, gerichtet, ist sie ›elementares Denken‹.[14] Schweitzers Hauptvorwurf gegenüber der Philosophie seiner Zeit richtete sich also dagegen, daß ihr das elementare Denken in dem eben genanten Sinn abhanden gekommen war. Es gab jetzt nur noch ›gelehrte Epigonenphilosophie‹. »Auf Schulen und Hochschulen spielte sie noch eine Rolle; aber der Welt hatte sie nichts mehr zu sagen. Weltfremd war sie geworden, bei allem Wissen. Die Lebensprobleme, die die Menschen und die Zeit beschäftigten, spielten in ihrem Betriebe keine Rolle. Ihr Weg lief abseits von dem des allgemeinen geistigen Lebens. Wie sie von diesem keine Anregungen empfing, so gab sie ihm auch keine. Weil sie sich mit den elementaren Problemen nicht beschäftigte, unterhielt sie keine Elementarphilosophie, die zur Popularphilosophie werden konnte. [...] Daß es eine Popularphilosophie gibt, die daraus entsteht, daß die Philosophie auf die elementaren, innerlichen Fragen, die die Einzelnen und die Menge denken oder denken sollten, eingeht, sie in umfassenderem und vollendeterem Denken vertieft und sie so der Allgemeinheit zurückgibt, und daß der Wert jeder Philosophie zuletzt danach zu bemessen ist, ob sie sich in eine lebendige Popularphilosophie umzusetzen vermag oder nicht, kam ihr nicht zum Bewußtsein.«[15]

Von der Philosophie seiner Zeit versprach sich Albert Schweitzer also keine Hilfe, wenn es darum ging, begründet nachzuweisen, daß ›das Zweckmäßige‹ »in letzter Linie [...] nur durch das Ethische zu verwirklichen« ist.[16] Und darum ging es! Wenn es aber darum ging, dann lautete die entscheidende Frage: Was ist das Ethische?

2. Die Suche nach dem sittlichen Grundprinzip

Schweitzer sagt: »Es ist wahr, daß kein einziger Satz aus meiner Gedankenwelt meine ganze Philosophie so klar ausdrückt wie das Wort ›Ehrfurcht vor dem Leben‹! Aber diese Worte sind mit einer langen Gedankenkette verknüpft.«[17]

13 KPh I, S. 28.
14 Vgl. Groos, H.: Größe und Grenzen, S. 604.
15 KPh I, S. 29.
16 KPh II, S. 113.
17 Zitiert bei Kühn, G.: Ehrfurcht 30/1987.

Mit welcher?
Auszugehen ist von folgender Frage Albert Schweitzers: »Wie aber konnte es geschehen, daß die neuzeitliche Weltanschauung der Welt- und Lebensbejahung sich aus einer ursprünglich ethischen in eine nicht-ethische verwandelte?«[18] Die Antwort, die Schweitzer gibt, lautet: »Dies ist nur so erklärlich, daß sie nicht wirklich im Denken begründet war. Das Denken, in dem sie entstand, war edel und enthusiastisch, aber nicht tief. Es empfand und erlebte die Zusammengehörigkeit des Ethischen und der Welt- und Lebensbejahung mehr, als daß es sie erwies. Es bekannte sich zur Welt- und Lebensbejahung und zur Ethik, ohne sie wirklich an sich und in ihrer innerlichen Verbundenheit ergründet zu haben.«[19]
Damit sind die entscheidenden Stichworte genannt: Welt- und Lebensbejahung, Ethik, diese aber so, daß man sie wirklich an sich und in ihrer innerlichen Verbundenheit ergründet hat. Diese innerliche Verbundenheit aufzuweisen, ist nur einem auf das Wesen der Dinge gehenden Denken möglich.
Schweitzer schreibt: »So weit war ich im Laufe des Sommers 1915 gekommen. Wie nun aber weiter? War lösbar, was sich als bisher unlösbar erwiesen hatte? Oder hieß es, die Weltanschauung, durch die allein Kultur möglich ist, als eine in uns nie zur Ruhe, aber auch nie wirklich zur Herrschaft kommende Illusion anzusehen?«[20]
Schweitzer bekennt, daß alles, was er aus der Philosophie über Ethik wußte, ihn im Stich ließ. »Die Vorstellungen vom Guten, die sie ausgebildet hatte, waren alle so unlebendig, so unelementar, so eng und so inhaltlos, daß sie mit Welt- und Lebensbejahung gar nicht zusammenzubringen waren.«[21] Welches aber ist die *lebendige* Vorstellung vom Guten, die sich denknotwendig mit der Welt- und Lebensbejahung vereint? Welches ist das Grundprinzip des Sittlichen, welches alle Vorstellungen vom Guten in sich vereint? Und wie läßt es sich aus dem elementaren Denken begründen?
»Bei diesem Unternehmen kam ich mir vor wie einer, der an Stelle des morschen Bootes, mit dem er sich nicht aufs Meer hinauswagen kann, ein neues, besseres zimmern muß und nicht weiß, wie dies anfangen.«[22] »In diesem Zustande mußte ich eine längere Fahrt auf dem Fluß unternehmen. Als ich – es war im September 1915 – mit meiner Frau ihrer Gesundheit wegen in Kap Lopez am Meere weilte, wurde ich zu Frau Pelot, einer kranken Missionsdame, nach N'Gômô, an die zweihundert Kilometer stromaufwärts, gerufen. Als einzige Fahrgelegenheit fand ich einen gerade im Abfahren begriffenen kleinen Dampfer, der einen überladenen Schleppkahn mit sich führte. Außer mir waren nur Schwarze, unter ihnen Emil Ogouma, mein Freund aus Lambarene, an Bord. Da ich mich in der Eile nicht

18 LD, S. 166.
19 LD, S. 166.
20 LD, S. 167.
21 LD, S. 168.
22 LD, S. 167.

hatte genügend verproviantieren können, ließen sie mich aus ihrem Kochtopf mitessen. Langsam krochen wir den Strom hinauf, uns mühsam zwischen den Sandbänken – es war trockene Jahreszeit – hindurchtastend. Geistesabwesend saß ich auf dem Deck des Schleppkahnes, um den elementaren und universellen Begriff des Ethischen ringend, den ich in keiner Philosophie gefunden hatte. Blatt um Blatt beschrieb ich mit unzusammenhängenden Sätzen, nur um auf das Problem konzentriert zu bleiben. Am Abend des dritten Tages, als wir bei Sonnenuntergang gerade durch eine Herde Nilpferde hindurchfuhren, stand urplötzlich, von mir nicht geahnt und nicht gesucht, das Wort: ›Ehrfurcht vor dem Leben‹ vor mir. Das eiserne Tor hatte nachgegeben; der Pfad im Dickicht war sichtbar geworden. Nun war ich zu der Idee vorgedrungen, in der Welt- und Lebensbejahung und Ethik miteinander enthalten sind! Nun wußte ich, daß die Weltanschauung ethischer Welt- und Lebensbejahung samt ihren Kulturidealen im Denken begründet ist.[23]

3. Das im Denken begründete sittliche Grundprinzip

Mit dem Begriff ›Ehrfurcht vor dem Leben‹ meinte Schweitzer das lange gesuchte, im Denken begründete Grundprinzip des Sittlichen gefunden zu haben. Im *Denken* mußte es begründet sein, damit es allgemeingültig ist, damit es jedermann einsichtig und nachvollziehbar, ja für jedermann notwendig ist, damit zu seinem Verständnis keine andere Vorgabe nötig ist als die Vernunft. Und ein *Grundprinzip* mußte es sein, weil nur ein solches die Gesamtheit aller sittlichen Forderungen in sich zu vereinen imstande ist. Dem bis dahin geltenden Chaos sich widersprechender ethischer Anschauungen mangelte nichts so sehr als jener große *Grundakkord*, in dem die Dissonanzen des verschiedenartig und gegensätzlich Ethischen sich in Harmonie auflösen. Es gilt also zu fragen: »Was ist das gemeinsam Gute an dem Mannigfaltigen, das wir als gut empfinden? Gibt es einen solchen allgemeinsten Begriff des Guten? Wenn es ihn gibt, worin besteht er, und inwieweit ist er für mich wirklich und notwendig? Welche Macht übt er auf meine Gesin-

23 LD, S. 168 f. Im April 1963 berichtet Schweitzer in leicht abgewandelter Form von diesem Erlebnis: »Auf einer Sandbank, zur Linken, wanderten vier Nilpferde mit ihren Jungen (!) in derselben Richtung wie wir. Da kam ich, in meiner großen Müdigkeit und Verzagtheit, plötzlich auf das Wort ›Ehrfurcht vor dem Leben‹, das ich, soviel ich weiß, nie gehört und nie gelesen hatte. Alsbald begriff ich, daß es die Lösung des Problems, mit dem ich mich abquälte, in sich trug. Es ging mir auf, daß die Ethik, die nur mit unserem Verhältnis zu den andern Menschen zu tun hat, unvollständig ist und darum nicht die völlige Energie besitzen kann. Solches vermag nur die Ethik der Ehrfurcht vor dem Leben« (ELEL, S. 180). Tatsächlich ist der Begriff ›Ehrfurcht vor dem Leben‹ zwanzig Jahre vor Albert Schweitzer von Christian Wagner, dem radikalen Ethiker und Initiator der Tierschutzbewegung, geprägt worden. Vgl. Schweier, J.: Wagner, S. 119. Den Hinweis verdanke ich Georg Siebeck in Tübingen. Aber noch 1947 glaubt Schweitzer an die »Neuschöpfung« des Begriffes, die von ihm stamme. Vgl. LWD, S. 182.

nungen und Handlungen aus? In welche Auseinandersetzungen bringt er mich mit der Welt?«[24]
Die Antworten auf diese Fragen hat Schweitzer der Öffentlichkeit erstmals als evangelischer Prediger vorgestellt, was nicht unwichtig ist. Obwohl im elementaren Denken begründet, trägt Schweitzer seine Gedanken zur Ehrfurcht vor dem Leben erstmals in einer Predigt zu St. Nicolai in Straßburg am 16. Februar 1919 von einer Kanzel herunter vor.[25] Es war eine Morgenpredigt zu Mk 12,28-34, zu jenem Disput zwischen einem Schriftgelehrten und Jesus, in dem es um die Frage nach dem vornehmsten Gebot geht. Bekanntlich beantwortet Jesus diese Frage so: »Das vornehmste Gebot vor allen Geboten ist das: Höre, Israel, der Herr, unser Gott, ist ein einiger Gott; und du sollst Gott, deinen Herrn, lieben von ganzem Herzen, von ganzer Seele, von ganzem Gemüte und von allen deinen Kräften. Das ist das vornehmste Gebot. Und das andere ist ihm gleich: Du sollst deinen Nächsten lieben als dich selbst. Es ist kein anderes Gebot größer denn dieses.«
Den Text sehr schnell hinter sich lassend, kommt Schweitzer sogleich zu der Frage: »Was ist das Gute an sich?«[26] Die Frage zielt auf das sittliche Grundprinzip. Die Antwort lautet: *Ehrfurcht vor dem Leben.* Zitat: »Gott ist das unendliche Leben. Also bedeutet das elementarste Sittengesetz, mit dem Herzen begreifen: Aus Ehrfurcht zu dem unbegreiflich Unendlichen und Lebendigen, das wir Gott nennen, sollen wir uns niemals einem Menschenwesen gegenüber als fremd fühlen dürfen, sondern uns zu helfendem Miterleben zwingen.«[27] Das gelehrteste wie das kindlichste Erkennen ist dieses: »Ehrfurcht vor dem Leben, vor dem Unbegreiflichen, das uns im All entgegentritt und das ist wie wir selbst, verschieden in der äußeren Erscheinung und doch innerlich gleichen Wesens mit uns, uns furchtbar ähnlich, furchtbar verwandt. Aufhebung des Fremdseins zwischen uns und den andern Wesen.«[28] »Und die Vernunft entdeckt das Mittelstück zwischen der Liebe zu Gott und der Liebe zu den Menschen – die Liebe zur Kreatur, die Ehrfurcht vor allem Sein, das Miterleben allen Lebens, mag es dem unseren äußerlich noch so unähnlich sein. Ich kann nicht anders als Ehrfurcht haben vor allem, was Leben heißt, ich kann nicht anders als mitempfinden mit allem, was Leben heißt: Das ist der Anfang und das Fundament aller Sittlichkeit.«[29]
Eine nicht widerlegbare Tatsache liegt dieser Einstellung zugrunde: »Ich bin Leben, das leben will, inmitten von Leben, das leben will!«[30] Jedermann muß diesen geheimnisvollen Lebenswillen anerkennen. Aus ihm folgt, was Schweitzer dann in der zweiten Predigt über die ethischen Probleme und die Ehrfurcht vor

---

24 KPh II, S. 141.
25 SPEL, S. 117.
26 SPEL, S. 118.
27 SPEL, S. 122.
28 SPEL, S. 124.
29 SPEL, S. 125.
30 SPEL, S. 181.

dem Leben am 23. Februar 1919, ebenfalls in einer Morgenpredigt zu St. Nicolai, diesmal über Röm 14,7 (»Denn unser keiner lebt sich selber, und keiner stirbt sich selber«) sagt, nämlich: »Gut ist: Leben erhalten und fördern; schlecht ist: Leben hemmen und zerstören. Sittlich sind wir, wenn wir aus unserem Eigensinn heraustreten, die Fremdheit den andern Wesen gegenüber ablegen und alles, was sich von ihrem Erleben um uns abspielt, miterleben und miterleiden. In dieser Eigenschaft erst sind wir wahrhaft Menschen; in ihr besitzen wir eine eigene, unverlierbare, fort und fort entwickelbare, sich orientierende Sittlichkeit.«[31]
Auf die Frage, wie weit der Begriff der Ehrfurcht vor dem Leben für mich wirklich und notwendig ist, welche Macht er auf meine Gesinnung und Handlungen ausübt, antwortet Schweitzer, daß die Ehrfurcht vor dem Leben dem *Wesen* des Menschen entspricht. »Der denkend gewordene Mensch erlebt die Nötigung, allem Willen zum Leben die gleiche Ehrfurcht vor dem Leben entgegenzubringen wie dem seinen. Er erlebt das andere Leben in dem seinen.«[32]

4. Philosophische oder theologische Ethik – eine falsche Alternative

Die immer wieder aufgestellte Behauptung, mit seiner Ethik habe Schweitzer der Theologie endgültig den Abschied gegeben, ist falsch. Für Schweitzers Denken geht nämlich die Aufrichtung einer »Scheidewand zwischen philosophischer und religiöser Ethik« auf einen Grundirrtum zurück, als ob die eine, die Philosophie, eine ›Wissenschaft‹ und die andere, die Theologie, eine ›Nichtwissenschaft‹ wäre. »Beide aber sind weder das eine noch das andere, sondern Denken.«[33] *Denken*, genauer, die ›Tat des Denkens‹, setzt Schweitzer in einen Gegensatz zur nur logischen Operation bzw. zur Phänomenologie. Er kann dafür auch die Begriffe ›ethische Mystik‹ bzw. ›rationalistische Mystik‹ gebrauchen, um auszudrücken, »daß das rationale Denken zuletzt auf logisch nicht mehr ableitbare Sachverhalte stößt und diese als Voraussetzung anerkennt«.[34] Dabei ist es gleichgültig, ob sich das rationale Denken von überlieferter religiöser Weltanschauung freimacht – so die Philosophie –, oder ob es den Zusammenhang mit ihr wahrt – so die Theologie. Im einen wie im anderen Fall findet ein »Suchen nach einem in sich begründeten Grundprinzip des Sittlichen« statt.
Eben das versteht Schweitzer in Übereinstimmung mit Kant als Ethik, ein logisch nicht mehr ableitbarer Sachverhalt.[35] Die Philosophen nähern sich ihm durch ein analysierendes, die Theologen durch ein mehr intuitives Verfahren. Die Verschiedenheit beider ist nur *relativ*. Denn »die Tiefe, nicht die Art des ethischen Den-

31 SPEL, S. 127; vgl. Auch KPh II, S. 378.
32 ELEL, S. 181.
33 KPh II, S. 142.
34 Günzler, C.: Kritiker, S. 56. Zum Begriff der ›ethischen Mystik‹ bei Albert Schweitzer vgl. KPh II, S. 109.
35 KPh II, S. 140.

kens entscheidet«. So kann Schweitzer sagen: »In jedem religiösen Genius lebt ein ethischer Denker, und jeder tiefere philosophische Ethiker ist irgendwie religiös.« »In tiefgehenden sittlichen Aussprüchen, wie in Jesu Seligpreisungen, leuchtet das Grundprinzip des Sittlichen auf.«[36]
Im Vergleich beider Ethiken, der philosophischen und der theologischen, schneidet die theologische bei Schweitzer übrigens besser ab. Das ›kritisch-analysierende Suchen‹ der philosophischen Ethik nach dem Grundprinzip des Sittlichen führt deshalb leicht »zu einer verarmten Ethik«, »weil das Bestreben besteht, nur das, was mit der dafür angesehenen Idee in Zusammenhang steht, zu berücksichtigen. Darum bleibt die philosophische Ethik in der Regel so weit hinter der wirklichen zurück und wirkt so wenig unmittelbar. Wo religiöse Ethiker in einem gewaltigen Worte bis auf die fließenden Wasser der Tiefe kommen, hebt die philosophische Ethik manchmal nur eine flache Mulde aus, in der sich ein Tümpel bildet.« Aber Schweitzer läßt natürlich keinen Zweifel darüber aufkommen, daß allein »das rationale Denken« imstande ist, »in stetiger und sicherer Weise auf das Grundprinzip der Ethik auszugehen. Es muß dazu gelangen, wenn es nur tief und elementar genug wird«.[37]
Aber wie gesagt: Zum rationalen Denken stellt das religiöse nur einen Unterschied in der Form, nicht in der Sache dar! Es hindert darum nichts, Schweitzer als *christlichen* Ethiker zu sehen. Wenn man das tut, so kann man sich auf seine Aussage berufen: »Die Ethik der Ehrfurcht vor dem Leben ist die ins Universelle erweiterte Ethik der Liebe. Sie ist die als denknotwendig erkannte Ethik Jesu.«[38]

5. Ehrfurchtsethik oder Wertethik – eine unmögliche Alternative

So wenig man im Blick auf religiös oder philosophisch begründete Ethik von einem Entweder-Oder sprechen darf, so zwingend ist es geboten, wenn es um Ehrfurchtsethik oder Wertethik geht. Unterschiedlos *alles* Leben ist der Ehrfurchtsethik heilig. Damit ist der Gedanke der Mannigfaltigkeit der Werte und mit ihm die Möglichkeit einer Wertrangordnung grundsätzlich ausgeschlossen. Die Ehrfurchtsethik macht keinen Unterschied zwischen wertvollerem und weniger wertvollem, höherem und niederem Leben. Sie lehnt eine solche Unterscheidung ab. Denn der Versuch, allgemeingültige Wertunterschiede zwischen den Lebewesen anzunehmen, läuft im Grunde »darauf hinaus, sie danach zu beurteilen, ob sie uns Menschen nach unserem Empfinden näher oder ferner zu stehen scheinen«. Das ist aber »ein ganz subjektiver Maßstab«: »Wer von uns weiß, was das andere Lebewesen an sich und im Weltganzen für eine Bedeutung hat?« Die Konsequenz dieser Unterscheidung ist dann die Ansicht, daß es Leben gebe, dessen Vernich-

36 KPh II, S. 142, 143.
37 KPh II, S. 143.
38 LD, S. 241.

tung oder Beeinträchtigung erlaubt sei. »Je nach den Umständen« werden dann unter wertlosem Leben »Insekten oder primitive Völker verstanden«.[39]
Hier taucht ein Problem auf, das Schweitzer, der ja kein Phantast war, durchaus gesehen hat. Wenn er behauptet, daß »dem wahrhaft ethischen Menschen [...] alles Leben heilig [ist], auch das, das uns vom Menschenstandpunkt aus als tiefer stehend vorkommt«, so wirft das die Frage auf, ob denn die Lebenspraxis, etwa die des Arztes in Lambarene, nicht immer wieder dazu zwingt, diesen Grund-Satz zu verletzen und eben doch Prioritäten zu setzen, also etwa Millionen von Bakterien zu vernichten, damit *ein* Mensch am Leben bleibt.
Der verantwortliche Arzt, jeder handelnde Mensch muß also Unterschiede machen. Diese Unterschiede gestattet ihm Albert Schweitzer auch, jedoch nicht als ein Prinzip, als absolut gültige Werteskala. Sondern diese Unterschiede erlaubt er ihm nur in der Realität des Handelns. Wörtlich: »Unterschiede macht er [der wahrhaft ethische Mensch] nur von Fall zu Fall und unter dem Zwange der Notwendigkeit, wenn er nämlich in die Lage kommt, entscheiden zu müssen, welches Leben er zur Erhaltung des anderen zu opfern hat. Bei diesem Entscheiden von Fall zu Fall ist er sich bewußt, subjektiv und willkürlich zu verfahren und die Verantwortung für das geopferte Leben zu tragen zu haben.«[40]
Unterschiede von Fall zu Fall und dann in eigener Verantwortung! Aber keine Unterschiede, die auf einer absolut gültigen Werteskala festgeschrieben sind. Schweitzer hatte guten Grund, einer solchen Wert-Setzung zu widerstehen. Denn wer könnte und wer dürfte sie als eine allgemeinverbindliche vornehmen? Ist sie nicht immer subjektiv und willkürlich? Die Nationalsozialisten hatten auch ihre ›Wertskala‹, alles Germanische für lebenswert, alles Nichtarische aber für lebensunwert zu erklären. Und doch war es verbrecherische Willkür! Einer solchen Willkür kann nur entgegengesteuert werden, wenn im *Prinzip* unterschiedslos alles Leben heilig gehalten wird und nur von Fall zu Fall und unter dem Zwang der Notwendigkeit Prioritäten gesetzt werden. Aber auch wenn ich Prioritäten gesetzt habe und das eine Leben zur Erhaltung des anderen Lebens opfere, habe ich die Verantwortung dafür zu tragen. Dagegen Wertrangordnungen verführen mich leicht dazu, mich *moralisch* für entlastet zu halten bzw. die Verantwortung auf eben die gesetzten Ordnungen abzuschieben. Nein! Da tritt kein anderer für mich ein. Auf mir selber steh' ich da ganz allein. Jedermann muß für sich herausfinden, »wo jedesmal die äußerste Grenze der Möglichkeit des Verharrens in der Erhaltung und Förderung von Leben liegt«.[41] Die Grenzüberschreitung als solche ist niemals ethisches Handeln, sondern stets dessen Verneinung, unbeschadet der Tatsache, daß sie im tragisch zu nennenden Konflikt zwischen Lebensbejahung und Lebensverneinung unausweichlich ist.

---

39 LD, S. 242.
40 LD, S. 242 f.
41 KPh II, S. 388. Schweitzer fährt fort: »Nie dürfen wir abgestumpft werden. In der Wahrheit sind wir, wenn wir die Konflikte immer tiefer erleben. Das gute Gewissen ist eine Erfindung des Teufels.«

Gegen diese Position ist folgender philosophischer Einwand möglich.[42] Wenn der Mensch zur Ehrfurcht vor dem Leben in allen seinen Gestalten und zur Harmonie mit der Natur aufgefordert wird, wenn er also dem Leben und der Natur Selbstwertcharakter zubilligen soll, so erhebt sich doch die Frage, ob das wirklich jedermann gegenüber mit rational nachvollziehbaren Argumenten vertretbar ist.
Günther Patzig hat das bestritten. Er schreibt: Wenn Albert Schweitzer sich als »Mörder von Bakterien« bezeichnet, dann nämlich, wenn er einen Menschen von einer gefährlichen Infektionskrankheit durch Gaben von Sulfonamiden befreit, wenn er also böse handelt und insofern moralische Schuld auf sich lädt, so hat diese Ansicht für Patzig die Schwierigkeit, »daß sie mit dem Begriff eines absoluten Werts des Lebens operiert; eine metaphysische Voraussetzung, die sich nicht weiter begründen läßt. Werte [...] können sinnvoll nur als das definiert werden, was irgendeinem Bedürfnis, Interesse oder Wunsch eines lebenden Wesens entspricht. Es ist ferner in hohem Maße kontraintuitiv, in gleicher Weise, wenn auch nicht in gleichem Maße, das Leben von Bakterien und Algen wie das von hochentwickelten Wirbeltieren durch Rücksicht auf den abstrakten Wert des Lebens oder einen für jedes Lebewesen postulierten ›Lebenswillen‹ schützen zu wollen.«[43]
Gerade den oben genannten Entscheidungszwang, nicht dem ›Lebenswillen‹ *aller* Lebewesen entsprechen zu können, jedenfalls nicht in der Praxis, gerade das hält Patzig für einen besonders kritischen und heiklen Punkt der Schweitzerschen Position. Er meint: »Es ist eine gefährliche Inflation des Schuldbegriffs – und eine psychohygienisch sehr bedenkliche dazu –, wenn behauptet wird, auch der Arzt, der Bakterien tötet, um das Leben eines Menschen zu retten, verstricke sich dabei notwendig in moralische Schuld – eben gegenüber den Bakterien, deren Lebensrecht und Lebenswillen er verletzen müsse. Moralische Schuld, so behaupte ich mit Nachdruck, kann nur den treffen, der in einer Konfliktsituation nicht die *wichtigsten* der in Konkurrenz stehenden Interessen in angemessener Weise berücksichtigt, obwohl ihm eine solche Handlungsweise offengestanden hätte. Wer in solchen im Extremfall tragisch zu nennenden Fällen einer Präferenzentscheidung unter Handlungszwang nach bester Einsicht die beste der zur Verfügung stehenden Handlungsalternativen wählt oder eine von mehreren gleichberechtigten Handlungsalternativen, der ist von moralischer Schuld frei. Freilich sollte er bedauern, daß das menschliche Leben uns ständig in Situationen verwickelt, in denen wir nicht alle Interessen und Werte, die auf dem Spiel stehen, gleichmäßig berücksichtigen können. Die Doktrin von der unentrinnbaren moralischen Schuld in Konfliktsituationen kann sogar zu einer gefährlichen Gleichgültigkeit gegenüber morali-

---

42 Zum Vorwurf, die Ehrfurchtsethik sei praktisch nicht durchführbar und zur Diskussion desselben vgl. Groos, H.: Größe und Grenzen, S. 519-540; ferner Günzler, C.: Kritiker, S. 49-59. Die Wertproblematik war auch Thema der Basler Albert-Schweitzer-Gespräche von 1967. Vgl. Baur, H./Minder, R.: Gespräch, S. 49 ff.

43 Patzig, G.: Tierversuch, S. 71.

schen Verpflichtungen überhaupt führen, in jedem Falle gewissenhaft nach der relativ besten Lösung zu suchen. Wenn man, wie man auch handelt, moralische Schuld auf sich lädt, wird die Bereitschaft, sich um die optimale Lösung zu bemühen, auf Dauer geschwächt.«[44]
Ich denke, daß Patzig damit einen ganz wichtigen Punkt anspricht. Schuld gibt es nur dort, wo der Mensch in *Freiheit* handelt. Wenn jedoch die eigene Selbstbehauptung nur auf Kosten fremden Lebens überhaupt möglich ist, handelt er nicht frei, sondern unter Zwang. Darum könnte ich mir vorstellen, daß Schweitzer in der Diskussion mit Patzig dieses Zugeständnis einräumen würde, daß *schuldig* nur ist, wer in einer Konfliktsituation nicht die *wichtigsten* der in Konkurrenz stehenden Interessen in angemessener Weise berücksichtigt, obwohl er anders hätte handeln können. Aber das Problem der absolut gültigen Werteskala bleibt davon unberührt. Eine solche aufzustellen, gibt es unter ethischer Rücksicht keine Erlaubnis. Im übrigen wäre es für die Annäherung der Schweitzerischen Ehrfurchtsethik an die Position von Patzig[45] hilfreich, wenn Schweitzer den andernorts[46] in diesem Zusammenhang gebrauchten Begriff der *Schuld* aufgäbe und nur wie hier von der ›Verantwortung für das geopferte Leben‹ spräche, die jeder von Fall zu Fall und unter dem Zwang der Notwendigkeit handelnd zu tragen hat.[47] ›Bedauern‹ im Blick auf geopfertes Leben (Patzig) hält zwar fest, daß der Verstoß gegen das sittliche Grundprinzip der Ehrfurchtsethik niemals eine moralische Tat sein kann, klingt jedoch *resignativ*: Da kann man nichts machen; da ist man aus der Pflicht! ›Verantwortung‹ (Schweitzer) dagegen ist aktiv gemeint und erinnert den Menschen daran, daß er wissen muß, was er tut, immer und in jedem Fall, und daß er nie aus der Pflicht genommen ist. »Das existentiell Gerechtfertigte wird als solches nicht zum sittlich Guten, es liefert keinen Grund für ein gutes Gewissen, sondern fordert ein feinfühliges Bewußtsein im Hinblick auf den Konflikt, in dem ich unentrinnbar stehe.«[48] Über den Schuldbegriff ist also nachzudenken, nicht jedoch darüber, ob sich Schweitzers Ehrfurchtsethik in der Diskussion zu einer Wertethik hin entwickeln läßt. Schweitzers Ehrfurchtsethik steht und fällt mit ihrem singulären Grundprinzip, daß unterschiedslos allem Leben dieselbe Ehrfurcht entgegenzubringen ist wie dem eigenen, auch wenn das in praxi gar nicht durchführbar ist, d.h., wenn die Realität des Handelns anders denn nach Wertskalen gar nicht durchführbar ist, was ja auch von Schweitzer selbst nachlesbar praktiziert wurde.[49] Aber Schweitzer muß bestreiten, daß dies ein ethisch gerechtfertigtes Handeln ist. Eine wie auch immer begründete Wertethik muß er ablehnen,

---

44 Patzig, G.: Tierversuch, S. 71.

45 Nur um Annäherung kann es sich handeln. Denn jeder Versuch, die Ehrfurchtsethik »wertethisch weiterzuentwickeln«, wäre der Intention von Schweitzers Denken völlig unangemessen. So richtig Günzler, C.: Kritiker, S. 58.

46 KPh II, S. 388.

47 Ähnlich auch Günzler, C.: Kritiker, S. 57.

48 Ähnlich auch Günzler, C.: Kritiker, S. 57 f.

49 WU, S. 383, 446 ff. etc.

weil sie den Verzicht auf ein singuläres Grundprinzip sittlichen Handelns zur Voraussetzung hat bzw. sie behaupten muß, daß es kein sittliches Grundprinzip gibt und sie in den unausweichlichen Handlungskonflikten den Versuchungen zu einer vorschnellen *moralischen Selbstzufriedenheit* Vorschub leistet.[50]
Die Problematik einer Wertethik tritt hervor, wenn man sie nicht von vornherein ablehnt, sondern gedanklich sozusagen probeweise einmal durchführt. Was leistet sie? Wo führt sie hin? Nach welcher Methode arbeitet sie? Weder kennt sie die untere noch die obere Grenze des Wertreiches, noch kann sie in begrifflicher Strenge formulieren, was das Höhere und was das Niedere ausmacht.[51] Sie muß im Vertrauen auf das »Wertgefühl« (N. Hartmann) durchaus »ansicht-hafte Werte« setzen,[52] fraglos ein *unsicheres* Fundament, auf dem eine *verbindliche* Wertrangordnung aufzubauen schwierig, wenn nicht gar unmöglich ist. In der Regel ist die Wertethik also emotional gesteuerte Ethik,[53] während Schweitzer konsequent auf das rationale Denken baut und von ihm her einen Weg zu einer »handlungsleitenden Ethik« sucht.[54] Wie überall in der Theologie[55] arbeitet Schweitzer also auch in der Philosophie mit einem Entweder-Oder: Entweder Ehrfurchtsethik oder Wertethik. Tertium non datur.[56] Nicht im Gefühl, nicht in der Ansicht, nicht in der willkürlichen Setzung, nur im *diskursiven Denken* kann es nach Schweitzers Überzeugung eine wirkliche Begründung zu einer handlungsleitenden Ethik geben.[57] In der Tat muß die *Mißbrauchbarkeit* der Rangordnungen jede Wertethik suspekt machen. Aber das ist der geringere Einwand. Der wirklich schwerwiegende ist dieser, daß es in ihr keine begrifflich zwingende Begründung für ethisches Handeln gibt. »Was sich aber nicht plausibel begründen läßt, trägt eo ipso die Gefahr willkürlicher Anwendung in sich.«[58]
Daß man »unter wertlosem Leben, je nach den Umständen, Arten von Insekten oder primitive Völker« versteht,[59] ist in der Tat »die praktische Folge theoretisch unzulänglich fundierter Wertskalen. Hier, im Theoretischen, setzt Schweitzers rigorose Ablehnung aller Hierarchisierungsversuche an«[60].
Für mich ist bemerkenswert, daß sich Schweitzer dafür nie auf die Ethik Jesu berufen hat. Denn auch sie ist nach meinem Dafürhalten keine Wertethik. Jesus

---

50 Vgl. Günzler, C.: Kritiker, S. 34, 58.
51 Hartmann, N.: Ethik, S. 248, 564.
52 Der Begriff bei Günzler, C.: Kritiker, S. 53.
53 Vgl. Hartmanns »Wertgefühl« (Hartmann, N.: Ethik, S. 351). Schweitzers Kommentar dazu lautet: »Das Wertgefühl leitet den ethischen Menschen. Er stellt keine Überlegungen an. Wie blöd!« Vgl. Günzler, C.: Kritiker, S. 53.
54 Günzler, C.: Kritiker, S. 53.
55 GLJF, S. 356; dazu Gräßer, E.: Theologe, S. 104 f.
56 Gegen Reiner, H.: Zukunft, S. 157-165; vgl. Ders.: Ethik.
57 Vgl. Günzler, C.: Kritiker, S. 53.
58 Vgl. Günzler, C.: Kritiker, S. 53.
59 LD, S. 242.
60 Günzler, C.: Kritiker, S. 53.

sagt, daß man seinen Nächsten lieben soll wie sich selbst. Eine solche Zusammenfassung aller Gebote in diesem einen kann der Ansatzpunkt für eine Wertethik nicht sein.[61] Dilige, et quod vis fac.[62] Man darf sicher sein, daß die Liebe dem Nächsten nichts Böses tut; denn Erfüllung des Gesetzes ist die Liebe (Röm 13,10). Die »wertlose Wahrheit« ist die wahre Wahrheit![63] Jedenfalls gilt das für die christliche Wahrheitserfahrung und das daraus entspringende Handeln.

6. Schluß

Ich komme zum Schluß. Schweitzer hatte gehofft, mit seiner Ehrfurcht vor dem Leben jener Gesinnung das tragende Gerüst gegeben zu haben, in der sich die Menschheit erneuern muß, wenn sie nicht zugrunde gehen will. Dabei spielte auch eine Rolle, daß er die bisherige Ethik deshalb für unvollkommen hielt, »weil sie es nur mit dem Verhalten des Menschen zum Menschen zu tun zu haben glaubte. In Wirklichkeit aber handelt es sich darum, wie der Mensch sich zu allem Leben, in seinem Bereich befindlichen Leben, verhält. Ethisch ist es nur, wenn ihm das Leben als solches heilig ist, das der Menschen und das aller Kreatur.«[64]
Schweitzer selbst hat sich eine geradezu soteriologische Wirkung von dieser Ethik versprochen. Er glaubte, daß wir durch sie »andere Menschen« würden, die »in einer höheren Weise als der bisherigen in der Welt daheim sind und in ihr wirken«.[65] Das sollte auch der bedrohten Tierwelt zugute kommen. Das Aufkommen der Bewegung des Tierschutzes am Ende des vorigen Jahrhunderts begrüßte er lebhaft. »Ich hatte den Eindruck, daß ein neues Licht in dem Dunkel der Ideen aufgegangen sei und stetig zunehmen werde«, ein Licht, das die Tiere in die Nächstenliebe einbezieht.[66] Aber er sollte sich täuschen! Seit 1923, seit Schweitzer seine Ethik der Ehrfurcht vor dem Leben einer größeren Öffentlichkeit vorstellte, eskalierte die Ehrfurchtslosigkeit vor dem Leben in einem Ausmaß, das niemand für möglich gehalten hätte. Ein dem Ersten Weltkrieg sehr bald folgender Zweiter Weltkrieg, der mit dem Abwurf zweier Atombomben auf zwei offene japanische Städte endete, die seither riskierte Balance des Schreckens, mit der man den Frieden zu sichern hofft dadurch, daß man das absolute Ende allen Lebens auf dieser Erde möglich macht; die hemmungslose Ausbeutung der Ressourcen der Erde, das Waldsterben, der Super-GAU von Tschnernobyl, die Chemiekatastrophe

61 Vgl. Bultmann, R.: Jesus, S. 79 f.: »Auch Jesu Ethik ist jeder humanistischen Ethik und jeder Wertethik streng entgegengesetzt; sie ist Gehorsamsethik.«
62 Augustinus in epistolam Ioannis ad Parthos tractatus decem, VII, 8, SC 75, S. 328.
63 Vgl. Jüngel, E.: Wertlose Wahrheit.
64 ELEL, S. 181.
65 ELEL, S. 180. In einem Brief Albert Schweitzers an Gerhard Kühn vom 6. Mai 1963 heißt es: »Ich bin ganz erschüttert, daß ich noch erleben darf, daß die Lehre der Ehrfurcht vor dem Leben als das Fundament der Ethik anerkannt wird, als ein Wendepunkt in der Geistesgeschichte der Menschheit« (zit. aus Kühn, G.: Ehrfurcht, S. 1).
66 ELEL, S. 173.

von Basel, die unsägliche Tierquälerei in der modernen Massentierhaltung und bei unnötigen Tierversuchen signalisieren, daß die Talfahrt der Kultur noch längst nicht am Ende ist. Noch steht Albert Schweitzers Ethik der Ehrfurcht vor dem Leben als »humane Reserve«[67] abrufbar bereit. Sie könnte gegen die verhängnisvolle gegenwärtige Entwicklung eingesetzt werden, wenn nur genügend Menschen bereit wären, das zu tun. Daß sie es tun, muß unser aller Streben sein. Und glaubhafte Zeugen dieser humanen Reserve sind wir nur dann, wenn wir ihr zuerst einmal bei uns selbst und in unserem eigenen Leben Raum geben.

Die »Zeit muß kommen, wo die von Gewöhnung und Gedankenlosigkeit geschützte Nicht-Menschlichkeit der vom Denken verfochtenen Menschlichkeit erliegen wird«. »Arbeiten wir daran, daß sie kommt.«[68]

67 Steffahn, H.: Du aber folge mir nach, S. 241.
68 Spear, O.: Albert Schweitzers Ethik, S. 16.

DAS THEOLOGISCHE UND ETHISCHE ERBE ALBERT SCHWEITZERS*

I

Drei Vorbemerkungen, eine eher persönliche und zwei allgemeine, mögen uns als Annäherung an unser Thema dienen.

1. Ich selbst erlebe die Beschäftigung mit Albert Schweitzer, diesem »Phänomen der Vielseitigkeit«[1], immer wieder wie ein spannendes Abenteuer, das die Anstrengungen jedesmal mit reich machenden Entdeckerfreuden lohnt. Das fängt schon ganz äußerlich an. Wenn ich von meinem Schreibtisch den Blick hebe hinüber zur geistigen Ahnengalerie und dort auch das Bild Albert Schweitzers sehe, gebe ich Claus Jacobi recht, der gesagt hat: »Er sieht aus wie ein naher Verwandter Gottes.«[2] Damit hat man gerne Umgang. Und das bleibt dann auch nicht äußerlich, sondern geht tief nach innen. Schweitzer schrieb einmal: »Vieles, was an Sanftmut, Gütigkeit, Kraft zum Verzeihen, Wahrhaftigkeit, Treue, Ergebung in Leid unser geworden ist, verdanken wir Menschen, an denen wir solches erlebt haben, einmal in einem großen, einmal in einem kleinen Begebnis. [...] Ich glaube nicht, daß man in einen Menschen Gedanken hineinbringen kann, die nicht in ihm sind. Gewöhnlich sind in den Menschen alle guten Gedanken als Brennstoffe vorhanden. Aber vieles von diesem Brennstoff entzündet sich erst oder erst recht, wenn eine Flamme oder ein Flämmchen von draußen, von einem anderen Menschen her, in ihn hinein-

---

* Dem Aufsatz liegt ein Referat zugrunde, das ich am 22. September 1986 anläßlich der Einweihung der Albert-Schweitzer-Kirche in Tübingen gehalten habe. Eine leicht veränderte Fassung trug ich bei Gastvorlesungen am 21. Mai 1987 in der Christlich-Theologischen Akademie in Warschau und am 16. Juni 1987 in der Universität des Saarlandes in Saarbrücken vor. Schließlich war es auch Thema meines Vortrages am Dies Academicus in Bonn am 3. Juni 1987.
Ich grüße mit diesem Aufsatz Eduard Lohse, den Mann der Kirche und den Fachkollegen, dem ich auf diese Weise insbesondere für viele Jahre bester Zusammenarbeit bei der Herausgabe der ›Zeitschrift für die neutestamentliche Wissenschaft und die Kunde der älteren Kirche‹ danken möchte.

1 Groos, H.: Größe und Grenzen, S. 17.

2 KJ, S. 305.

schlägt. Manchmal auch will unser Licht erlöschen und wird durch ein Erlebnis an einem Menschen wieder neu angefacht.«[3]

Albert Schweitzer gehört zu den Menschen, die ein verloschenes Licht wieder anfachen können – in einem persönlichen Leben, aber auch in einer dunkel gewordenen Welt. Das ist seine Bedeutung über den Tag hinaus.

2. Man wird diesen Ausführungen gewiß vorwerfen können, daß sie ein zu einseitig *positives* Bild von Schweitzer zeichnen. Als gälte die Lebenserfahrung hier nicht: Wo viel Licht ist, da ist auch viel Schatten. Doch, sie gilt! Natürlich ist an Schweitzers Theologie und Ethik auch vieles zu kritisieren. Ja, selbst auch dieser unvergleichliche *Mensch* Albert Schweitzer hat seine Ecken und Kanten, seine Unzulänglichkeiten – was übrigens etwas sehr Tröstliches ist. »Die Welt braucht Dickschädel«, hat er einmal gesagt.[4] Und: »Der Schöpfer hat mich mit einem dicken Fell ausgestattet. Ich will mich dessen würdig erweisen.«[5] An anderer Stelle schrieb er: »Meine Devise ist: Eine Seele wie ein Engel und ein Fell wie ein Nilpferd.«[6]

   Kurz und gut: Neben der Größe des genialen Mannes auch seine Grenzen aufzuzeigen, scheint mir hier nicht der Anlaß zu sein. Es soll allein davon die Rede sein, was das *Maßgebliche* ist, das eine Erinnerung an Schweitzer heute so geraten sein läßt. Geraten sein läßt nicht im Sinne eines Persönlichkeitskultes, mit dem wir ihn am gründlichsten verfehlen würden, sondern geraten sein läßt im Sinne der *Wegweisung*, die sein Leben und Denken sein können.

3. Im September vorigen Jahres hat eine Tübinger Kirchengemeinde ihrem Kirchenneubau den Namen ›Albert-Schweitzer-Kirche‹ gegeben. Damit gibt es in der Bundesrepublik Deutschland erstmals eine evangelische *Kirche*, die diesen Namen trägt (in Westberlin gibt es eine solche schon länger, auch einige Gemeindehäuser tragen seinen Namen). Ob Schweitzer selbst damit einverstanden gewesen wäre, daß man einer Kirche seinen Namen gibt, darf bezweifelt werden. Dazu erzähle ich folgende Anekdote: In der Schweiz hat 1927 Martin Werner, Professor für Systematische Theologie in Bern, ein Schüler von Albert Schweitzer, mit Freunden zusammen einen Katechismus herausgegeben, der auch Schweitzer-Texte enthielt. Das erregte dessen Mißmut. Am Pfingstsonntag 1927 schrieb Albert Schweitzer deshalb an Martin Werner, der aus dem Emmenthal stammte, die Reformatoren seien besser gewesen. Er sei kein Kirchenvater. »Zum Kirchenvater gehört das ›Alter‹ wie zum guten Käs! Das müßten Sie als Emmenthaler wissen. Erst wenn Generationen verstrichen sind und eine christliche Persönlichkeit immer an Duft

3 Weiß, R.: Albert Schweitzer, S. 9.
4 PBV, S. 274.
5 Brüllman, R.: Albert-Schweitzer-Zitate, S. 77.
6 PVR, S. 20; Brüllmann, R.: Albert-Schweitzer-Zitate, S. 34.

gewonnen hat, darf sie als Kirchenvater angeschnitten werden, Autorität ausüben und in Darlegungen der christlichen Lehre citiert werden.«[7]
Nun nehme ich an, daß die Tübinger Kirchengemeinde Albert Schweitzer nicht als *Kirchenvater* anschneiden wollte. Aber wenn sie sich seinen Namen gibt, will sie sich doch wohl *auch* daran messen lassen, wie Albert Schweitzer die Wahrheit des Evangeliums gelebt hat, will sich also messen lassen an der praktischen Jesus-Nachfolge. Denn als Jesus-Nachfolge hat Albert Schweitzer all sein Tun in Theologie, Kulturphilosophie, Musik und Medizin verstanden. Wegweisend ist Schweitzers Christsein darin, daß ihm »Wahrheit im höchsten Sinne ist, was im Geiste Jesu ist«[8], nämlich tätige Nächstenliebe, die *alles* Lebendige umgreift. Beispielgebend ist der protetantische Christ Schweitzer aber vor allem mit seinem unbedingten Willen zur Wahrhaftigkeit. In der Vorrede zur sechsten Auflage der ›Geschichte der Leben-Jesu-Forschung‹ schreibt Schweitzer 1950: »Zum Wesen des Protestantismus gehört, daß er eine Kirche ist, die nicht kirchgläubig, sondern christgläubig ist. Dadurch ist ihm verliehen und aufgegeben, durchaus wahrhaftig zu sein. Hört er auf, unerschrockenes Wahrhaftigkeitsbedürfnis zu besitzen, ist er nur noch ein Schatten seiner selbst und damit untauglich, der christlichen Religion und der Welt das zu sein, wozu er berufen ist.«[9]
Insofern würde Albert Schweitzer einer Gemeinde gratuliert haben, die sich in dieser Weise mutig bekennt zu dem, was ihr *verliehen* und *aufgegeben* ist: unerschrocken wahrhaftig, nicht kirchgläubig, sondern christgläubig zu sein, d.h., nicht viele Herren, sondern ihn allein, Jesus, als Herrn anzuerkennen. Und in diesem Sinne hätte Schweitzer dann wohl auch zur Namenswahl der Kirchengemeinde in Tübingen ›Amen‹ gesagt! Und daß eine Albert-Schweitzer-Kirche in *Tübingen* steht, das hätte ihn ganz gewiß mit Genugtuung erfüllt.

Damit sind wir bereits mitten im Thema, nämlich bei der Frage, welches *theologische* Erbe Albert Schweitzer uns hinterlassen hat. Das hat ganz entscheidend etwas mit Tübingen zu tun.

II

Albert Schweitzer hat nie in Tübingen studiert, sondern in Straßburg, Berlin und Paris. Ihren Ort hat seine theologische Existenz aber ganz in Straßburg gehabt. Hier lebte er vor seiner ersten Ausreise nach Lambarene zwanzig Jahre. Hier war er über zehn Jahre Vikar an St. Nicolai und ebenso lange und zur gleichen Zeit Privatdozent und später Professor für Neues Testament an der Evangelisch-Theo-

7 Brief vom Pfingstsonntag 1927 an Martin Werner; zit. nach der Abschrift im Zentralarchiv in Günsbach; Gräßer, E.: Theologie, S. 266, Anmerkung 25.
8 GLJF, S. 36.
9 GLJF, S. 36.

logischen Fakultät.[10] Er war also kein Tübinger – und er ist es doch in hohem Maße.
Das fängt schon damit an, daß er im Verlag Mohr-Siebeck seinen wichtigsten Verleger hatte, der sein theologisch-wissenschaftliches Werk von allem Anfang an betreute und noch heute betreut. Darüber hinaus geht die Beziehung zu Tübingen sehr in die Tiefe.
1957 machte die Evangelisch-Theologische Fakultät Tübingen Schweitzer zu ihrem Ehrendoktor, einen – ich zitiere aus der Laudatio –, »der das Zeugnis des Neuen Testaments als die Botschaft vom nahen Reich neu hören gelehrt hat, der in Philosophie und Theologie für den Wert der sittlichen Tat und stellvertretenden Aufopferung hingebungsvoll eingetreten ist, der durch die Kraft des lebendigen Beispiels die Menschheit zu brüderlicher Verantwortung aufgerufen hat.«[11]
In seinem Dankesschreiben an die Fakultät steht das überraschende Bekenntnis, daß er, Schweitzer, »ein in der Fremde nachgeborener Tübinger« sei.[12] Wie das gemeint ist, zeigt sich zwei Jahre später bei einem Besuch in Tübingen. An einem Oktobermorgen des Jahres 1959 steht der damals 84jährige am Grab des großen Tübinger Theologen Ferdinand Christian Baur, um ihm Dankbarkeit und Verehrung zu bezeugen. Ausgerechnet Ferdinand Christian Baur? Kenner werden sich fragen, ob da nicht das Trennende überwiegt. Zum Beispiel in der Frage der *Eschatologie*. Sie ist für Schweitzer *alles*, für Baur so gut wie nichts. Um umgekehrt in der Frage der dogmatischen Vermittlung des historischen Jesus: Sie ist für *Baur* alles und für *Schweitzer* nichts. Und dennoch ist da ein das alles übertönender gemeinsamer Grundakkord, bestehend aus der Ehrfurcht vor der historischen Wahrheit, der strengen Scheidung zwischen »dem rein geschichtlichen und dem dogmatischen Gesichtspunkt« und der Leidenschaft für die durch Jesu Autorität sichergestellte Wahrheit, daß das Ethische das Wesen des Religiösen ausmache.[13]
Ein in der Fremde nachgeborener Tübinger ist Schweitzer noch wegen einer anderen – diesmal ausgesprochen intimen – Beziehung zu einem großen Tübinger: David Friedrich Strauß, dessen Grab in Ludwigsburg er damals ebenfalls besuchte. Strauß hat die konsequent-geschichtliche Betrachtung des Neues Testaments endgültig verwirklicht. In seiner ›Geschichte der Leben-Jesu-Forschung‹ eröffnet Schweitzer das Kapitel über David Friedrich Strauß mit den Worten: »Man muß Strauß lieben, um ihn zu verstehen. Er war nicht der größte und nicht der tiefste unter den Theologen, aber der wahrhaftigste.«[14]

---

10 Der Professoren-Titel wurde Schweitzer am 14. Dezember 1912 von seiten des kaiserlichen Statthalters wegen der »anerkennenswerten wissenschaftlichen Leistungen« verliehen; vgl. Steffahn, H.: Albert Schweitzer, S. 137.
11 Laudatio der Universität Tübingen, S. 433.
12 Scholder, K.: Albert Schweitzer, S. 184.
13 Scholder, K.: Albert Schweitzer, S. 184 f.
14 GLJF, S. 137.

Niemanden sonst hat Schweitzer mit größerer Liebe und ausführlicher gezeichnet, niemandem sonst größere Ehrerbietung gezeigt als diesem jungen 27jährigen Stiftsrepetenten, der mit seinem ›Leben Jesu‹ aus dem Jahre 1835/36 – »als literarisches Werk« rechnet es Schweitzer »zum vollendetsten, was die wissenschaftliche Weltliteratur kennt«[15] – einen wahren Feuerbrand in Theologie und Kirche entfachte, der ihn selbst, Strauß, schließlich verbrennen sollte. »Die wenigsten begriffen, was Strauß damit [mit seinem Buch] wollte; die allgemeine Meinung war, er löse das Leben Jesu ganz in Mythen auf.«[16] In Wahrheit hat er es davor gerettet. Die Fachkollegen Schweitzers, die in diesem Zusammenhang Straußens Wunderkritik sowohl bejahen als auch verneinen, also die *lauen* Kollegen, die weder kalt noch warm sind, kommen in Schweitzers Urteil besonders schlecht weg. Über sie schreibt er: »Die wissenschaftlichen Theologen von heute, die ihr ›Gemüt‹ zeigen wollen, verlangen höchstens, daß man ihnen ein oder zwei Wünderchen beläßt, etwa in der Vorgeschichte oder in den Auferstehungsberichten, die zudem noch insofern wissenschaftlich sind, als sie so, in diesem Sinne, gar nicht im Texte stehen, zahme, magere, von rationalistischen Flöhen geplagte Schoßhündlein der ›Kritik‹, die der Wissenschaft kein Leids tun, zumal ihre Besitzer die Steuer redlich für sie entrichten durch die Art, wie sie über Strauß reden, schreiben und [...] schweigen.«[17]

Schweitzer war da weitsichtiger mit seinem fast selbstbiographischen Urteil: »Strauß ist nicht nur ein Zerstörer unhaltbarer Lösungen, sondern auch der Prophet einer kommenden Wissenschaft.«[18] In der Theologiegeschichte ist es ja oft so gewesen: Diejenigen, die wirkliche Durchbrüche schafften, der Wahrheit eine Gasse bahnten, die wurden erst einmal ans Kreuz der Ketzerei genagelt. Nachher machte dann jeder von ihren richtigen Erkenntnissen ungenierten und selbstverständlichen Gebrauch.

Auch Albert Schweitzer selbst war in dieser Hinsicht kein anderes Los beschieden. Seine konsequente Deutung der Lehre Jesu und Pauli aus der frühjüdischen Apokalyptik haben seine liberalen Kollegen um die Jahrhundertwende fast einmütig als theologischen Schwachsinn abgelehnt; heute ist sie theologisches Allgemeingut. Auch das läßt sich mit einer hübschen Anekdote belegen. Am 17. Dezember 1911 schreibt Julius Wellhausen an seinen Kollegen Walter Bauer über Albert Schweitzer: »Er verschmäht die Induction und faßt die Sache gleich bei der Wurzel; die Wurzel ist natürlich bei Paulus wie bei Jesus die Parusie. Die Methode ist wie bei Baur, wenngleich das Resultat anders: immer von der Idee, oder von dem springenden Punkt des Systems aus. Seine Begabung, seine Productivität, seine Arbeits- und Fassungskraft sind imposant. Er ist Musiker, Mediciner, Pastor und Privatdocent; durch Concerte verdient er sich seine Unterhalt und die Mittel der

15 GLJF, S. 150.
16 GLJF, S. 197.
17 GLJF, S. 197.
18 GLJF, S. 176.

Missionierung der Kongoneger – er will im Herbst 1912 nach dem Kongo. Ich bin ganz starr und fürchte nur, daß er sein Pulver vorzeitig verschießen wird, so immens auch der Vorrath bei ihm sein mag. Für einen Professor der theologischen Facultät paßt er natürlich nicht, noch viel weniger als weiland D.F. Strauss, der im Vergleich mit ihm der reine Philister war.«[19]

Knapp zwanzig Jahre später, 1930, versucht die Universität Leipzig, Albert Schweitzer für sich zu gewinnen. Sie beruft ihn auf einen theologischen Lehrstuhl. Schweitzer lehnt den Ruf jedoch ab. So gingen und so gehen die Meinungen über den Theologen Schweitzer auseinander. Schweitzer selbst hat solch widersprüchliches Urteil mit großer Gelassenheit ertragen und sich überhaupt am Theologengezänk nie öffentlich beteiligt. »Die Wahrheit ist nicht nervös; sie kann warten«, schreibt Schweitzer in einem Brief.[20] Nur gewundert hat er sich, wie die Fronten auf einmal vertauscht sein können. Auch dafür einen Beleg: In einem bisher unveröffentlichten Brief vom 11. Juli 1951, den eine französische Zeitschrift vor vier Jahren publizierte, heißt es: »Ich habe bei der modernen Orthodoxie eine sehr eigenartige Haltung gegenüber den Evangelien festgestellt. Um der Notwendigkeit zu entgehen, die Unanfechtbarkeit der bei Matthäus und auch bei Markus deutlich feststellbaren Eschatologie anzuerkennen, sucht sie den Glauben an die Berichte der Evangelien in Zweifel zu ziehen. Früher waren es die Liberalen (die liberalen Theologen), die in solcher Weise versuchten, das zu diskreditieren, was in den Evangelien sich dem modernisierten Verständnis Jesu hätte entgegenstellen können. Jetzt aber sind es die Orthodoxen, die den Glauben an den Bericht der Evangelien erschüttern, um der Eschatologie (derselben) zu entgehen: Und nun bin ich, Häretiker Nummer 1, plötzlich der einzig wahre Orthodoxe, weil der einzige, der den zwei ältesten Evangelien Glauben schenkt; ich bin orthodox, weil ich kein Hindernis anerkenne, an die Wahrheit, wie sie sich im Neuen Testament findet, zu glauben.«[21]

Welche Wahrheit ist es, die Schweitzer im Neuen Testament findet? Ein Kindheitserlebnis gibt uns den Schlüssel: »Meine erste Erinnerung ist der Teufel. Mit drei oder vier Jahren durfte ich schon alle Sonntage mit in die Kirche. Ich freute mich die ganze Woche darauf. Noch fühle ich auf meinen Lippen die Zwirnhandschuhe unserer Magd, die mir die Hand auf den Mund legte, wenn ich gähnte oder zu laut mitsang. Jeden Sonntag nun erlebte ich es, daß aus blitzendem Rahmen oben seitwärts von der Orgel herunter ein zottiges Antlitz sich hin- und herwendend in die Kirche herunterschaute. Es war sichtbar, solange die Orgel spielte und der Gesang dauerte, verschwand, sobald mein Vater am Altar betete, kam wieder, sowie wieder gespielt und gesungen wurde, verschwand wieder, sobald

---

19 Brief vom 17. Dezember 1991 an J. Wellhausen; zit. nach einer Fotokopie des Originals, die ich Rudolf Smend in Göttingen verdanke.

20 Am 20. Januar 1931 an Martin Werner; zit. nach der Abschrift im Zentralarchiv in Günsbach.

21 Lettre inédite d'Albert Schweitzer, S. 15.

mein Vater predigte, um nachher zu Gesang und Orgelspiel noch einmal zu erscheinen. ›Dies ist der Tuefel, der in die Kirche hereinschaut‹, sagte ich mir. ›Wenn dein Vater mit dem Worte Gottes anfängt, muß er sich davonmachen.‹ Diese allsonntäglich erlebte Theologie gab den bestimmenden Ton in meiner kindlichen Frömmigkeit an.«[22] Die Erscheinung findet eine einfache Erklärung: das zottige Antlitz gehörte dem Organisten Iltis an. Es erschien und verschwand in dem Spiegel, der an der Orgel befestigt war, um den Organisten schauen zu lassen, wann Schweitzers Vater an den Altar oder auf die Kanzel trat.

Wenn dein Vater mit dem Worte Gottes anfängt, muß sich der Teufel davonmachen! Das Wort Gottes ist dem Bösen gewachsen, vertreibt das Böse, vertreibt *den* Bösen. Wir stoßen auf die Grundkomponente der Theologie und Ethik Albert Schweitzers. Später, nachdem er abgelegt hatte, was kindlich war, wird er sagen: »Gott ist wirkende Kraft zum Guten, ein geheimnisvoller Wille, der anders ist als die Welt und höher als die Welt. Ihm geben wir unseren Willen hin; ihm stellen wir die Zukunft der Welt anheim.«[23]

Hingabe unseres Willens an den Willen Gottes aber heißt für Schweitzer nie etwas anderes als Nachfolge Jesu, ganz konkrete, praktische Nachfolge mit dem Ziel, den Acker der Welt so zu bestellen, daß die Saat der Menschlichkeit aufgeht in all ihrer blühenden Pracht. »Wenn mich jemand fragte«, so lesen wir es in einer Predigt aus dem Jahre 1905 über die Berufung der ersten Jünger Jesu, »wenn mich jemand fragte, warum ich das Christsein für die höchste und einzige Religion halte, würde ich alles, was man so gelernt hat über das Verhältnis und die Rangordnung der Religionen und wie man die Vorzüge der besten herausfindet, getrost hinter den Ofen werfen und nur das eine sagen: Weil in dem ersten Befehl, den der Herr auf Erden gegeben hat, nur *das eine Wort ›Mensch‹* vorkommt. Er redet nicht von der Religion, vom Glauben, von der Seele oder sonst was, sondern einzig vom Menschen. *Ich will euch zu Menschenfischern machen.* Da ist's, als sagte er zu allen kommenden Jahrhunderten: Aufs erste gebt mir acht, daß mir der Mensch nicht zugrunde geht! Geht ihm nach, wie ich ihm nachgegangen bin, und findet ihn da, wo die anderen ihn nicht mehr finden – im Schmutz, [...] in der Verachtung – und tut euch zu ihm, bis er wieder ein Mensch ist. Er hat Religion und Menschlichkeit so zusammengeschweißt, daß es keine Religion mehr gibt, daß sie für ihn nicht existiert ohne die wahre Menschlichkeit, und daß die Aufgaben der wahren Menschlichkeit nicht gehört werden können ohne Religion.«[24]

Solche und ähnliche Sätze sind gern der Ansatzpunkt für eine theologische Kritik, die da sagt, es fehle bei Schweitzer die Christologie, überhaupt die Dogmatik; er löse die Theologie in Philosophie auf und mache aus dem Christentum eine ethische Weltanschauung. Das allgemeine Urteil lautet: »Schweitzer hat zwar die

22 KJ, S. 256.
23 CWR, S. 679.
24 SPr [1966], S. 51.

rechte christliche Liebe, aber nicht den rechten christlichen Glauben.«[25] Ein merkwürdiger Vorwurf! Denkt man an Mt 25, die Parabel vom Weltgericht, in der die Schafe zur Rechten, die Böcke aber zur Linken zu stehen kommen, weil *sie* nicht den geringsten Brüdern und damit Jesu gedient haben, denkt man an diese Parabel, so ist Vorsicht geboten. Da könnte zur Linken mancher stehen mit der rechten Dogmatik im Kopf, aber der falschen Liebe im Herzen! Von solchen Theologen, die das *christianum* immer sofort mit der Elle der dogmatischen Richtigkeit eines Konfessionschristentums zu messen belieben, hat Schweitzer wenig gehalten. Da konnte er ausnahmsweise sogar polemisch werden: »Tempelhüter sind sie und brave Seelen, wohlbestallte Diener der Obrigkeit, Bücherschreiber auch, belesen, beflissen und groß im Polemisieren über Dinge, die außer der Zukunft niemand interessieren. Wo bleibt das christliche Feuer? Ich ersticke in dieser Atmosphäre. Die Fronten verlaufen ganz anderswo.«[26]

Von ihm selber, Schweitzer, hat einer seiner Biographen einmal geschrieben: »Es bleibt ein liebenswerter Irrationalismus dieses Christenmenschen, daß man ihn nicht in Formeln pressen kann; daß das Ganze immer noch mehr als die Summe der Teile ist. Die Fotolinse dogmatisch ausgeruhter Kirchenchristen kriegt ihn nicht ins Bild, wenn sie aus seinen unkonventionellen Äußerungen ein Portrait fertigen will. Aber auch das ›Freie Christentum‹, dem er nahestand, kommt in dem Wunsch nach voller Identifikation mit der Tiefenschärfe nicht zurecht.«[27]

Trotzdem: Die dogmatischen Defizite in Schweitzers Theologie sind vorhanden. Das läßt sich nicht leugnen. Nur sind sie nicht einer *hybriden*, sondern in einer sehr *demütigen* Vernunft begründet. Eineinhalb Jahre vor seinem Tode schreibt er: »Ich verehre den Jesus von Nazareth des Evangeliums des Matthäus als meinen Führer im Leben. Durch ihn komme ich zur Geistigkeit des Frommseins. Alles Metaphysische der Religion kann ich als unerforschlich dahingestellt sein lassen.«[28]

Überhaupt der Rationalismus und der Pietismus bei Schweitzer! Es ist ganz ähnlich wie bei Rudolf Bultmann. Schweitzers *persönliche Frömmigkeit* ist die des Pietismus, steht in unmittelbarer Beziehung zu derjenigen seiner elsässischen Vorgänger Philipp Jakob Spener und Johann Friedrich Oberlin. Schweitzers *Denken* ist das des Rationalismus. Während das sonst überall unversöhnliche Gegensätze sind, sagt Schweitzer von sich: »Ich bin ein rationalistischer Pietist.«[29] Das ist er tatsächlich! Und nicht nur formen die Unverzichtbarkeit des Denkens hier und die

---

25 Schweitzer selbst äußerte sich so: »Die christliche Theologie hat es schwer gefunden, meine Gedanken gelten zu lassen, obwohl es den *Christen* nicht schwer fiel« (Steffahn, H.: Du aber folge mir nach, S. 99 f.).

26 Minder, R.: Lambarene.

27 Steffahn, H.: Du aber folge mir nach, S. 64 f.

28 BWCGWAS, S. 86.

29 Buri, F.: Theologe, S. 32.

lebendige Frömmigkeit dort sein Wesen zu gleichen Teilen.[30] Seine Überzeugung ist vielmehr: »Alles bis zu Ende gehende Denken ist religiös.«[31]
Die ›Einheit von Religion‹ und Denken ist für Schweitzer *begründet* darin, daß beide »denselben Inhalt«, nämlich das Geheimnis des Lebens, haben. Und diese Einheit *verwirklicht* sich »in der Religion der Liebe«[32]. Von daher sind Rationalismus und Pietismus vielleicht gar keine Gegensätze mehr. »Vielleicht zeigt gerade Schweitzer als lebendiges Beispiel die innerste Verbundenheit von beiden auf? Man muß ja bei ›Rationalismus‹ nicht sofort an ›Aufklärung‹ und bei ›Pietismus‹ nicht gleich an ›Engstirnigkeit‹ denken!«[33] Bei den theologischen Defiziten Albert Schweitzers muß man außerdem in Rechnung stellen, »daß er überhaupt nicht vom Theoretischen her im letzten begriffen und gewürdigt werden kann, sondern vom Praktischen her erfaßt werden muß«[34]. Die Philosophen haben übrigens eine ganz ähnliche Kritik wie die Theologen. Sie sagen, Schweitzer sei zwar ein vorbildlicher Mensch und genialer Praktiker, aber philosophisch und analytisch eben doch nur Amateur. Ich bin geneigt, solche Art Kritik meinerseits in Frage zu stellen mit jenem Bild, mit dem Schweitzer Hegels abstrakte Philosophie kritisierte: »Hegel steht auf der Kommandobrücke des Ozeandampfers und erklärt den Passagieren die Wunder der Maschinerie des Fahrzeuges, das sie trägt, und die Geheimnisse der Berechnung des Kurses. Aber er richtet seine Sorge nicht darauf, daß die Feuer unter den Kesseln, wie bisher, in erforderlicher Weise unterhalten werden. Darum nimmt die Fahrtgeschwindigkeit des Schiffes nach und nach ab. Zuletzt kommt es überhaupt nicht mehr vorwärts.«[35]
Bei der Fahrtgeschwindigkeit des Kirchenschiffes heute kann man ja nun auch nicht von einer Beschleunigung sprechen. Ob man auch hier verabsäumt, das Feuer unter den Kesseln zu unterhalten? Zuviel Kopftheologie und zu wenig Handtheologie? Ich weiß es nicht. Ich weiß nur: Wenn Glauben und Handeln weniger auseinander- und mehr ineinanderlägen, dann hätte das Kirchenschiff nicht nur gute Fahrt, sondern die Kirche wäre auch glaubwürdiger in dieser Welt. Daß wir *darauf* achten, das ist wohl das wichtigste Vermächtnis Albert Schweitzers an christliche Gemeinden heute.

III

Ein kurzes Wort zum Schluß noch zur Philosophie der *Ethik der Ehrfurcht vor dem Leben.* Das dafür herangezogene Schlüsselerlebnis der Kindheit Schweitzers ist dieses: »Von meiner frühesten Jugend an fühlte ich mich genötigt, Mitleid mit

---

30 Wölfel, E.: Albert Schweitzer, S. 131.

31 Unveröffentlichte Skizzen und Vorlesungen im Archiv Günsbach mit dem Titel ›Kultur und Ethik in der Weltanschauung der Weltreligionen‹ [KEWAWR]; vgl. Brüllmann, R.: Albert-Schweitzer-Zitate, S. 84.

32 Brüllmann, R.: Albert-Schweitzer-Zitate, S. 85.

33 Wölfel, E.: Albert Schweitzer, S. 131.

34 Schmidt, M.: Theologe, S. 209.

35 KPh II [1923], S. 137.

den Tieren zu haben. Ganz unfaßbar erschien mir, schon ehe ich in die Schule ging, daß ich in meinem Abendgebet nur für die Menschen beten sollte. Darum, wenn meine Mutter mit mir gebetet und mir den Gutenachtkuß gegeben hatte, betete ich heimlich ein von mir selber verfaßtes Zusatzgebet für alle lebendigen Wesen. Es lautete: ›Lieber Gott, schütze und segne alles, was Odem hat, bewahre es vor allem Übel und laß es ruhig schlafen‹.«[36] Später wird Schweitzer sagen: »Die Ethik ist nur vollständig und echt und lebendig, wenn sie alle lebenden Wesen mit einschließt. Erst dann sind wir in geistiger Verbindung mit der Welt.«[37] »Ethik besteht darin, daß ich die Nötigung erlebe, allem Willen zum Leben die gleiche Ehrfurcht vor dem Leben entgegenzubringen wie dem eigenen.«[38] Als Beweis dafür, daß die Ehrfurcht vor dem Leben unteilbar ist, daß sie dem natürlichen und dem geistigen Leben miteinander gilt, kann Schweitzer in seiner unnachahmlichen Art sagen: »Der Mann im Gleichnis Jesu rettet nicht die Seele des verlorenen Schafes, sondern das ganze Schaf.«[39]

Sieht man Schweitzer als *christlichen* Ethiker, so kann man sich auf seine Aussage berufen: »Die Ethik der Ehrfurcht vor dem Leben ist die ins Universelle erweiterte Ethik der Liebe. Sie ist die als denknotwendig erkannte Ethik Jesu.«[40] Schweitzer beruft sich dafür auf das Gebot der Geringstenliebe Mt 25,40: »Was ihr getan habt einem dieser meiner geringsten Brüder, das habt ihr mir getan.« Mit Franz von Assisi rechnet Schweitzer zu den geringsten Brüdern auch die Tiere. Und er kritisiert die Engstirnigkeit der europäischen Denker, die nicht wahrhaben wollen, daß jedes Tier eine kleine fühlende Welt ist, dem unachtsam oder leichtsinnig Schmerzen oder Qualen zuzufügen oder das aus der Barmherzigkeitspflicht auszuklammern unsittlich ist. Als Wilhelm Wundt, der Philosoph des Leib-Seele-Problems, leugnete, daß es so etwas wie Mitgefühl mit den Tieren geben könne, da hat ihm Schweitzer ärgerlich entgegengehalten: »Als habe er noch nie einen durstigen Ochsen saufen sehen.«[41] Dabei wußte Schweitzer wohl um den tragischen Konflikt, in dem wir dadurch stehen, daß Leben nur auf Kosten von Leben möglich ist. »Nun aber sind wir alle dem rätselhaften und grausigen Schicksal unterworfen, in die Lage zu kommen, unser Leben nur auf Kosten andern Lebens erhalten zu können, und durch Schädigung, ja auch durch Vernichtung von Leben, fort und fort schuldig zu werden. [...] Ethik, die uns Ehrfurcht vor allem Leben und Liebe zu allem Leben lehren will, muß uns zugleich in schonungsloser Weise die Augen darüber öffnen, in wie vielfacher Weise wir uns in der Notwendigkeit befinden, Leben zu vernichten und zu schädigen, und in welch schweren Konflikten wir uns ständig bewegen, wenn wir wagen, uns nicht durch Gedankenlosigkeit zu betäuben.«[42]

---

36 ELEL, S. 172
37 AEBJLP, S. 164.
38 KPh II, S. 378.
39 LD, S. 242.
40 LD, S. 241.
41 KPh II, S. 363.
42 ELEL, S. 182; PTSB, S. 141.

Schweitzer hat also sehr wohl gewußt, daß das Töten von Leben in gewissen Fällen unvermeidlich ist. Aber dem gedankenlosen Töten, dem unnötigen Zerstören, dem vermeidbaren Leiden hat er den Kampf angesagt. Er forderte, es zu vermeiden bei Mensch und Tier und Pflanze. Darum hat er sich gebückt, um ein hilflos in einem Tümpel zappelndes Insekt zu befreien, den Regenwurm, der auf sengendem Asphalt zu vertrocknen drohte, ins kühle Gras zurückzutragen. Und nie hätte er gedankenlos eine Pflanze zerstört.[43] Leidenschaftlich hat er sich als Arzt gegen unnötige Tierversuche gewehrt, die sehr oft nicht nur furchtbar grausam sind, sondern überdies nicht selten auch noch völlig nutzlos.[44]
Aber merkwürdig, diejenige Denkanstrengung und Praxis, von der sich Schweitzer die größte Wirkung auf die Menschheit versprochen hat, die ethische, die ist am wirkungslosesten geblieben. Die Folgen beginnen wir in der ökologischen Krise zu spüren. Wenn homo sapiens noch viele Nachgeborene haben sollte, dann werden sie einmal über unsere Epoche das Urteil sprechen, daß sie ihre übersteigerte Anspruchsmentalität bezahlt hat mit einer gigantischen Ehrfurchtslosigkeit gegenüber der Schöpfung. Schon unsere Sprache ist hier so sehr verräterisch! Wir sagen *Umwelt* und meinen: *Wir* sind die bevorrechtigten Nutznießer der Natur; sie ist *unser* frei verfügbarer Entfaltungs- und Gestaltungsraum. *Wir* bestimmen über Zweck und Nutzlosigkeit. Kurz: Wir reduzieren die Natur auf das Maß des Menschen und bewerten sie nur noch unter dem Aspekt der Brauchbarkeit für unsere Zwecke (G.M. Teutsch). Als ob es keinen Schöpfer gäbe, der gesagt hat: »Mein ist die Erde und was sie füllt« (Ps 24,1; 1. Kor 10,26). Als ob wir nicht zu Haushaltern bestellt wären der vielerlei Gaben, mit denen Gott uns gesegnet hat! Ganz davon zu schweigen, daß christliche Politik im Ernst meinen kann, sie sichere den Frieden, indem sie den atomaren Holocaust möglich macht.
Hier liegt denn auch die schärfste Herausforderung, die Schweitzer für uns heute bedeutet. Seine Sprache ist an diesem Punkt wie immer sehr deutlich: »In der Atomfrage ist für uns die einzige Frage: ›Was würde der Herr Jesus dazu sagen?‹ Seine Antwort wäre: ›Werft sie weg.‹ Auf unsere Einwendung: ›Aber wie sollen wir dies tun in der Gefahr, die uns vom Kommunismus droht?‹, würde er antworten: ›O ihr Kleingläubigen.‹ Dies ist die evangelische Stellung zu dem großen Problem unserer Zeit. Heute heißt es nicht nur, ›Eine feste Burg ist unser Gott‹ singen, sondern es auch wirklich glauben und damit ernst machen, sonst sind wir das ›Salz, das dumm wird‹, von dem der Herr Jesus in der Bergpredigt spricht, statt ›die Stadt, die auf dem Berge‹ liegt.«[45]

---

43 KPh II, S. 378 f.
44 KPh II, S. 389. Dazu siehe Teutsch, G.M.: Lexikon, S. 24.
45 PBV, S. 144.

IV

Der Schluß kann sehr kurz sein.

Am Ende seiner Jugenderinnerungen bekennt Schweitzer: »Als einer, der versucht, in seinem Denken und Empfinden jugendlich zu bleiben, habe ich mit den Tatsachen und der Erfahrung um den Glauben an das Gute und Wahre gerungen. In dieser Zeit, wo Gewalttätigkeit in Lüge gekleidet so unheimlich wie noch nie auf dem Throne der Welt sitzt, bleibe ich dennoch überzeugt, daß Wahrheit, Liebe, Friedfertigkeit, Sanftmut und Gütigkeit die Gewalt sind, die über aller Gewalt ist. Ihnen wird die Welt gehören, wenn nur genug Menschen die Gedanken der Liebe, der Wahrheit, der Friedfertigkeit und der Sanftmut rein und stark und stetig genug denken und leben. [...] Eine unermeßlich tiefe Wahrheit liegt in dem phantastischen Worte Jesu: ›Selig sind die Sanftmütigen, denn sie werden das Erdreich besitzen.‹«[46]

Was läßt sich zusammenfassend über das theologische und ethische Erbe Albert Schweitzers sagen? Zur Beantwortung dieser Frage möchte ich denjenigen großen Theologen unseres Jahrhunderts zu Worte kommen lassen, der Albert Schweitzer einen *problematischen Theologen* genannt hat: Karl Barth. In seiner Basler Abschiedsvorlesung über das ›Mißverhältnis‹ zwischen dem, was die Theologie treibt, und dem, was gleichzeitig in der Welt geschieht, stellt er die Frage: »Könnte Theologie nicht eine Luxusbeschäftigung, könnten wir mit ihr nicht auf der Flucht vor dem lebendigen Gott begriffen sein? Könnte ein so problematischer Theologe wie Albert Schweitzer nicht – immer gerade vom Gegenstand der Theologie her gesehen – das bessere Teil erwählt haben, und mit ihm die ersten Besten, die da und dort ohne alle theologische Besinnung versucht haben, Wunden zu heilen, Hungrige zu speisen, Durstige zu tränken, elternlosen Kindern eine Heimat zu bereiten? Ist im Schatten der großen Not der Welt (und auch der Kirche in der Welt) nicht alle Theologie dadurch ausgezeichnet, daß sie so viel Zeit, so gar keine Eile zu haben scheint, daß sie der Erlösung in der Wiederkunft Jesu Christi, auch wenn sie sie nicht gerade leugnet, scheinbar anderweitig beschäftigt, so merkwürdig gemächlich entgegensieht? Ich ziehe keine Folgerungen. [...] Ich stelle nur *Fragen.* Sie sind aber dringliche Fragen und solche, die schon, indem sie sich erheben und nicht einfach abzuweisen sind, eine Gestalt des Zornes Gottes darstellen, in der, was wir als Theologie treiben, in seiner Wurzel angegriffen sein dürfte.«[47]

---

46 KH, S. 313.

47 Barth, K.: Einführung, S. 154, 155 f.

MYSTIK UND ETHIK

Ihr Zusammenhang im Denken Albert Schweitzers (Thesen)

1. Begriffliches

Mit dem Begriff ›Mystik‹ finden wir Albert Schweitzer sowohl in Übereinstimmung als auch im Gegensatz zur allgemeinen Mystik.

a) In *Übereinstimmung* mit der bisherigen Mystik betont Schweitzer den »Weg der Innerlichkeit«[1]. ›Mystisch‹ ist, was ›wahr‹ ist (im Unterschied zum bloß Erdichteten), was ›innerlich‹ ist (im Unterschied zum bloß Äußerlichen), was ›tief‹ ist (im Unterschied zum Oberflächlichen), was ›lebendig‹ ist (im Unterschied zum Abstrakten). »Mystik« ist »Sammlung«, ist »Tiefe«, ist »Lebendigkeit«, ist »innerliche Persönlichkeit«[2], ist »elementares Denken«, ist »Einswerden mit dem Unendlichen«.[3]
Mystik stellt sich überall dort ein, »wo das Denken die letzte Anstrengung macht, das Verhältnis der Persönlichkeit zum Universum zu begreifen«. Diese »Denkmystik« (im Unterschied zur primitiven) ist »Gemeingut der Menschheit«.[4]

b) Im *Gegensatz* zur bisherigen Mystik lehnt Schweitzer ausdrücklich ab, was dieser das wichtigste ist: *unio mystica*, das ist die erfahrbare Verbindung mit der Gottheit bis hin zu einer als *Vereinigung* oder Identität mit ihr erlebten Nähe. »Gottesmystik als unmittelbares Einswerden mit dem unendlichen Schöpferwillen Gottes ist unvollziehbar.«[5] Ob im Stoizismus, bei Spinoza, im indischen oder chinesischen Denken versucht – eine ›lebendige Religion‹, und das heißt für Schweitzer: *eine Ethik,* läßt sich daraus nicht gewinnen. Aus dem Einswerden mit der Gottheit, aus der mystischen Versenkung in den Urgrund des Seins, ergibt sich immer nur eine *passive* Bestimmtheit des menschlichen Seins, ergibt sich immer nur Welt*flucht*, nicht Welt*verantwortung*. »Reine Gottesmystik bleibt etwas Totes.«[6] Sie ist nicht »ethisch«, sondern

1 LD, S. 237.
2 KPh II, S. 371.
3 LD, S. 237, 244.
4 MAP, S. 26.
5 MAP, S. 487.
6 MAP, S. 487.

»geistig«[7]. Diese Mystik bringt es nur zur »Resignationsethik des innerlichen Freiwerdens von der Welt, nie zugleich auch zur Ethik des Wirkens in der Welt und auf die Welt«[8]. Kurz: Die herkömmliche Mystik hat die Tendenz, »überethisch zu werden«[9]. Dagegen fordert Schweitzer eine »ethische Mystik«, also eine ganz andere Art von Mystik, eine, die die Welt nicht verneint, sondern bejaht. In der Mystik Schweitzers macht das Ergriffensein vom Liebeswillen gegenüber allem Lebendigen die *aktive* Bestimmtheit des menschlichen Seins aus. Wörtlich: »Hingebung meines Seins an das unendliche Sein ist Hingebung meines Seins an alle Erscheinungen des Seins, die meiner Hingabe bedürfen und denen ich mich hingeben kann.«[10] Das ist die geforderte »ethische Mystik«: »Sie läßt das Einswerden mit dem Unendlichen durch ethische Tat verwirklicht werden.«[11] Sie macht aus uns »innerlichen Menschen mit tätiger Ethik«.[12]

Ob es klug von Schweitzer war, bei so radikal gesteuertem Gegenkurs zur bisherigen Mystik dennoch bei dem Begriff ›Mystik‹ zu bleiben, kann man fragen.[13] Denn wenn Mystik von Haus aus »nicht der Freund, sondern der Feind der Ethik« ist,[14] hätte sich der Ethiker Schweitzer konsequenterweise von ihr distanzieren müssen. In der Sache tut er's, nicht im Begriff.

2. Das Verhältnis von Mystik und Ethik

Das Verhältnis von Mystik und Ethik ist das von Grund und Folge. Mystik ist der tiefe Grund einer wirk-lichen Ethik, d.h. einer Ethik, die wirkt. »Mystik ist die vollendete Art von Weltanschauung.«[15] Aus ihr folgt mit Notwendigkeit die Ethik der Ehrfurcht vor dem Leben. Mystik ist »eine Welt- und Lebensanschauung, die den Menschen in ein geistiges, innerliches Verhältnis zum Sein bringt, aus dem sich leidende und tätige Ethik mit Naturnotwendigkeit ergeben«[16]. »Die das Denken befriedigende Ethik muß aus Mystik geboren werden.« »Die Ethik muß aus der Mystik kommen wollen.« »Die Mystik [...] ist nicht die Blume, sondern nur der Kelch einer Blume. Die Blume ist die Ethik.«[17] In diesem Sinne kann Schweitzer die Begriffe in einem zusammenfassen und von »mystischer Ethik« oder »ethischer Mystik« sprechen.[18]

---

7 KPh II, S. 369.
8 KPh II, S. 368.
9 KPh II, S. 370.
10 KPh II, S. 373.
11 LD, S. 244.
12 LD, S. 237.
13 Groos, H.: Größe und Grenzen, S. 433 ff.
14 KPh II, S. 370. Korrigierend dazu Werner, H.-J.: Ethik Albert Schweitzers , S. 196-226.
15 KPh II, S. 439.
16 KPh II, S. 371.
17 KPh II, S. 370, 371, 372.
18 KPh II, S. 370.

3. Zur Genese dieser Verbindung

In der Einheit von Mystik und Ethik sieht Schweitzer Aufgabe und Ziel seines Denkens. Beides sieht der *Theologe* Schweitzer vorgegeben beim Apostel Paulus. Paulus beschreibt die geheimnisvolle Gemeinschaft der Glaubenden mit ihrem auferstandenen Herrn als »Sein in Christo«: »Ist jemand in Christo, so ist er eine neue Kreatur« (2. Kor 5,17).
Schweitzer erweitert das um den Begriff der »Mystik des Seins in Jesu Christo«[19]. Und zwar deshalb, weil das Eigentümliche der Theologie des Paulus dieses ist, »daß das Sein in Christo als ein Gestorben- und Auferstandensein mit ihm vorgestellt wird, durch das man von der Sünde und dem Gesetze frei geworden ist, den Geist Christi besitzt und der Auferstehung gewiß ist«[20].
Wenn wir aber *so* in Gemeinschaft mit Christo stehen, dann wissen wir »unmittelbar aus dem Geiste Christi«, »was ethisch ist«[21]. Darin besteht nach Schweitzer die weltgeschichtliche Bedeutung des Paulus, daß er »die Lehre vom Geiste ins Ethische« gewendet hat. Und zwar so: »Die höchste Erweisung des Geistes ist die Liebe. Die Liebe ist das Ewige, das Menschen schon jetzt besitzen können, wie es an sich ist.«[22]
Und indem sie sich in der Liebe üben, bewahren sie die Gemeinschaft mit Christus in der Welt und für die Welt. Paulus hat »die Suprematie des Ethischen in der Religion« für alle Zeiten in dem Wort festgelegt: »Nun aber bleibet Glaube, Hoffnung, Liebe, diese drei; aber die Liebe ist die Größte unter ihnen« (1. Kor 13, 13).[23] Daß Religion im Kern Ethik und nur Ethik ist, das liest Schweitzer unmittelbar aus Paulus heraus. Die Paulusstudien beginnen um 1910 herum. Durch sie gewinnt er also die Einsicht in das Verhältnis von Mystik und Ethik, das er in der ›Kulturphilosophie‹ (1923) ausführlich entwickeln wird.

4. Die Universalisierung des Begriffs Mystik

»Alle tiefe Philosophie, alle tiefe Religion ist zuletzt nichts anderes als ein Ringen um ethische Mystik und mystische Ethik.«[24] Mystik wird Schweitzer zum Sammelbegriff all seines Denkens und Tuns:

- das Verhältnis zu Jesus bestimmt er als Mystik (»Jesusmystik«),
- die Position des Paulus ist Mystik,
- Bach ist »seinem innersten Wesen nach [...] eine Erscheinung in der Geschichte der deutschen Mystik«[25],

19 LD, S. 223.
20 MAP, S. 28.
21 LD, S. 224.
22 LD, S. 224.
23 LD, S. 224.
24 KPh II, S. 370.
25 JSB, S. 147.

- »alle tiefe Weltanschauung ist Mystik«[26],
- »alle tiefe Religion ist Mystik«, »das Christentum allein ethische Mystik«[27].

Das scheinbare Spielen mit dem Begriff, das Hauptwort und Beiwort vertauschbar werden läßt – mystische Ethik, ethische Mystik –, ist in der Sache das Bekenntnis zur unauflösbaren Einheit von Mystik und Ethik. Die Mystik ist der *Kelch* einer Blume, die Ethik ist die *Blume*. Aber nur in der Einheit von Kelch und Blume ist die *Ganzheit* der Blüte gewahrt.[28]

5. Zusammenfassender Schluß

Wie das Verhältnis von Mystik und Ethik, wie »ethische Mystik« bei Schweitzer gemeint ist, läßt sich an einem Zitat von Martin Buber zeigen, den Schweitzer als einen Geistesverwandten betrachtet hat. Buber schreibt: »Das Böse kann nicht mit der ganzen Seele getan werden: das Gute kann nur mit der ganzen Seele getan werden. Es wird getan, wenn der Schwung der Seele, von ihren höchsten Kräften ausgehend, alle Kräfte ergreift und sie sich in das läuternde und einwandelnde Feuer als in die Mächtigkeit der Entscheidung stürzen läßt.«[29]
Mit *ganzer Seele etwas tun,* das ist für Schweitzer Mystik! Die Mystik ist das Feuer der Ethik. Sie ist das elementare Denken, das den Menschen zur tätigen Ethik anhält und befähigt, einer Ethik, die die Grenzen des Ichs überschreitet und sich jedem Lebewesen in Ehrfurcht verpflichtet weiß. Den Begriff ›ethische Mystik‹ oder ›rationalistische Mystik‹ aber gebraucht Schweitzer, um auszudrücken, »daß das rationale Denken zuletzt auf logisch nicht mehr ableitbare Sachverhalte stößt und diese als Voraussetzung anerkennt«.[30] Das Leben ist ein solcher Sachverhalt; es ist Geheimnis.[31] Deswegen heißt eine ihm verpflichtete Ehrfurchtsethik ›mystische Ethik‹ oder ›ethische Mystik‹.

26 KPh II, S. 109.
27 CWR, S. 713.
28 KPh II, S. 372.
29 Buber, M.: Bilder, S. 63 f.
30 Günzler, C.: Kritiker, S. 56.
31 Viele Belege bei Schweitzer, zum Beispiel SPEL, S. 123 f.

DAS PRINZIP ›EHRFURCHT VOR DEM LEBEN‹

Albert Schweitzers Ethik für unsere Zeit*

I

Zwei Jahre vor seinem Tode, 1963, schreibt Albert Schweitzer an einen Straßburger Freund: »Meine Strategie besteht darin, nie auf einen Angriff einzugehen, welcher Art er auch sei. Ich habe mir von jeher dies zum Grundsatz gemacht und treu eingehalten. Gegen das Schweigen kann niemand auf die Dauer ankämpfen. Es ist ein unüberwindlicher Gegner. Man muß mich auch nicht verteidigen. Es ist mir bestimmt, unkämpferisch meinen Weg zu gehen. Meine Bestimmung ist, dem Geist der Ehrfurcht vor dem Leben, welcher auch der Geist des Friedens ist, seinen Weg zu bahnen. Ich bin ganz erschüttert, daß mir ein so herrlicher Beruf bestimmt ist, das macht, daß ich innerlich unangefochten meinen Weg gehe. Eine große, ruhige Musik umtönt mich innerlich. Ich darf erleben, daß die Ethik der Ehrfurcht vor dem Leben ihren Weg in der Welt zu machen beginnt, das hebt mich über alles hinaus, was man mir vorwerfen oder antun kann.«[1]

Zweierlei ist es, was mich an diesem späten Zeugnis bewegt. Einmal die *Abwehr:* »Man muß mich nicht verteidigen.« Ganz sicher nicht in dem Sinne, daß man den Gedanken Schweitzers diejenigen Krücken anpaßt, mit denen sie allererst gehfähig werden. Die gedachten und – wie man weiß – zugleich auch gelebten Gedanken Albert Schweitzers bedürfen keiner Apologie. Als das Beispiel vollkommener Identität von Wort und Tat sind sie ganz von sich aus vor der Welt das glaubhafte Zeugnis einer großen Humanitätsgesinnung, gegen die eine Anklage kaum möglich ist. Nein, nicht der Apologie, aber vielleicht doch der Anamnese bedürfen die Gedanken Albert Schweitzers. Sie erinnernd zu verteidigen könnte notwendig sein, weil sie von Anfang an einschärften, was heutige Philosophie mühsam genug und nur unter schärfstem Druck einzusehen beginnt: daß die traditionell anthropozentrische Ethik zu kurz greift. Nur eine ins Universelle erweiterte Moral kann die heute gefordert »Ethik der planetarischen Verantwortung«[2] sein.

---

* Vortrag beim Internationalen Albert-Schweitzer-Kolloquium der Vereinten Nationen in New York am 24. August 1990.

1 LWD, S. 322.

2 Amery, C.: Das Ende der Vorsehung, S. 231.

Das andere, was mich an dem eingangs zitierten späten Bekenntnis bewegt, ist die *Zuversicht.* Ganz offensichtlich ist Albert Schweitzer nach einem langen, aufopferungsvollen Leben und Denken in der Überzeugung gestorben, daß seine Ethik der Ehrfurcht vor dem Leben »als selbstverständlich und völlig dem Wesen der Menschen entsprechend anerkannt« werde[3] und ihren Weg in der Welt zu machen beginne. Jedenfalls äußert er diese Überzeugung mehrfach[4] und zuletzt sogar noch drei Monate vor seinem Tod.[5] Er hat sich von seiner Ehrfurchtsethik eine quasi soteriologische Wirkung versprochen. Schweitzer glaubte, daß wir durch die Ethik der Ehrfurcht vor dem Leben »andere Menschen« würden, »in elementarer, tiefer und lebendiger Weise fromm[e]« Menschen,[6] die »in einer höheren Weise als der bisherigen in der Welt daheim sind und in ihr wirken«[7].

Mir scheint, Schweitzer habe eine trügerische Hoffnung mit ins Grab genommen! Die Tatsachen jedenfalls deuten eher darauf hin, daß die Ehrfurchtslosigkeit mehr und mehr zunimmt. Ihr signifikantestes Merkmal ist die beispiellos brutale Rücksichtslosigkeit, mit der die Möglichkeiten der modernen Großtechnologie auf Kosten der Lebensinteressen der außermenschlichen Schöpfung und zum Teil auch auf Kosten der Menschen selbst durchgesetzt werden. Um ihren Wohlstand und ihre Verschwendung zu finanzieren, leben die Industrienationen dieser Erde längst nicht mehr nur von den Zinsen, die das reiche Kapital der Natur abwirft; sie leben längst von diesem Kapital selbst. Das unbegrenzte exponentielle Wachstum mit dem Ziel der endgültigen »Überwindung von Knappheit«[8] könnte sich am Ende als ›Selbstmordprogramm‹ darstellen, das längst unumkehrbar geworden ist.[9]

»Wir jubeln über das Feuer, das wir entfacht haben, staunen die schönen Flammen an und merken immer noch nicht, daß sie dabei sind, uns zu verzehren«, schreibt ein kritischer Zeitgenosse im Blick auf die Atommeiler,[10] mit denen wir einen Preis für unseren Energieverbrauch entrichten, den letztlich niemand zahlen kann, wenn man in Rechnung stellt, daß wir unseren Nachkommen bis ins ungezählte Glied tödliche Abfälle hinterlassen. Es waren nicht die Bußprediger und Mahner mit ihrer apokalyptischen Prognostik, es waren der Ausbruch der ersten Ölkrise, vor allem aber Tschernobyl, Waldsterben, Ozonloch sowie die jetzt drohende Kimakatastrophe, als »der Schock wirklicher und wiederholter Katastrophen«[11], die hier die entscheidende Aufklärung gebracht haben. Uns ist darüber klar geworden, daß das Verhältnis von Mensch und Natur in eine neue Phase eingetreten

---

3 Human., S. 170.
4 LWD, S. 206, 347.
5 LWD, S. 350.
6 PEHMD, S. 159.
7 ELEL, S. 180.
8 Spaemann, R.: Laudatio, S. 21.
9 Taylor, G.R.: Selbstmordprogramm.
10 Dahl, J.: Preis, S. 98.
11 Jonas, H.: Technik, S. 45.

ist:[12] Nicht mehr der Mensch muß sich vor der Natur fürchten, die Natur muß vor dem Menschen zittern. Er, der Mensch, schlägt »die Breschen«, durch die sich sein »Gift über den Erdball ergießt, die ganze Natur zu einer Kloake des Menschen verwandelnd. So haben sich die Fronten gekehrt. Wir müssen mehr den Ozean vor uns als uns vor dem Ozean schützen. Wir sind der Natur gefährlicher geworden, als sie uns jemals war.«[13] Der Mensch mit seiner bewundernswert großen und in vielem auch heilsamen Technologie entpuppt sich zugleich als »der planetarische Schurke Nummer Eins«.[14]

Indes beruht die »totale Krise, in der wir uns befinden«[15], nicht einfach auf Mißbräuchen. Als ihre Ursache bestimmt Robert Spaemann vielmehr und völlig zu Recht einen bestimmten Typus von Wissenschaft und Technik. Er sagt: »Das Spezifische der neuzeitlichen Wissenschaft ist die radikale Vergegenständlichung der Welt.«[16] Sie hat den Menschen zum Herrn und Besitzer der Natur werden lassen mit den schlimmen Folgen, die wir kennen: »Indem wir die Welt hominisierten, das heißt zum alleinigen Rohstoff einer einzigen Spezies machten, haben wir sie enthumanisiert.«[17] Wir haben den anderen Geschöpfen aus dem Tier- und Pflanzenreich, die sich nicht als Nutztiere oder -pflanzen verwenden lassen, das Wohnrecht auf dieser Erde streitig gemacht. Elefanten und Schmetterlinge vernichten wir, die Meere überfischen wir, die wilden Tiere rotten wir aus, und die zahmen verwandeln wir mittels moderner Haltungssysteme zu Tiermaschinen – um von Schlimmerem wie der Pelztierzucht, der Robbenjagd oder den Millionen Opfern bei unnötigen Tierversuchen zu schweigen.«[18]

Aber auch für den Menschen selber wirkt sich die zunehmende Materialisierung allen Lebens negativ aus. Zum Beispiel in der modernen Biologie, wenn diese sich mit technischer Simulation des Lebens begnügt, statt es zu verstehen. Da wird dann eine Mutter zur »Maschine, die so programmiert ist, daß sie alles in ihrer Macht Stehende tut, um Kopien der in ihr enthaltenen Gene zu erhalten«[19]. Oder in der mechanistisch-materialistisch ausgerichteten naturwissenschaftlichen Medizin, deren tierexperimenteller Ansatz sie »mehr und mehr von der ursprünglichen Heilkunst zu einer Ersatzteil-Reparatur-Medizin« drängt, für die der Mensch nicht mehr in erster Linie »Teil einer Ganzheit« ist, sondern eben eine biologische Maschine, »ab und zu reparaturbedürftig, ab und zu mit neuen Ersatzteilen versehen, und ab und zu von Krankheitserregern [...] befallen wie Eisen vom Rost«[20].

---

12 Jonas, H.: Technik, S. 39.

13 Jonas, H.: Technik, S. 37.

14 Zum Begriff siehe Amery, C.: Das Ende der Vorsehung, S. 233; vgl. auch Jonas, H.: Technik, S. 42, der die fortgeschrittenen Industriegesellschaften des ›Westens‹ die »Hauptsünder an der Erde« nennt.

15 Amery, C.: Das Ende der Vorsehung, S. 234.

16 Spaemann, R.: Laudatio, S. 27.

17 Amery, C.: Das Ende der Vorsehung, S. 236.

18 Vgl. Gräßer, E.: Ehrfurcht, S. 274-277.

19 Das Beispiel zitiert Spaemann, R.: Laudatio, S. 27.

20 Rambeck, B.: Mythos Tierversuch, S. 203, 205, 204.

Das alles bedeutet: Die qualitativ veränderte technologische Macht und damit die »Siege der Zivilisation über die Natur«[21] sind zur allgemeinen Gefahr geworden. Nicht nur die Natur, »der Mensch selber ist unter die Objekte der Technik geraten«. Die »Vollendung seiner Gewalt« kann die Überwältigung seiner selbst bedeuten.[22] »Der zu große Sieg bedroht den Sieger selbst.«[23]

II

Daß eine qualitativ veränderte technologische Macht auch eine qualitativ veränderte Ethik, »die Ethik der neuen Situation«[24], verlangt, scheint eine unausweichliche logische Schlußfolgerung zu sein. Sie ist jedenfalls der Beweggrund für Hans Jonas gewesen, sein Buch ›Das Prinzip Verantwortung‹ zu schreiben. Andere haben das ganz ähnlich gesehen.[25] Und unbeschadet verschiedener Handlungsanweisungen im einzelnen treffen sich die vorläufigen Entwürfe einer notwendigen neuen Ethik doch im Grundsätzlichen: Ohne Selbstbegrenzung unserer Freiheit, ohne Verzicht, ohne Askese wird es nicht mehr gehen. Genügsamkeit avanciert zur Haupttugend einer jeden Verantwortungsethik. Soweit herrscht Übereinstimmung.

Aber nun meint Hans Jonas, durch die Neuartigkeit unserer Situation sei nicht nur die Doktrin, sondern ebenso die Theorie jeder bisherigen Ethik überholt.[26] Hier ist meines Erachtens zu differenzieren. Zwar ist unbestreitbar: Unsere die gesamte Biosphäre einbeziehende Mächtigkeit verlangt eine gesteigerte Verantwortung. Ihren »relevanten Horizont« bildet nicht mehr so sehr »der zeitgenössische Raum der Handlung«, sondern die »unbestimmte Zukunft«[27]. Insofern also ist eine »Ethik der Gleichzeitigkeit«[28] gar nicht mehr zureichend, also eine Ethik, die über die Folgen des Tuns gar nicht zu rätseln braucht, weil sie nahe und absehbar sind; sie ist zu ergänzen durch eine völlig neuartige »Ethik der Voraussicht«[29]. Das macht »Imperative neuer Art« nötig,[30] nämlich eine pragmatische Folgen-Ethik, die wiederum der Komplettierung durch eine Wertethik bedarf.[31] Neu sind auch »der kollektive Täter und die kollektive Tat«, wo es früher nur das individuelle Tun gab.[32] Und auch die »Anwesenheit des Menschen in der Welt« ist kein fraglos Gegebenes mehr, sie ist selbst »*Gegenstand* der Verpflichtung geworden«[33].

21 Jonas, H.: Technik, S. 37.
22 Jonas, H.: Verantwortung, S. 47.
23 Jonas, H.: Technik, S. 40.
24 Amery, C.: Das Ende der Vorsehung, S. 234.
25 Zum Beispiel Amery, C.: Das Ende der Vorsehung; Spinner, H.F.: Das ›wissenschaftliche Ethos‹; Ditfurth, H.v.: Innenansichten.
26 Jonas, H.: Verantwortung, S. 28 f. etc.
27 Jonas, H.: Verantwortung, S. 32.
28 Jonas, H.: Verantwortung, S. 34.
29 Jonas, H.: Verantwortung, S. 47.
30 Jonas, H.: Verantwortung, S. 32.
31 Kreß, H.: Verantwortung, S. 98.
32 Jonas, H.: Verantwortung, S. 32.
33 Jonas, H.: Verantwortung, S. 34.

Kurz: »Keine frühere Ethik hatte die globale Bedingung menschlichen Lebens und die ferne Zukunft, ja Existenz der Gattung zu berücksichtigen.«[34] Und die Gen-Manipulation, das Hantieren am »Kerne«[35], mit dem das Geschöpf in die Rolle des Schöpfers schlüpft ohne Wissen um das Vorbild, nach dem es »›Bild‹-Macher« sein wird.[36] Die Gen-Manipulation ist möglicherweise der einzige Fall, der tatsächlich über die Begriffe *aller* früheren Ethik hinaustreibt und sich allein schon dadurch als die unmögliche Möglichkeit zu erkennen gibt.
Sonst aber ist im Blick auf Albert Schweitzers Ehrfurchtsethik durchaus zu bestreiten, daß die neue Situation ein »Umdenken« auch »in den Grundlagen der Ethik« erforderlich macht.[37] Nein! Eine in ihrer Grundgestalt als *Ehrfurcht* sich äußernde Ethik, wie sie Albert Schweitzer erstmals am 16. Februar 1919 in einer Straßburger Predigt der Öffentlichkeit vorgestellt hat,[38] kann ihrem Wesen nach gar nicht auf die zwischenmenschliche Nächstenliebe beschränkt bleiben; sie geht »auf alles Lebendige«[39] und drängt zur Wahrnehmung des Ganzen.[40]
Die anthropozentrische Beschränkung der traditionellen Ethik hat Albert Schweitzer von Anfang an als »Halb-Ethik der europäischen Philosophie« verworfen und dagegen die »tiefe und vollständige Ethik« gesetzt, die allein fähig sei, »eine ethische Kultur zu schaffen«[41]. Verantwortung für die Mitwelt und damit eine mitgeschöpfliche Solidarität ist für diese Ethik etwas Selbstverständliches. Zu keiner Zeit war es für sie »sinnlos zu fragen, ob der Zustand der außermenschlichen Natur, die Biosphäre als Ganzes und in ihren Teilen, die jetzt unserer Macht unterworfen ist, eben damit ein menschliches Treugut geworden ist und so etwas wie einen moralischen Anspruch an uns hat – nicht nur um unsretwillen, sondern auch um ihrer selbst willen und aus eigenem Recht«[42]. Natürlich um ihrer selbst willen! »Die Liebe zur Kreatur, die Ehrfurcht vor allem Sein, das Miterleben allen Lebens, mag es dem unseren äußerlich noch so unähnlich sein«, dieses »Mittelstück zwischen der Liebe zu Gott und der Liebe zu den Menschen«, von der *Vernunft* entdeckt, ist für Albert Schweitzer »der Anfang und das Fundament aller Sittlichkeit«[43]. Insofern ist es unzutreffend, wenn Jonas sagt, auf eine »Treuhänderrolle« gegenüber der außermenschlichen Natur habe »keine frühere Ethik (außerhalb der Religion) uns vorbereitet«.[44] Die bewußt nicht religiös im elementaren Denken begründete Ehrfurchtsethik Albert Schweitzers ist diese Vorberei-

---

34 Jonas, H.: Verantwortung, S. 28.
35 Jonas, H.: Technik, S. 40.
36 Jonas, H.: Verantwortung, S. 53.
37 Gegen Jonas, H.: Verantwortung, S. 29.
38 SPEL, S. 17; vgl. Gräßer, E.: Ethik, S. 60 ff.
39 LWD, S. 326.
40 Gallusser, W.A.: Landethik, S. 48.
41 LWD, S. 328. Der Satz »Alle traditionelle Ethik ist *anthropozentrisch*« (Jonas, H.: Verantwortung, S. 22; ähnlich S. 29), ist also korrekturbedürftig.
42 Jonas, H.: Verantwortung, S. 29.
43 SPEL, S. 125.
44 Jonas, H.: Verantwortung, S. 29; vgl. auch S. 7 f.

tung. Und sie ist anderen Ethiken darin überlegen, daß der Dualismus von Theorie und Praxis, von Ideen und Interessen, von wissenschaftlicher Kreativität und außerwissenschaftlicher Aktivität, von Ethik des Wissens und Ethik des Handelns[45] in ihr keinen Millimeter Boden hat.
Die Ehrfurchtsethik bedarf auch nicht erst der gegenwärtigen »Heuristik der Furcht«, um eine für unsere Zeit notwendige Verantwortungsethik zu sein.[46] Vielmehr ist die Ehrfurcht vor dem Leben als sittliches Grundprinzip der dafür zureichende Grund. »Gut ist: Leben erhalten und fördern; schlecht ist: Leben hemmen und zerstören.«[47] »In dieser Eigenschaft erst sind wir wahrhaft Menschen; in ihr besitzen wir eine eigene, unverlierbare, fort und fort entwickelbare, sich orientierende Sittlichkeit.«[48] Sie leugnet nicht die vielfältigen Zwänge zur Lebensvernichtung. Aber wenn der Mensch »von der Ethik der Ehrfurcht vor dem Leben berührt [ist], so schädigt und vernichtet er Leben nur aus Notwendigkeit, der er nicht entrinnen kann, niemals aus Gedankenlosigkeit«[49].

III

Die Herausforderung durch die »totale Krise« muß uns also nicht unvorbereitet treffen. Und der »Versuch einer Ethik für die technologische Zivilisation«[50] braucht entgegen der Annahme von Hans Jonas keineswegs in einem »ethischen Vakuum« zu beginnen;[51] er läßt sich als konsequente Weiterentwicklung von der von Albert Schweitzer konzipierten Ethik der Ehrfurcht vor dem Leben verstehen, die ja ihrerseits ein Reflex auf die Entwicklung der Technik und der daraus erwachsenden Gefährdungen ist.[52] Indem Hans Jonas gar nicht auf Albert Schweitzer blickt, unterstreicht er nur, wie sehr Albert Schweitzer unter den ethischen Denkern die Ausnahme ist. Blickt man aber auf ihn, springt die Komplementarität von Ehrfurchtsethik und Verantwortungsethik schnell in die Augen. Beiden ist gemeinsam – ich nenne nur einiges –, daß der Begriff des absoluten Wertes des menschlichen Lebens, mit dem wir alle operieren, eine metaphysische Voraussetzung ist, die sich nicht weiter begründen läßt.[53]

---

45 Spinner, H.F.: Das ›wissenschaftliche Ethos‹ handelt über dieses Problem.
46 Gegen Jonas, H.: Verantwortung, S. 63 f.
47 SPEL, S. 127, KPh II, S. 378.
48 SPEL, S. 127.
49 LD, S. 243.
50 So der Untertitel des Buches ›Das Prinzip Verantwortung‹ von Hans Jonas.
51 Jonas, H.: Verantwortung, S. 7, 57 f.
52 KPh I, S. 23-44, ferner KPh II, S. 113: »Flugzeuge tragen heute die Menschen durch die Luft über eine Erde dahin, auf der Hunger und Räuberbanden ihr Wesen haben. Dieser groteske Fortschritt ist nicht nur etwa für China, sondern bald für die ganze Menschheit charakteristisch. Zum normalen Fortschritt kann sich der groteske erst wandeln, wenn eine Gesinnung zur Macht kommt, die fähig ist, in das Chaos der Menschheit durch Ethik wieder Ordnung zu bringen. In letzter Linie ist das Zweckmäßige nur durch das Ethische zu verwirklichen.«
53 LD, S. 244; KPh II, S. 376 etc.; Jonas, H.: Verantwortung, S. 8.

Die Ehrfurchtsethik und die Verantwortung treffen sich auch beide in der »Universalisierung« der ethischen Forderung.[54] Und hier wie da geht es nicht ums physische Überleben allein; es geht auch um die »Unversehrtheit des Wesens«, um das »Menschenbild«. Und also »muß die Ethik, die beides zu hüten hat, über die Klugheit hinaus eine solche der Ehrfurcht sein«[55]. Die »neue Art von Demut«, zu welcher – nach Hans Jonas – »der Exzeß unserer Macht« uns zwingt,[56] verlangt dem Ehrfurchtsethiker Albert Schweitzer jedenfalls nichts ab, was diesem nicht immer schon selbstverständlich gewesen wäre.[57] Albert Schweitzer hätte sich *bestätigt* gefühlt, wenn jetzt gesagt wird, die Verantwortung für das mir begegnende, mir anvertraute oder von meinem Handeln betroffene Leben sei das fundamentale Paradigma des Sittlichen.[58] Und wenn es für Hans Jonas die Frage ist, »ob wir ohne die Wiederherstellung der Kategorie des Heiligen, die am gründlichsten durch die wissenschaftliche Aufklärung zerstört wurde, eine Ethik haben können, die die extremen Kräfte zügeln kann, die wir heute besitzen und dauernd hinzuerwerben und auszuüben beinahe gezwungen sind«,[59] so kann Albert Schweitzers Antwort nur lauten: fraglos nein! Denn ethisch ist der Mensch »nur, wenn ihm das Leben als solches, das der Pflanze und des Tieres wie das des Menschen, heilig ist und er sich dem Leben, das in Not ist, helfend hingibt«[60]. Natürlich ist »die Kasuistik der Fälle« dann noch einmal »etwas für sich«[61]. Im Grundsätzlichen jedoch gilt der Begriff der Heiligkeit. Albert Schweitzer hat übrigens auch die Eigendynamik und die Unaufhaltsamkeit der technischen Entwicklung – unser Verhängnis und unsere Hoffnung zugleich[62] – klar vor Augen gesehen: »Die Fortschritte des Wissens und Könnens wirken sich fast wie Naturereignisse an uns aus. Es liegt nicht in unserer Macht, sie so zu leiten, daß sie die Verhältnisse, in denen wir leben, in jeder Hinsicht günstig beeinflussen, sondern sie schaffen für die einzelnen, die Gesellschaft und die Völker schwere und schwerste Probleme und führen Gefahren mit sich, die sich zum voraus gar nicht ermessen ließen. So paradox es klingen mag: Durch die Fortschritte des Wissens und Könnens wird

---

54 Jonas, H.: Verantwortung, S. 58 einerseits, LD, S. 241 andererseits.

55 Jonas, H.: Verantwortung, S. 8; vgl. dazu Spr [1966], S. 110 etc.

56 Jonas, H.: Verantwortung, S. 55.

57 CWR, S. 689: »Jesus leitet uns nicht zu solchem Selbstbewußtsein [ergänze: welches die Lösung aller Rätsel der Welt und des Menschenlebens besitzt], sondern zu Demut an.«

58 Spaemann, R.: Laudatio, S. 26.

59 Jonas, H.: Verantwortung, S. 57; vgl. S. 63: »Heiligkeit des Lebens«.

60 LD, S. 171.

61 Vgl. dazu das von Albert Schweitzer (LWD, S. 207) gegebene Beispiel: »Man hat mir vier junge arme Pelikane gebracht, denen gefühllose Menschen die Flügel übel beschnitten haben, so daß sie nicht fliegen können. Nun wird es 2-3 Monate dauern, bis ihnen die Flügel nachgewachsen sind und sie in der Freiheit existieren können. Ich habe eine Fischer angestellt, der die nötigen Fische zu ihrer Ernährung fängt. Jedesmal tun mir die armen Fische in der Seele weh. Aber ich habe nur die Wahl, entweder die 4 Pelikane zu töten, die dem Hungertode ausgeliefert wären, oder die Fische. Ob ich recht tue, mich für dies statt für das andere zu entscheiden, weiß ich nicht.«

62 Vgl. Jonas, H.: Technik, S. 46.

wirkliche Kultur nicht leichter, sondern schwerer gemacht. Ja, nach dem, was in dieser Hinsicht an unserer und den beiden vorhergehenden Generationen zutage getreten ist, könnte man fast Zweifel bekommen, ob sie angesichts materieller Errungenschaften, wie sie uns beschieden waren, überhaupt noch möglich ist.«[63]
Als »Schattenseite der Errungenschaften des Wissens und Könnens« hat Albert Schweitzer zunächst nur die mit der Industrialisierung und Urbanisierung der Gesellschaft einhergehende Wertminderung der äußeren Verhältnisse beschrieben, die den Menschen »verkleinern und psychisch« schädigen.[64] Aber dem alten Albert Schweitzer tritt dann auch die Totalgefährdung des Lebens vor Augen. Spätestens mit seinen Anti-Atomreden weitet sich seine Ehrfurchtsethik zur globalen Verantwortungsethik. Das »Neuland«, das wir hier betreten, ist »für die ethische Theorie« also keineswegs »ein Niemandsland«[65]. Vielmehr ist die Theorie, »auf der Gebote und Verbote, ein System von ›du sollst‹ und ›du sollst nicht‹ gegründet werden kann«[66], längst gefunden. Sie lautet: *Ehrfurcht vor dem Leben.*[67] So völlig anders kann keine »Ethik der neuen Situation«[68] sein, daß *diese* Theorie sich als irrelevant dafür erweisen würde. Die Ethik der Ehrfurcht vor dem Leben ist vielmehr ein Kompaß, der in der Richtungsanweisung für das Handeln unfehlbar ist.

Einigkeit herrscht auch darin, daß der Herausforderung nur noch politisch-gesamtgesellschaftlich begegnet werden kann.[69] Von daher wäre zu überlegen, ob die Ethik der Ehrfurcht vor dem Leben nicht zum Verfassungsgut werden sollte,[70] das alle Menschen verpflichtet, die Bewahrung der Schöpfung auf ihre Verantwortung zu nehmen, weil *alle* »Mittäter an den Taten und Nutznießer an den Gewinnen der kollektiven Macht« sind.[71] Für sittliche Rechtsgemeinschaften, die sich ohnehin zu den christlichen Wurzeln ihrer Sittlichkeit bekennen, dürfte das kein unmöglicher Schritt sein. Gründet doch die Ehrfurchtsethik zuletzt in einer höheren Autorität als der Albert Schweitzers. Es ist der Schöpfer aller Dinge selbst, der sie gebietet. Oder noch deutlicher mit Albert Schweitzer gesagt: »Die Ethik der Ehrfurcht vor dem Leben ist die ins Universelle erweiterte Ethik der Liebe. Sie ist die als denknotwendig erkannte Ethik Jesu.«[72]

---

63 KPh II, S. 119.
64 KPh I, S. 32; vgl. auch die Zusammenfassung S. 44; ferner S. 407.
65 Jonas, H.: Verantwortung, S. 7.
66 Jonas, H.: Verantwortung, S. 56.
67 Zum Vorwurf, die Erfurchtsethik sei praktisch nicht durchführbar und zur Diskussion desselben vgl. Groos, H.: Größe und Grenzen, S. 519, 540; ferner Günzler, C.: Kritiker, S. 49-59.
68 Amery, C.: Das Ende der Vorsehung, S. 234.
69 Jonas, H.: Technik, S. 44 einerseits, WFH, S. 615 andererseits.
70 Jonas, H.: Technik, S. 44.
71 Jonas, H.: Technik, S. 41.
72 LD, S. 241; vgl. LWD, S. 106, 111.

ALLES LEBEN IST HEILIG

Albert Schweitzers Beitrag für eine Umweltethik

Angesichts der »totalen Krise«, vor der wir stehen, ist die Suche nach einer »Ethik der planetarischen Verantwortung« zur Überlebensfrage geworden. »Die Menschheit hat sich an den Gedanken zu gewöhnen, daß ihre erste und realste Verantwortung heute eine kollektive Verantwortung nicht nur für die eigene Gruppe oder die eigene Art, sondern für den Planeten als Ganzes geworden ist« (Carl Amery). Auf diese Weise »erhält die Ethik zum ersten Mal eine quasi kosmische Dimension, über alles Zwischenmenschliche hinaus« (Hans Jonas).
Und alle in diese Richtung zielenden bisherigen Versuche einer ›Ethik der neuen Situation‹ stimmen darin überein, daß die ökologische Krise nur gemeistert werden kann, wenn es gelingt, ein »Verzichtsprogramm« in die Praxis umzusetzen. »Jetzt und hier, so sagt uns die Pflicht, sollen wir unsere Macht zügeln, also unseren Genuß kürzen, um einer künftigen Menschheit willen.« Das drohende Unheil »erfordert Änderungen in unseren Verbrauchergwohnheiten, also in unser aller Lebensstil, und damit im gesamten Wirtschaftsgefüge, das ihm dient und gerade davon lebt« (Hans Jonas). Denn: »Wir haben nicht das Recht, unsere sozialen und ökonomischen Probleme auf Kosten kommender Generationen zu lösen. Der Reichtum der Welt ist das Kapital, das wir treuhänderisch zu verwalten haben. Wir dürfen von seinen Zinsen leben, es selbst jedoch nicht substantiell angreifen« (Robert Spaemann).
Die Bereitschaft zur freiwilligen Begrenzung der Freiheit also wird es sein, an der sich unser Schicksal entscheidet.
Aber ist unsere moralische Natur überhaupt dafür ausgerüstet? Und woher kommen die Orientierungspunkte für eine Ethik der planetarischen Verantwortung? Kennt die bisherige Ethik Prinzipien, die sich übernehmen lassen für die neue Auffassung von Rechten und Pflichten, mit der es eine bislang unbekannte ›Ethik der Voraussicht‹ zu tun hat – um von der sehr viel schwierigeren, wohl noch von niemandem gewußten fertigen Doktrin ganz zu schweigen? Auch wenn wir den Glauben an totale Lösungsrezepte der anstehenden Probleme getrost als Aberglaube zu Grabe tragen können, so bleibt dennoch die Frage: Woran sollen wir uns halten?
Merkwürdigerweise gehen die Antworten bei gleicher Zielsetzung völlig auseinander. Der eine – zum Beispiel der Naturwissenschaftler Hoimar von Ditfurth –

gibt den Rat, zu den alten Texten der Bibel zurückzukehren. Der andere – zum Beispiel der Philosoph Hans Jonas in seinem Buch ›Das Prinzip Verantwortung‹ (1979), demzufolge die Ethik heute nicht mehr auf Religion gegründet werden kann, da Religion faktisch irrelevant geworden sei – verlangt den entschlossenen Schritt in ein Neuland, das »für die ethische Theorie noch ein Niemandsland« sei. Und der eine wie der andere übersieht dabei oder läßt bewußt beiseite ein Drittes, an dem sich trotz ihrer völlig unterschiedlichen Vorgehensweise beide orientieren könnten: Albert Schweitzers Ethik der Ehrfurcht vor dem Leben. Sie ist bewußt nichtreligiös im elementaren Denken begründet, und sie ist in der Sache doch zugleich »die als denknotwendig erkannte Ethik Jesu«.[1]
Hans Jonas klammert auf der Suche nach neuen Regeln für eine neuartige Ethik die Religion ganz aus. Vielleicht, weil er Albert Schweitzer zu den religiösen Denkern stellt und deshalb unbeachtet läßt, kann er formulieren: »Alle traditionelle Ethik ist anthropozentrisch.« Ich füge hinzu: alle, mit Ausnahme der Ethik Schweitzers. Und im Blick auf das völlig neuartige Vermögen des Menschen, den qualitativen Sprung seiner Mächtigkeit, meint Jonas formulieren zu sollen: »Keine überlieferte Ethik belehrt uns daher über die Normen von ›Gut‹ und ›Böse‹, denen die ganz neuen Modalitäten der Macht und ihrer möglichen Schöpfungen zu unterstellen sind. Das Neuland kollektiver Praxis, das wir mit der Hochtechnologie betreten haben, ist für die ethische Theorie noch ein Niemandsland.«
Nachdem die Irrelevanz der anthropozentrisch beschränkten früheren Ethik am Tage ist, scheint es Jonas »zumindest nicht mehr sinnlos, zu fragen, ob der Zustand der außermenschlichen Natur, die Biosphäre als Ganzes und in ihren Teilen, die jetzt unserer Macht unterworfen ist, eben damit ein menschliches Treugut geworden ist und so etwas wie eine moralischen Anspruch an uns hat – nicht nur um unseretwillen, sondern auch um ihrer selbst willen und aus eigenem Recht. Wenn solches der Fall wäre, so würde es kein geringes Umdenken in den Grundlagen der Ethik erfordern. Es würde bedeuten, nicht nur das menschliche Gut, sondern auch das Gut außermenschlicher Dinge zu suchen, d. h. die Anerkennung von ›Zwecken an sich‹ über die Sphäre des Menschen hinaus auszudehnen und die Sorge dafür in den Begriff des menschlichen Guts einzubeziehen. Für eine solche Treuhänderolle hat keine frühere Ethik (außerhalb der Religion) uns vorbereitet – und die herrschende wissenschaftliche Ansicht der Natur noch viel weniger.«
Letzteres ist natürlich richtig. Aber daß uns nichts auf die ›Treuhänderrolle‹ vorbereitet hätte, das wird der nicht akzeptieren wollen, dem die Ethik Albert Schweitzers in ihrer die ganze Schöpfung umfassenden Weite gegenwärtig ist. Zwar ist unbestritten, daß den relevanten Horizont seines ethischen Denkens zu Beginn unseres Jahrhunderts nicht so sehr die ›unbestimmte Zukunft‹ als vielmehr ›der zeitgenössische Raum der Handlung‹ bildete. Aber der alte Albert Schweitzer hat ja den Beginn des Atomzeitalters noch erlebt, sich sachkundig gemacht und leidenschaftlich vor den Gefahren der Kernspaltung gewarnt. Mindestens in dieser

---

1 LD, S. 241

Hinsicht hat er also die einst ausreichende ›Ethik der Gleichzeitigkeit‹ hinter sich gelassen und bewußt eine ›Ethik der Voraussicht‹ ins Auge gefaßt.
Und auch dies war ihm klar, daß angesichts der atomaren Bedrohung die bislang gültige individuelle Verantwortungsethik durch eine kollektive ersetzt werden muß. »Der Weg des Friedens heute«[2] ist eine Sache der Völker und ihrer öffentlichen Meinung, nicht mehr der Regierungen. »Regierungen können durch solche, die anderer Meinung sind, abgelöst werden. Die Völker sind das Bleibende. Ihr Wille ist das Entscheidende.«[3] Und weiter: »Die Menschheit ist durch die Versuche gefährdet. Die Menschheit verlangt ihr Aufhören. Sie hat das Recht dazu.«[4]
Im übrigen ist die jetzt von Hans Jonas so eindrucksvoll geforderte »Universalisierung« der Ethik von Albert Schweitzer bereits 1923 zum Programm erhoben worden. Er war Anwalt einer Ethik, die die »Welt- und Lebensbejahung« in sich einschließt und die er als eine ins »Universelle erweiterte Ethik der Liebe«[5] konzipiert hat. In diesem Punkt hat seine Ethik heute keinerlei Nachholbedarf. Und selbst das derzeitige Kardinalproblem, die ungebremste Bevölkerungsexplosion, ist von ihr klar erfaßt: »Das Ziel, auf das von jetzt bis in alle Zukunft der Blick gerichtet bleiben muß, ist, daß die Entscheidung in völkerentzweienden Fragen nicht mehr Kriegen überlassen bleibt, sondern friedlich gefunden werden muß. Nur durch einen uns noch unvorstellbaren allgemeinen geistigen Fortschritt aller Völker der Menschheit kann es einmal dazu kommen, besonders da für die Zukunft überaus schwere Fragen zu erwarten sind. Die schwerste wird die des Rechtes auf nährenden fremden Boden sein, wie sie die fortschreitende Überbevölkerung mancher Länder mit sich bringen wird.«[6]
Die uns heute gestellten Aufgaben sind gewiß in vielfältiger Weise neue Aufgaben mit einer früher so nicht zu bedenkenden weitgreifenden Folgewirkung. Aber muß es deshalb auch die Theorie sein? Doch wohl nicht. Kurz nach dem Zweiten Weltkrieg war Albert Schweitzer in einem ›Interview im Urwald‹ Gelegenheit gegeben worden, Rückschau auf die seit seiner Kulturphilosophie stattgehabte Entwicklung zu halten. Ergebnis: Die Talfahrt der Kultur hält an, die sie beschleunigenden Kräfte sind potenziert, aber sonst unverändert am Werk, »eine ethische Ära« ist weniger »im Anzug« als je.[7] »Voll Trauer und mit einem tiefen Bewußtsein der Tragik« sieht Schweitzer nun, daß er in seinem Buch »richtig prophezeit«[8] hat. Und nach der Hoffnung für die Zukunft gefragt, antwortet er: »Meine Überzeugung ist die gleiche geblieben.«[9] Und er meint damit: An dem Grundprinzip des Sittlichen, der Ehrfurcht vor dem Leben, muß nichts geändert werden. Sie hat ihre Zeit nicht gehabt, sie hat sie immer neu vor sich.

2 WFH, S. 612.
3 WFH, S. 615.
4 FAk, S. 587.
5 LD, S. 241.
6 FAk, S. 611.
7 IU, S. 558.
8 IU, S. 558.
9 IU, S. 563.

Der Vorwurf der falschen Anthropozentrik mit ihren schlimmen Folgen der Hominisierung der Welt trifft die auf jenem Grundprinzip aufbauende Ethik ohnehin nicht. Eine in ihrer Grundgestalt als Ehrfurcht sich äußernde Ethik kann nämlich ihrem Wesen nach gar nicht auf die zwischenmenschliche Nächstenliebe beschränkt bleiben; sie geht auf alles Lebendige und drängt zur Wahrnehmung des Ganzen. Der Anthropozentrik der europäischen Philosophie mit ihrer ›Halb-Ethik‹ hatte Schweitzer jedenfalls von Anfang an den Kampf angesagt. Als den großen Fehler aller bisherigen Ethik bezeichnete er es, »daß sie es nur mit dem Verhalten des Menschen zum Menschen zu tun zu haben glaubte. In Wirklichkeit aber handelt es sich darum, wie er sich zur Welt und allem Leben, das in seinen Bereich tritt, verhält. Ethisch ist er nur, wenn ihm das Leben als solches, das der Pflanze und des Tieres wie des Menschen, heilig ist und er sich dem Leben, das in Not ist, helfend hingibt. Nur die universelle Ethik des Erlebens der ins Grenzenlose erweiterten Verantwortung gegen alles, was lebt, läßt sich im Denken begründen. Die Ethik des Verhaltens von Mensch zu Mensch ist nicht etwas für sich, sondern nur ein Besonderes, das sich aus jenem Allgemeinen ergibt.«[10]
Verantwortung für die Mitwelt und mitgeschöpfliche Solidarität sind somit für diese Ethik etwas Selbstverständliches. »Die Liebe zur Kreatur«, so heißt es bei der ersten öffentlichen Vorstellung seiner Ehrfurchtsethik in einer Straßburger Predigt, »die Ehrfurcht vor allem Sein, das Miterleben allen Lebens, mag es dem unseren äußerlich noch so unähnlich sein«,[11] dieses »Mittelstück zwischen der Liebe zu Gott und der Liebe zu den Menschen«,[12] von der Vernunft entdeckt, ist für Albert Schweitzer »der Anfang und das Fundament aller Sittlichkeit«.[13] Daß demjenigen, der auf diesem Fundament steht, sich jemals eine Situation auftun könnte, in der er ethisch im »Vakuum« steht, in der die Prinzipien einer Ehrfurchtsethik versagen können, das mag man nicht glauben. Das Gegenteil anzunehmen liegt viel näher. Und wo andere eine bisher nicht gekannte »Heuristik der Furcht« (Hans Jonas) zu bemühen Grund haben, um die für unsere Zeit nötige Verantwortungsethik zu konzipieren, da hat der auf jenem Fundament stehende Ethiker mit der Ehrfurcht vor dem Leben den stets zureichenden Grund für seine Theoriebildung und die daraus folgende Praxis. Denn seine Ethik selbst, diese und jede zukünftige, ist ihm »nichts anderes als Ehrfurcht vor dem Leben«. Sie gibt ihm »das Grundprinzip des Sittlichen ein, daß das Gute in dem Erhalten, Fördern und Steigern von Leben besteht und daß Vernichten, Schädigen und Hemmen von

10 Ähnlich in ELEL, S. 181 f.: »Die bisherige Ethik in unvollkommen, weil es es nur mit dem Verhalten des Menschen zum Menschen zu tun zu haben glaubte. In Wirklichkeit aber handelt es sich darum, wie der Mensch sich zu allem Leben, in seinem Bereich befindlichen Leben, verhält.« Und weiter S. 182: »Nur die Ethik des Erlebens der ins Grenzenlose erweiterten Verantwortung gegen alles, was lebt, läßt sich im Denken begründen. Die Ethik des Verhaltens von Mensch zu Mensch ist nicht etwas für sich, sondern etwas, das sich aus jenem Allgemeinen ergibt.«

11 SPEL, S. 125.

12 SPEL, S. 125.

13 SPEL, S. 125

Leben böse ist. Bejahung der Welt, das heißt Bejahung des Willens zum Leben, der um mich herum in die Erscheinung tritt, ist nur dadurch möglich, daß ich mich selber an anderes Leben hingebe. Aus innerer Nötigung, ohne den Sinn der Welt zu verstehen, wirke ich Werte schaffend und Ethik übend in der Welt und auf die Welt ein. Denn in Welt- und Lebensbejahung und in Ethik erfülle ich den Willen des universellen Willens zum Leben, der sich in mir offenbart. Ich lebe mein Leben in Gott, in der geheimnisvollen ethischen Gottespersönlichkeit, die ich so in der Welt nicht erkenne, sondern nur als geheimnisvollen Willen in mir erlebe.«

Die Herausforderung durch die totale Krise muß uns also keineswegs ethisch unvorbereitet treffen. Und der »Versuch einer Ethik für die technologische Zivilisation« muß entgegen der Annahme von Hans Jonas nicht in einem ethischen Vakuum beginnen. Die von ihm konzipierte Verantwortungsethik kann man vielmehr im Verhältnis der Komplementarität zur Ehrfurchtsethik Albert Schweitzers sehen. Darauf deutet vor allem, daß bei Jonas Begriffe wieder ethisch ins Recht gesetzt werden, die für Albert Schweitzer zentral sind: Ehrfurcht, Demut und Heiligkeit des Lebens.

Schweitzer würde sich bestätigt fühlen, wenn er läse, daß es neben dem physischen Überleben vor allem auch um die »Unversehrtheit des Wesens« und das »Menschenbild« gehe und daß eine Ethik, »die beide zu hüten hat, über die Klugheit hinaus eine solche der Ehrfurcht« zu sein hat. Er könnte nur zustimmen, wenn gesagt wird, daß die Verantwortung für das mir begegnende, mir anvertraute oder von meinem Handeln betroffene Leben das fundamentale Paradigma des Sittlichen sei. War es denn – im Prinzip – jemals anders? Wird es jemals anders sein? Doch wohl nicht. Und die Frage, »ob wir ohne die Wiederherstellung der Kategorie des Heiligen [...] eine Ethik haben können, die die extremen Kräfte zügeln kann, die wir heute besitzen und dauernd hinzuerwerben und auszuüben beinahe gezwungen sind« (Hans Jonas), muß an Albert Schweitzer gar nicht erst gerichtet werden. Weil ihm das geschaffene Leben, alles Leben, heilig war, wurde ihm die Ehrfurcht davor zur Denknotwendigkeit. »Die Kasuistik der Fälle« ist dann natürlich immer noch »etwas für sich«.

Aber man kann jedenfalls verstehen, daß Albert Schweitzer nicht ohne eine gewisse Genugtuung und sicher nicht ganz zu Unrecht im Jahre 1951 schreiben konnte: »Vor 25 Jahren habe ich die Unerkennbarkeit der Welt und die Unmöglichkeit, eine Philosophie auf Welterkenntnis aufzubauen, proklamiert. Nun wird die Fachphilosophie durch die Wendung, die die Naturwissenschaft genommen hat, genötigt, sich diesen Standpunkt zu eigen zu machen. Daß sie dies einmal tun müßte, hätte sie zur Zeit, als meine Kulturphilosophie erschien, nicht in Betracht gezogen. So kommt sie nun auch dazu, sich mit der Ethik der Ehrfurcht vor dem Leben zu befassen.«

EHRFURCHT VOR DER WAHRHEIT

Albert Schweitzers Bibelverständnis*

Walter Schmithals zum 70. Geburtstag

Der Begriff ›Ehrfurcht vor der Wahrheit‹ ist für Albert Schweitzer ebenso charakteristisch, wie es der viel bekanntere Begriff der ›Ehrfurcht vor dem Leben‹ ist. Im Vorwort zu seinem ausgereiftesten theologischen Werk ›Die Mystik des Apotels Paulus‹ heißt es: »Die Erforschung der geschichtlichen Wahrheit als solcher gilt mir als ein Ideal, dem die wissenschaftliche Theologie nachzustreben hat. Noch immer bin ich überzeugt, daß die bleibende geistige Bedeutung, die das religiöse Denken der Vergangenheit für das unsrige hat, sich am stärksten auswirkt, wenn wir mit jener Frömmigkeit, so wie sie wirklich war, nicht wie wir sie uns zurechtlegen, in Berührung getreten. Ein Christentum, das die historische Wahrheit nicht in den Dienst der geistigen zu stellen wagt, ist innerlich nicht gesund, auch wenn es sich stark vorkommt. Die Ehrfurcht vor der Wahrheit als solcher, die in unserem Glauben sein muß, wenn er nicht zum Kleinglauben werden soll, begreift auch die Achtung vor der historischen Wahrheit in sich.«[1]

Die Ehrfurcht vor der Wahrheit, die historische eingeschlossen, schützt unseren Glauben davor, zum Kleinglauben zu werden! Das ist ein Schlüsselsatz zum Verständnis der Art und Weise, wie Schweitzer seine Arbeit als Theologe verstanden hat. Die Stichworte, die er in diesem Zusammenhang nennt, lauten: »Absolute Wahrhaftigkeit. Kein sacrificium intellectus. Nichts zur Wahrheit hinzuerfinden. Glaube an die Wahrheit. Wahrhaftigkeit ist das Fundament von Allem.«[2]

Also auch das Fundament der Bibelauslegung! Hier gebietet die Ehrfurcht vor der Wahrheit – »und auch die historische Wahrheit hat Anspruch auf Ehrfurcht [...] – daß wir die Dinge nehmen, wie sie sind, und die Schwierigkeiten, so schmerzlich sie für uns sind, anerkennen«[3]. Schweitzer sagt das vor dem Hintergrund jener vir-

* Vortrag im Rahmen der Tagung ›Der Geist spricht. Albert Schweitzer und die Bibel‹ in der Evangelischen Akademie der Pfalz, Haus Mühlberg, Enkenbach-Alsenborn, Freitag, dem 31. Januar 1992; wiederholt am DIES der Universität Bonn am 2. Dezember 1992.

1 MAP, S. 22 f.

2 RHGL, S. 195.

3 RHGL, S. 181.

tuos geübten Bibelauslegung, die darauf ausgeht, auch das schwer Bekömmliche in der Schrift für unsere moderne Zeit bekömmlich zu machen. »Es ist aber ein gefährliches Experiment«, so kann Schweitzer mit der ihm zu Gebote stehenden Sprachkraft des Gleichnisses sagen, »es ist aber ein gefährliches Experiment, alten Wein umzufüllen, denn man verschüttet leicht davon und oft verdirbt er. Seien wir ganz, ganz ehrlich mit uns selbst. Haben wir nicht zu viel guten Willen und zu viel Geschick in dem Zurechtlegen der Worte Jesu auf unsere Verhältnisse? Hobeln wir das Brett nicht zu dünn? Würzen wir uns nicht ein Schlaftränklein, um uns bei den heutigen Zuständen zu beruhigen? Wenn man Jesu Forderungen hübsch glattgestrichen hat, daß man sie bequem in unsere modernen Verhältnisse hineinfalten kann – zuletzt geht es doch nicht, [...] beim letzten Zug überdreht sich die Schraube und man muß wieder von vorn anfangen. Wir können tun, was wir wollen, wenn wir gegen uns selbst wahrhaftig bleiben, werden wir nicht fertig mit seinen Worten.«[4] Und er fährt fort: »Was hilft es, daß wir Jesu Worte mit den Stricken der modernen und modernsten Auslegung binden? Es hilft doch nichts, sie zerreißen, und dann fallen seine Forderungen die Menschen an und tun ihnen Gewalt an, und jeder muß für sich sehen, wie er mit ihnen fertig wird. Und wer über diesen innern Zwiespalt hinausgekommen ist, der ist nicht glücklich, sondern tot. Jesus hat gesagt: Ich bin nicht gekommen, den Frieden zu bringen, sondern das Schwert. Wer wagt es, die Schwerter stumpf zu machen?«[5]

Schweitzer möchte also die biblischen Aussagen auf keinen Fall glätten, für unser modernes Denken gefügig machen. Die Ehrfurcht vor der Wahrheit gebietet ihm, sie zu nehmen, wie sie sind. Und er ist überzeugt, daß die Gedankenwelt der Bibel »mehr zu sagen hat, wenn sie in dem Feuer ihrer urchristlich eschatologischen Gedanken zu uns redet, als wenn sie modern dogmatisch oder modern undogmatisch umgedeutet wird«[6].

Ehe ich im zweiten Teil darauf eingehe, *wie* Schweitzer dieses Programm der Schriftauslegung durchführt, möchte ich im ersten Teil die *Voraussetzungen* für dieses Programm erörtern. Schweitzers Schriftverständnis ist nämlich ohne sein übergreifendes Religionsverständnis überhaupt nicht zu verstehen. Und das ist ja nicht das konfessionell-kirchliche gewesen, obwohl Schweitzer ordinierter Geistlicher der Protestantischen Kirche des Elsaß war und zeitlebens geblieben ist. Ich frage also zunächst: Welche Bedeutung kommt der Bibel im Zusammenhang seines Religionsverständnisses zu (I)? Und danach frage ich, wie er die Schrift auslegt (II).

4 GNTe, S. 146.
5 GNTe, S. 147.
6 MAP, S. 23.

I

Welche Bedeutung hat die Bibel im Zusammenhang mit Schweitzers Religionsverständnis? Vom 16. bis 25. Oktober 1934 hält Albert Schweitzer in Oxford vier Vorlesungen über ›Die Religion im heutigen Geistesleben‹.[7] Er beginnt sie mit dem Eingeständnis der *Niederlage* der Religion. Ich zitiere: »Fangen wir gleich mit der ersten Frage an: Ist die Religion eine geistige Macht in unserem Geistesleben? Ich antworte ohne Zögern, und Sie antworten mit mir: Nein. Gewiß: Es ist noch Religion in den christlichen Kirchen wie im Volk. Es gibt viele nach Frömmigkeit strebende Menschen in unserer Zeit. Die Religion leistet noch etwas. Sie hat Werke der Wohltätigkeit aufzuweisen, auf die sie stolz sein darf. Es sind auch viele religiöse Bedürfnisse unter den Menschen, die der Kirche nicht mehr oder kaum mehr angehören. Dies alles bin ich froh, Ihnen und mir zugeben zu dürfen. Aber an der Feststellung, daß die Religion keine geistige Macht mehr in unserem geistigen Leben ist, wird dadurch nichts geändert.«[8]
Den schlagenden Beweis dafür sieht Schweitzer in der Tatsache, daß »die Religion [...] nichts gegen die geistigen Kräfte vermocht [hat], durch die der Krieg [1914/18] heraufgeführt wurde«[9]. »Als der Krieg da war, hat sie nicht ihre Würde gewahrt, sondern kapituliert. Sie hat sich mobilisieren lassen. Sie ließ sich dazu gebrauchen [...] mitzuhelfen, dem Volke den Mut zu geben, den Kampf durchzuhalten und ihm die Überzeugung gegeben, daß es nicht nur für seine Existenz kämpfte, sondern für die Sache der Gerechtigkeit und für die Rettung der geistigen Güter der Menschheit. Dies alles ist begreiflich aus der Notlage, in die die Religion durch die Notlage des Volkes kam. Aber darum ist nicht minder wahr, daß in dem Kriege die Religion ihre Hoheit und Reinheit verlor und mit dem Geiste der Welt zusammenging. In dem Kriege hat es in allen Ländern einen Besiegten gegeben: Die Religion.«[10] Mit einer merkwürdigen Aktualität seiner Worte fährt er fort, daß »das, was in der Jetztzeit vor sich geht«, die Niederlage der Religion »völlig offenbar« mache. »Gewiß, sie erhebt in dem Chaos, in dem unsere Kultur dem Untergange zugeht, hie und da ihre Stimme. Aber sie vermag nur zu protestieren, nicht zu befehlen. Der Geist der Zeit hört nicht auf sie. Er folgt seinen eigenen Eingebungen.«[11]
Warum hält Schweitzer dennoch der Religion in der Gestalt des Christentums die Treue? Warum gibt er seine theologische Existenz nicht auf? Nun: Trotz aller Niederlagen, trotz ihrer Wirkungslosigkeit im geistigen Ringen unserer Zeit: Religion ist ihm *die* »Hüterin« der »ethischen Ideale«, die es gegen die »Inhumanitätsideale und Sinnlosigkeitsideale« zu verteidigen gilt.[12] Vor allem die Evangelien des

---

7 RHGL, S. 195.
8 RHGL, S. 168.
9 RHGL, S. 168.
10 RHGL, S. 169.
11 RHGL, S. 169.
12 RHGL, S. 168.

Neuen Testaments, und hier besonders die Bergpredigt, sind ihm ein unerschöpfliches und durch nichts zu ersetzenden Potential ethischer Ideale, das man nicht preisgeben darf.
Der Antwort auf die Frage, warum Schweitzer an der Religion in der Gestalt des Christentums unbeirrbar festgehalten hat, kommt man am nächsten, wenn man hört, wie er die folgende, selbstgestellte Frage beantwortet: »Welches ist das eigentliche geistige Bedürfnis, auf das die Religion eine Lösung zu geben hat?«[13] Er antwortet: »Religion hat es mit meinem Verhältnis zum Sein zu tun, mit dem Geheimnis des Lebens. Ich lebe in der Welt. Ich bin eins mit ihr wie der Wassertropfen mit dem Flusse. Ich gehöre der Welt in natürlicher Weise an. Ich könnte nun einfach sein wie der Wassertropfen, der in dem Strome dahinfließt, könnte mein Leben in dem Leben der Welt dahinfließen lassen, tun, was mir Genuß bringt, lassen, was mir Leid bringt, bis es ein Ende nimmt. Also einfach für mich sein. Aber dies kann ich nicht. So ein Ding sein. Vegetieren. Sondern ich will mein Leben erleben. Ich will in diesem Flusse schwimmen. Ich bin etwas Lebendiges, nicht nur ein Stück Welt. Ich bin Geist. Ich will das Sein meines Lebens verstehen in der Welt. Ich muß es. Aus zwei Gründen: 1) Wie habe ich die Kraft, alles Leiden, das mir das Leben bringt, zu ertragen, ohne daran geistig zugrunde zu gehen? 2) Wie finde ich die Freudigkeit zum Wirken? Ich bin ja kein Ding. Das Leben ist Tun. Wie verstehe ich mein Tun?«[14] Antwort: Durch die Religion, deren Wesen das *Ethische* ist. Und diese ›Wahrheit‹ weiß Schweitzer durch jene Autorität sichergestellt, die ihm in dieser Sache die höchste Aurorität ist: Jesus. Und er folgt ihm nach wie einst die Jünger am Gestade des Sees, die nicht wußten, wer Er war, die aber in seiner Nachfolge erfahren sollten, wer Er ist.[15]
Die Autorität Jesu ist es, die Schweitzer letztlich bei der Sache der Theologie hält. Karl Barth hat im November 1928 anläßlich einer Begegnung in Münster/Westfalen zu Albert Schweitzer gesagt, er, Schweitzer, »sei ein Mensch des 18. Jahrhunderts«[16]. Das ist insofern zutreffend, als sich Albert Schweitzer dem Rationalismus des 18. Jahrhunderts besonders zugetan wußte. Damals bestand, was im 19. Jahrhundert verloren gegangen war und was Schweitzer im 20. Jahrhundert zurückzugewinnen trachtet: die »Einheit von Denken und Religion«. »Das Denken war religiös und die Religion denkend.«[17] Was beide eint, sind die *ethischen Ideale*, die sich dem Denken ebenso als Erkenntnis ergeben wie der geoffenbarten Religion. Was das Denken und das überlieferte Christentum miteinander gemeinsam haben, ist »die ethische Fundamentalreligion«. »In dieser begegnen sie sich.«[18] Wegen dieser Einheit zwischen Denken und Religion war das 18. Jahr-

13 RHGL, S. 186a.
14 RHGL, S. 186a, 187.
15 Vgl. die berühmten Schlußsätze aus GLJF, S. 887.
16 Barth, Karl: Gesamtausgabe, Bd. V: Briefe, S. 628.
17 RHGL, S. 169.
18 RHGL, S. 176.

hundert »zu großen Reformen fähig«: »Es steht nicht unter der Herrschaft der Wirklichkeit, sondern es herrscht über die Wirklichkeit. Es nimmt den Kampf mit dem Aberglauben auf. Die Hexenverbrennungen hören auf. Es führt das Prinzip der Humanität in die Gesetzgebung und die Rechtsprechung ein. Die Folter wird abgeschafft. [...] Die Menschenrechte (droits de l'homme) werden proklamiert. [...] Eine letzte Leistung dieser großen ethischen Reformbewegung ist die Abschaffung der Sklaverei im 19. Jahrhundert.«[19] Damals hat sich »der religiöse Geist« vorgenommen, »mit der Idee des Reiches Gottes, die er in der Religion Jesu findet, Ernst zu machen und das Reich Gottes auf Erden zu begründen. Der ethische Fortschrittsglaube jener Zeit ist so stark, daß er sich dieses Ziel zu setzen wagt.«[20] Schweitzer bewundert das, und er nennt zwei Einflüsse, die es möglich gemacht haben, daß im 18. Jahrhundert das Denken selber religiös wurde und sich so eine »ethische Vernunftreligion« bildete, der sich Schweitzer lebenslang verpflichtet wußte. Der eine Einfluß ist der Stoizismus der Antike, genauer der Spätstoizismus eines Seneca (4 v.C. bis 65 n.C.), eines Epiktet (geb. 50 n.Chr.) und eines Marc Aurel (127-180).

Der andere Einfluß – und damit sind wir unmittelbar bei unserem Thema – kam von den *Evangelien.*[21] Beide, die Stoa und die Evangelien, stellen übereinstimmend fest, und zwar als das eigentlich »Wichtige«, daß »die Ethik der Liebe« *»vernunftgemäß«* sei.[22] Diese Erkenntnis war es, die im 18. Jahrhundert dazu führte. Religion als eine »Denkwahrheit« zu verstehen[23] – unter maßgeblichem Anteil der Evangelien! Schweitzer betont in diesem Zusammenhang, wie wichtig es war, »daß durch die Reformation wieder die Lektüre der Bibel aufkommt«[24]. Denn bei dieser Lektüre stößt man darauf, daß »in der Predigt Jesu sich eine ethische, undogmatische Religion« findet,[25] genau die, welche das 18. Jahrhundert favorisierte und der sich Schweitzer zugetan wußte. Diese undogmatische Religion gibt seiner Bibelbeschäftigung das Motiv, das Maß und das Ziel: Schweitzer geht »auf die einfache Lehre Jesu« zurück und gelangt so »zu einer ethischen Religion, die mit der von dem Denken aufgestellten identisch ist«.[26] Hingegen die Dogmen und das Konfessionschristentum läßt er auf sich beruhen. Hier kann es keine Übereinstimmung von Vernunft und Glaube geben. Wohl aber bei dem, was »das Wichtige« ist, das ist »die Ethik der Liebe«. Hier ist »die Übereinstimmung zwischen Vernunft und Evangelien«[27] unstreitig. Die Ethik der Liebe muß sich nicht gegen die Vernunft verteidigen; sie hat die Vernunft als Mitstreiterin.

---

19 RHGL, S. 170 f.
20 RHGL, S. 171.
21 RHGL, S. 176a.
22 RHGL, S. 176a.
23 RHGL, S. 170.
24 RHGL, S. 176a.
25 RHGL, S. 176a.
26 RHGL, S. 176a.
27 RHGL, S. 176a.

Wir können also sagen: Der genau vor 90 Jahren, im März 1902, als Bibelexeget antretende Privatdozent Dr. Albert Schweitzer war in seinem *Denken* ein Rationalist, in seiner *persönlichen Frömmigkeit* aber ein Pietist. Während das sonst überall unversöhnliche Gegensätze sind, sagt Schweitzer von sich: »Ich bin ein rationalistischer Pietist.«[28] Das ist er tatsächlich! Und zwar ganz ähnlich wie seine elsässischen Vorgänger Philipp Jakob Spener und Johann Friedrich Oberlin. Und nicht nur formen die Unverzichtbarkeit des Denkens hier und die lebendige Frömmigkeit dort sein Wesen zu gleichen Teilen. Seine Überzeugung ist vielmehr: »Alles bis zu Ende gehende Denken ist religiös.«[29] Die »Einheit von Religion und Denken« ist für Schweitzer begründet darin, daß beide »denselben Inhalt« haben, nämlich das Geheimnis des Lebens. Und diese Einheit *verwirklicht* sich »in der Religion der Liebe«.[30] Von daher sind Rationalismus und Pietismus vielleicht gar keine Gegensätze mehr. »Vielleicht zeigt gerade Schweitzer als lebendiges Beispiel die innerste Verbundenheit von beidem auf? Man muß ja bei ›Rationalismus‹ nicht sofort an ›Aufklärung‹ und bei ›Pietismus‹ nicht gleich an ›Engstirnigkeit‹ denken!«[31]

Nur einem engstirnigen Konfessionschristentum stand Schweitzer sehr kritisch gegenüber. Der Grund ist ein ganz einfacher: In einem dogmatisch verfestigten und konfessionell geprägten Christentum gab Schweitzer der Freiheit des Denkens keine Chance. Im Gegenteil! Hier lauerte für ihn die Gefahr der Ertötung des Denkens. »Was nützt der modernen Theologie alle geschichtliche Gelehrsamkeit, wenn die Ehrfurcht vor der Vernunft ins Wanken kommt und der Eifer für sie erkaltet!«[32]

Schweitzer ist also nicht nur der Anwalt der Ehrfurcht vor dem Leben gewesen; mit gleicher Entschiedenheit ist er für die *Ehrfurcht vor der Wahrheit* eingetreten.

II

Nun zu Albert Schweitzers Schriftverständnis im Vollzug seiner Evangelienauslegung.

Von 1901 bis 1904, während seiner frühen Straßburger Jahre als neutestamentlicher Privatdozent also, ließ Albert Schweitzer im ›Evangelisch-Protetantischen Kirchenboten für Elsaß und Lothringen‹ in regelmäßiger Folge ›Gespräche über das Neue Testament‹ erscheinen, die als ›Anleitung‹ gedacht waren, »wie ein erwachsener Christ selbständig für sich die Bibel lesen soll«[33]. Lange führten diese aufschlußreichen hermeneutischen Bemühungen im Schweitzer-Archiv in

---

28 Zit. bei Buri, F.: Theologe, S. 32.

29 Aus: Unveröffentlichte Skizzen und Vorlesungen zum Thema ›Kultur und Ethik in der Weltanschauung der Religionen‹; vgl. Brüllmann, R.: Albert-Schweitzer-Zitate, S. 84.

30 Brüllmann, R.: Albert-Schweitzer-Zitate, S. 85.

31 Wölfel, E.: Albert Schweitzer als Christ, S. 131.

32 GLJF, S. 848.

33 GNTe, S. 13.

Günsbach ein recht apokryphes Dasein. Daß der Hamburger Erziehungswissenschaftler Winfried Döbertin sie daraus hervorgeholt hat, ist zu begrüßen. Denn in der Summe bieten die Artikel nicht weniger als Schweitzers Verständnis vom *Wesen des Christentums*, das es in dieser geschlossenen, allgemeinverständlichen Form bisher nicht gab.[34] Vor allem legen sie offen, welchen Rang und welche Bedeutung für ihn das Neue Testament hat.

Der erste Aufsatz fungiert als hermeneutischer Leitartikel: ›Wachset in der Erkenntnis‹.[35] In ihm werden Motiv und Ziel der Artikelserie geklärt. »Unwissenheit in der Bibel« rechnet Schweitzer zu den »schlimmsten Schäden unserer Zeit«[36]. Denn die Bibel ist die »Quelle der Weisheit«[37], ja »Qelle der geistigen Wahrheit«[38]. Aber das ist sie nur dem *wissenden*, jedoch nicht dem *blinden* Glauben. Der Bewahrheitung dieser These gelten die ›Gespräche‹. Oder anders gesagt: Schweitzer will die Gesprächsteilnehmer von einem *blinden* Glauben weg- und zu einem *wissenden* Glauben hinführen. Er schreibt: Der Glaube ist wie »ein Acker, den man von Zeit zu Zeit pflügen muß, damit das Unkraut des Aberglaubens, der Vorurteile und der Engherzigkeit umgefahren wird und der Boden für den richtigen und gesunden Glauben bereitet wird. Es hat Zeiten gegeben, wo man auf dem Acker des Glaubens alles wachsen ließ, wie es eben kam. Das war im Mittelalter. Niemand sollte nachforschen, ob alles sich von Anfang an so verhalten habe, wie es die Kirche lehrte, ob man einen Papst, eine Messe, Absolution, Ablaß und dergleichen von jeher kannte. Als nun fromme Männer zur Zeit der Reformation den Acker betrachteten, da erschraken sie nicht wenig, statt eines Kornfeldes eine Wildnis zu haben, und es hat Schweiß und harte Kämpfe gekostet, bis sie ihn wieder einigermaßen ordentlich bestellt hatten. Sie wären damit nicht zustande gekommen, wenn Gott nicht kundige Pflüger gegeben hätte: gelehrte Männer wie Butzer, Luther, Melanchthon, Zwingli und Calvin. Darum geben wir etwas auf Gelehrsamkeit in Glaubenssachen, so lang wir Protestanten sind. Wie es nicht genügt, daß ein Feld nur einmal gepflügt und gesäubert ist, sondern diese Arbeit jedes Jahr wiederholt werden muß, so dürfen wir uns nicht zufrieden geben, daß die Reformatoren einmal mit Aberglauben und Irrtümern aufgeräumt haben, sondern jedes neue Menschenalter muß dieselbe Arbeit an sich unternehmen, sonst wächst unversehens wieder das Unkraut.«[39]

Schweitzer ist überzeugt, daß man mit der Wissenschaft dem Glauben dienen kann. Denn der kann nach seinen Vorstellungen ja nichts anderes sein als eine »Denk-Religion«, die Antwort gibt auf die »Ur-Fragen« der Menschheit: »Was

34 Gräßer, E.: Rezension zu GNTe, S. 415 f.
35 GNTe, S. 9.
36 GNTe, S. 12.
37 GNTe, S. 13.
38 GNTe, S. 12.
39 GNTe, S. 9 f.

kann ich wissen? Was soll ich tun? Was darf ich hoffen?«[40] Welches ist der Sinn meines Lebens im Dasein der Welt?
Die Antworten, welche die Lehre des christlichen Glaubens auf diese Fragen gibt, unterscheiden sich in der Sache nicht von den Antworten, welche die Philosophie gibt, nur daß das Christentum »die Wahrheit noch viel reiner« enthält. Ein gradueller, kein grundsätzlicher Unterschied also! Und deshalb ist »die Wissenschaft nicht nur mit dem Glauben vereinbar, sondern sie klärt und belebt ihn«. »Das tut unserer Zeit besonders not. Zwar ist man heutzutage wißbegieriger denn je. Die Leute können nicht genug erfahren, was in der Natur vorgeht, durch seine Zeitung will jeder nach einigen Stunden schon wissen, was sich am andern Ende der Welt zugetragen hat; jedem Kind sagt man, daß nur der, welcher viel weiß, im Leben vorwärts kommt. Aber wenn man dieselben Leute fragte, was sie vom Neuen Testament wissen, wenn sie einem sagen sollten, was in der Bergpredigt steht, dann blieben sie die einfachsten Antworten schuldig. Das hindert nicht, daß diese gerade, wenn die Rede auf die Religion und die Bibel kommt, am ersten spotten. Diese Unwissenheit in der Bibel ist einer der schlimmsten Schäden unserer Zeit. Es ist ein Hohn auf die Reformation. Sie hat allen die Bibel zugänglich gemacht, daß jeder daraus seine Glauben schöpfen könne – und so wird diese kostbare Gabe mißachtet. Achtlos geht die Menschheit an der Quelle der geistigen Wahrheit vorüber. Aber es kommt die Zeit und vielleicht ist sie nicht so fern, wo sie in der Wüste des irdischen Getriebes von einem Durst nach der Quelle der Weisheit erfaßt wird, der sie zur Bibel zurückführt.«[41]
Als Schrift ist die Bibel kein vom Himmel gefallenes oder vom Heiligen Geist diktiertes Buch. Sie ist »Gottes Wort durch Menschen geschrieben«, durch Menschen gesammelt und durch Menschen übersetzt ins Lateinische, Äthiopische, Gotische, Deutsche usw.[42] »Es muß so sein«, führt Schweitzer zur Begründung an, »denn beruht nicht das Christentum in seinem innersten Wesen auf der Vereinigung des Göttlichen und des Menschlichen? Besteht nicht das Geheimnis der Person unseres Herrn Jesu darin, daß Gott sich vollkommen in einem Menschen geoffenbart hat?«[43] Und wie bei Jesus das Menschliche an ihm »nicht eine Art notwendiger Unvollkommenheit« ist, sondern recht eigentlich seine Heiligkeit ausmacht, so ist es auch bei der Bibel: »Das Menschliche« in ihr »ist selbst heilig«.[44]
Das Geheimnis der Schrift sucht Schweitzer daher nicht in ihrem göttlichen, sondern in ihrem menschlichen Charakter. Er sagt: »Was sind doch die Menschen so kleinlich und so oberflächlich, wenn die Rede auf die Widersprüche und Unvollkommenheit der Schrift kommt! Die einen meinen, wenn sie das alles aufdecken, dann haben sie die Schrift gerichtet und damit auch die göttliche Wahr-

40 RHGL, S. 186a.
41 GNTe, S. 12 f.
42 GNTe, S. 14, 35.
43 GNTe, S. 14 f., vgl. S. 21.
44 GNTe, S. 16 f.

heit, die darin enthalten ist. Die anderen suchen die Widersprüche zu verheimlichen und auszugleichen in der Meinung, damit der Schrift einen Dienst zu leisten und die göttliche Wahrheit zu retten. Beide irren. Das Menschliche an der Schrift mit allen Unvollkommenheiten ist nicht wie der Staub, der auf einem geheimnisvollen Spiegel liegt, daß nun der eine höhnisch sagt, ›man sieht nichts‹, und der andere sich abmüht ihn wegzuwischen, damit man hindurchschauen könne; sondern das Menschliche ist der See, in dem die Sonne der göttlichen Wahrheit sich spiegelt. Ob auch der Wind die Wellen bewegt, das Bild der Sonne erscheint doch glitzernd und hell darin, gerade durch das wechselnde Spiel der Wellen. Darum haben wir keine Angst, daß jemals eine Gelehrsamkeit, die auf das Menschliche in der Schrift ausgeht, ihr schaden könne. Im Gegenteil. Wir sagen: forschet nach dem Menschlichen! Laßt uns hineinblicken in die Herzen derjenigen, die hier das Evangelium zu uns reden, damit wir sie recht und immer besser verstehen! Zeigt uns die Menschen in der heiligen Schrift – und in den Menschen werden wir Gottes Größe und Wahrheit erkennen!«[45]

Forschet nach dem Menschlichen! Kein anderer Satz könnte Schweitzers Schriftverständnis knapper und präziser umreißen. Und weil er sicher ist, daß dieses Forschen nach dem Menschlichen von der Bibel nicht enttäuscht wird, ist das Lesen in der Bibel für ihn etwas Unverzichtbares. Ja, er beklagt sogar, daß in den protestantischen Gottesdiensten »das Lesen der Bibel zu kurz kommt«[46]. Zuviel Predigt (= Reden *über* das Schriftwort), zu wenig Bibellese (= Lesen *in* der Schrift). Und zwar Schriftlesung nach der Lutherbibel! Martin Luthers Übersetzung des Neuen Testaments von 1522 gehört für Schweitzer »zum größten, was in der Art vielleicht je auf der Welt geleistet worden ist«[47]. Er sagt: »Ob man's auch hundertmal probiert, ein Gleichnis Jesu anders zu übersetzen als es Luther getan, man bringt's nicht besser fertig. So einfach, so anschaulich und schlicht klingen sie durch in der deutschen Sprache, daß man meint, Jesus hätte sie in Deutsch geredet. *Denn das Deutsche ist durch Luther Bibelsprache geworden.* Man darf es ruhig sagen: *die lutherische Übersetzung ist uns heilig.*«[48] Darum lehnt Schweitzer revidierte Lutherbibeln ab, auch wenn er nicht verkennt, daß Luthers Übersetzung hier und da Fehler enthält. Aber das sind ihm »Kleinigkeiten«, die keinen Grund gäben, »an einem so ehrwürdigen Werk herumzuflicken«[49]. »Gleichen wir«, so fragt er in einer ganz bezeichnenden Art, »gleichen wir mit dieser verbesserten Bibel nicht den Leuten, welche ihre guten alten Möbel durch neumodische ersetzen wollen?«[50]

---

45 GNTe, S. 17.
46 Brüllmann, R.: Albert-Schweitzer-Zitate, S. 18.
47 GNTe, S. 37.
48 GNTe, S. 38.
49 GNTe, S. 38.
50 GNTe, S. 38.

»Die Wahrheit verlangt Ehrfurcht, aber sie duldet keine Furcht.«[51] Und so packt Schweitzer in seinen Gesprächen über das Neue Testament auch furchtlos sogenannte heiße Eisen an, zum Beispiel offensichtliche Widersprüche, unerfüllte Weissagungen Jesu, die Wunderfrage u.a. Die Geburtserzählungen bei Matthäus und Lukas werden beispielsweise unbefangen *Legenden* genannt, mit denen die erste Christenheit »die weißen Blätter des Ursprungs Jesu ausfüllte«[52]. An Eugen Drewermann muß denken, wer die folgenden Sätze Schweitzers liest: »Es ist unrecht, einen Christen heutiger Tage auf etwas verpflichten zu wollen, von dem wir keine bestimmte Kunde besitzen. Jesus hat seinen Jüngern nichts über seine Geburt und seine Abkunft erzählt – und obwohl sie nicht darüber wußten, glaubten sie doch an ihn, um seiner Rede und seiner Werke willen. So ist auch unser Glaube unabhängig von irgend einer Vorstellung über die Abstammung und die Geburt Jesu.«[53] Das weiß auch der Erzbischof Degenhardt in Paderborn. Der Verdacht ist nicht von der Hand zu weisen, daß er gegen besseres Wissen handelt. Drewermann möchte die Geburtsgeschichte Jesu als Symbol verstehen und deuten. Das tut auch Schweitzer: »Es ist das goldene Laubgewinde um die Wiege unseres Erlösers. Der fromme Geist der ersten Zeit spricht aus diesen Erzählungen zu uns, und die Erinnerungen unserer Kindheit leben darin. Sie enthalten gar tiefe Gedanken. Jesus, der Herr, in Niedrigkeit und Armut geboren, von armen Hirten zuerst erkannt, von den Weisen verehrt und auf der Welt durch Engel verkündet mit dem Gesang: *Friede auf Erden.* Wir fühlen uns in das Land unseres Erlösers versetzt, wo uns alles so fremd und doch so traulich anmutet. Wenn am Weihnachtsabend die Sterne auf der beschneiten Flur glitzern, dann zieht unser Sinnen hinaus, weit, weit in eine andere Welt, unter einen anderen Himmel: *›und es waren Hirten in derselbigen Gegend auf dem Felde bei den Hürden‹.*«[54]
Ausdrücklich plädiert Schweitzer dafür, daß es in solchen Fragen erlaubt sein muß, »verschiedener Ansicht« zu sein: »Kein Christ darf etwas ungeprüft als Glauben annehmen. Nicht der Unglaube ist der gefährlichste Feind des Christentums, sondern die Gedankenlosigkeit, die da wähnt, wir *müssen* nun etwas, weil es im Glaubenbekenntnis überliefert ist, einfach annehmen.«[55] Nein! »Jeder soll's damit halten, wie es ihm sein Gewissen gebietet.«[56] Nur »eines darf man nicht: spotten und leichtsinnig darübr reden, denn das ist Sünde«[57].
Ehrfurcht vor der Wahrhaftigkeit! Sie verlangt Behutsamkeit und Toleranz dort, wo die biblischen Symbole zu verschiedenen Ansichten führen. Aber sie verlangt auch Unnachgiebigkeit und Härte dort, wo gegen besseres Wissen etwas aufge-

---

[51] GNTe, S. 166.
[52] GNTe, S. 45.
[53] GNTe, S. 46.
[54] GNTe, S. 46.
[55] GNTe, S. 47, 50.
[56] GNTe, S. 51.
[57] GNTe, S. 47.

nötigt werden soll. Zum Beispiel bei der »Frage nach dem Wunder«[58]. Die Krankenheilungen ausgenommen, sind sie für Schweitzer Legendenbildungen, mehr noch (oder besser müßte man sagen: weniger noch): sie »sind eigentlich Schulden, die die Religion bei der Gedankenlosigkeit und dem Aberglauben macht, um sich beim Volke in Kredit zu halten«[59]. In dieser Frage geht Schweitzer mit *dem* Jesus, der die Zeichenforderung der Pharisäer abgelehnt hat (Mk 8,12), einig und hält es für eine »sittliche Pflicht«, dem »gedankenlos kleingläubigen Geschlecht« diese »Krücken zu nehmen und ihm immer wieder zu sagen: ›Das Christentum steht über dem Wunderglauben‹«.[60] Hier also gilt: »Die Forderung der Wahrhaftigkeit steht höher als jede Forderung der Vorsicht.«[61] Größer als alle »äußerlichen Wunder«[62] ist für Schweitzer das *innerliche* Wunder, »die Sinnesänderung eines Menschen«.[63] Die äußerlichen Wunder sind ihm »Papiergeld, das einmal vielleicht Wert hatte, aber im Laufe der Zeit immer wertloser geworden ist. Darum können wir es zerreißen, um nur das gemünzte Gold zu behalten. Vielleicht ist dies manchen ein Anstoß; aber auch für die Jünger der Reformatoren gibt es ein: Ich kann nicht anders.«[64]

III

Abschließend frage ich: Warum hat der Privatdozent Albert Schweitzer diese Gespräche über das Neue Testament überhaupt geführt? Nun, er war überzeugt, daß die Theologie als Wissenschaft der Gemeinde gegenüber eine Bringschuld hat. Sie hat eine Aufklärungspflicht, die unnötige Glaubensanstöße beseitigt, den hilfreichen Glaubensanstoß befördert. Insofern gehört »Aufklärung« zur »Erbauung«: »Es gäbe nicht so viele Gleichgültige und Ungläubige unter uns, wenn die Aufklärung, *das Eindringen in das Wesentliche des Glaubens*, weiter unter uns voran wäre.«[65] Aufklärung als Erbauung! Da haben wir wieder den Rationalisten des 18. Jahrhunderts, den leidenschaftlichen Anwalt einer »Denk-Religion«, die die Ur-Fragen der Menschheit nicht ohne Antwort läßt: Was kann ich wissen? Was soll ich tun? Was darf ich hoffen?[66]

Schweitzers Theologie- und Schriftverständnis kann und muß wohl auch kritisch geprüft werden. Denn es hat zu viele Ausfälle. An der Formgeschichte der Evangelien zum Beispiel geht er völlig achtlos vorüber. Ebenso an der Christologie. Trotzdem muß es uns nachdenklich machen, daß *der* große Theologe unseres Jahrhunderts, der Theologie ganz anders dachte als Albert Schweitzer, nämlich

58 GNTe, S. 169.
59 GNTe, S. 173.
60 GNTe, S. 170.
61 GNTe, S. 170.
62 GNTe, S. 170.
63 GNTe, S. 173.
64 GNTe, S. 174.
65 GNTe, S. 53.
66 RHGL, S. 186a.

von der Offenbarung her, und der darum die »ethische Religion« Schweitzers als »saftige Werkgerechtigkeit«[67] abgelehnt hat, daß Karl Barth also sich beim Abschied von seinem akademischen Lehramt nicht vor Calvin und schon gar nicht vor Luther verneigt hat, sondern – vor Albert Schweitzer! Thema war das ›Mißverhältnis‹ zwischen dem, was die Theologie treibt, und dem, was gleichzeitig in der Welt geschieht. Und Barth schloß sein Kolleg mit einer *Frage:* »Könnte Theologie nicht eine Luxusbeschäftigung, könnten wir mit ihr nicht auf der Flucht vor dem lebendigen Gott begriffen sein? Könnte ein so problematischer Theologe wie Albert Schweitzer nicht [...] das bessere Teil erwählt haben, und mit ihm die ersten Besten, die da und dort ohne alle theologische Besinnung versucht haben, Wunden zu heilen, Hungrige zu speisen, Durstige zu tränken, elternlosen Kindern eine Heimat zu bereiten? Ist im Schatten der großen Not der Welt (und auch der Kirche in der Welt) nicht alle Theologie dadurch ausgezeichnet, daß sie so viel Zeit, so gar keine Eile zu haben scheint, daß sie der Erlösung in der Wiederkunft Jesu Christi, [...] scheinbar anderweitig beschäftigt, so merkwürdig gemächlich entgegensieht? Ich ziehe keine Folgerungen. [...] Ich stelle nur *Fragen.* Sie sind aber dringliche Fragen und solche, die schon, indem sie sich erheben und nicht einfach abzuweisen sind, eine Gestalt des Zornes Gottes darstellen, in der, was wir als Theologie treiben, in seiner Wurzel angegriffen sein dürfte.«[68]
Ja, auch die Theologie erkennt man an ihren Früchten, an nichts sonst. Man erkennt sie daran, wie weit sie Täterin und nicht bloß Hörerin des Wortes ist. Mit seinem Leben und Denken hat Albert Schweitzer *diese* Wahrheit bestätigt. Er hat die theologische Wissenschaft vornehmlich als eine *historische* Disziplin betrieben. Daß sie gerade auch als solche nicht Selbstzweck ist, sondern einen sachnotwendigen kirchlichen Bezug hat, war Schweitzer selbstverständlich. Der Achtzigjährige kann rückblickend feststellen: »In der Theologie bin ich bestrebt gewesen, auf das Wesen des Evangelischen, der ursprünglichen, von den Ideen des Reiches Gottes beherrschten und von Jesus verlangten Frömmigkeit zurückzugehen und diese den Menschen wieder zugänglich zu machen, weil sie das große Einfache ist, das uns Licht auf unserm Erdenwege ist.«[69]
Dieses Licht in Wort und Tat zu verbreiten, war das Ziel aller theologischen Arbeiten Albert Schweitzers. Und er strebt es ausdrücklich an als ein Advokat jener Angefochtenen, denen der altkirchliche Glaube das *sacrificium intellectus* abverlangt. »Diesen verlorenen Schafen«, so schreibt er, »fühle ich mich berufen. [...] Höher als der kirchlich festgelegte Glaube steht die Frömmigkeit, das Sein in der Liebe«.[70] »Die Frömmigkeit, nicht der ›Glaube‹, ist das Fundament der Religion. Die Frömmigkeit ist die Energie des Glaubens.«[71] Frömmigkeit aber ist der

---

67 Barth, K.: Gesamtausgabe V, Briefe, S. 628.
68 Barth, K.: Einführung, S. 154, 155 f.
69 Brief vom 17. Juli 1955 an F. Buri; vgl. Gräßer, E.: Theologe, S. 206.
70 Brief vom 6. Juni 1952 am Beneficiant Euler.
71 Brief vom 24. November 1960 an H. Casparis.

gelebte Gedanke des Reiches Gottes, ist der Auftrag, im Geiste Jesu zu handeln und so das Reich Gottes zu verwirklichen. »Diese Diesseitsreligion darf man nicht mißachten. Sie ist mehr im Geiste Jesu als die Geistespaläste der gewöhnlichen Dogmatiker.«[72]

---

72 Brief vom 24. November 1960 an H. Casparis. Der Hieb geht zweifellos *auch* gegen Karl Barth, über den Schweitzer am 20. Januar 1931 an Martin Werner schreibt: »Die Wahrheit ist nicht nervös; sie kann warten. Also rede (schwöre es mir!) nicht mehr als 12 (zwölf) Mal im Semester von den Barthianern und ihrer Ketzerei und lies gute Vorlesungen, als wären sie nicht auf der Welt. Daß Barth an dem ersten Band seiner Dogmatik ständig feilen muß, war mir von vornherein klar: Es ist eben zusammengeflickt und reißt überall ein! Im Römerbrief, da machte sich das nicht so bemerkbar. Aber sobald er das Ganze an sich aufstellen will, da wird's bös. Und gar die Ethik! Und diese muß er liefern! Da lassen wir nicht locker!« (vgl. Gräßer, E.: Theologie, S. 206, Anmerkung 5).

DIE ETHISCHE DENK-RELIGION

Albert Schweitzers Ablehnung einer doppelten Wahrheit in seinen Nachlaßschriften

»Alle Lehre einer doppelten Wahrheit ist eine Gefährdung des Sinnes für die Wahrheit« (Albert Schweitzer)

1. Vorbemerkung

Am 15. November 1928 schreibt Karl Barth von Münster aus, wohin er drei Jahre zuvor als ordentlicher Professor für Systematische Theologie berufen worden war, an seinen Freund Eduard Thurneysen, damals Pfarrer und noch nicht Professor für Praktische Theologie in Basel: »Vor 8 Tagen habe ich unsern Zeitgenossen Albert Schweitzer hier in meinem Studierzimmer und in seinem Lambarenevortrag erlebt. Ich teilte ihm freundlich mit, das sei ›saftige Werkgerechtigkeit‹ und er sei ein Mensch des 18. Jahrhunderts, und im Übrigen unterhielten und verständigten wir uns dann sehr gut. Es hat keinen Sinn, mit ihm zanken zu wollen. Er sieht auch sich selber relativ wie alles und alle, und daß man mitleidig sein soll, ist ja sicher wahr und auch für uns immer wieder zu bedenken. Ich muß ins Kolleg. Ich rede heute über die Schädlichkeit zeitloser Wahrheiten.«[1]
Die ›saftige Werkgerechtigkeit‹ ist es nicht, die mich das Barth-Zitat an den Anfang stellen läßt. Denn der Vorwurf trifft Albert Schweitzer gar nicht, jedenfalls nicht in dem Sinne, wie er von Barth gemeint ist. Schweitzer kann ihn auch leicht parieren mit dem Hinweis auf die für das Christsein notwendige »Werkfreudigkeit«[2], die er folgendermaßen begründet: »Wenn ich es als meine Lebensaufgabe betrachte, die Sache der Kranken unter fernen Sternen zu verfechten, berufe ich mich auf die Barmherzigkeit, die Jesus und die Religion befehlen. Zugleich aber [– und hier schon meldet sich unser Problem –] wende ich mich an das elementare Denken und Verstehen. Nicht als ein ›gutes Werk‹, sondern als eine unabweisbare Pflicht soll uns das, was unter den Farbigen zu tun ist, erscheinen.«[3]
Im übrigen zahlt Schweitzer mit gleicher Münze an Barth zurück, wenn er sagt:

---

1 Barth, K.: Gesamtausgabe V, Briefe, S. 628.
2 Grabs, R.: Gelebter Glaube, S. 47.
3 WU, S. 472.

»Das Charakteristische der Religion Barths ist, daß man nicht mit ihm diskutieren kann.«[4]

Nein, worauf es mir in dem Barth-Zitat ankommt, ist die eher harmlos klingende Bemerkung, Schweitzer sei ein Mensch des 18. Jahrhunderts. In gewisser Weise hat Barth damit recht. Denn in den unveröffentlichten, in England gehaltenen Hibbert-und Gifford-Vorlesungen aus den Jahren 1934 und 1935 legt Schweitzer ein förmliches Bekenntnis zum Denken des 18. Jahrhunderts ab, dessen Bewunderer er war und an das er mit seinen eigenen Gedanken anknüpft. Aus zwei Gründen:

1. Weil er den damaligen ›Enthusiasmus‹ zum ethischen Wirken – Abschaffung der Sklaverei, Einführung der Menschenrechte usw. – für richtig und seine Wiederbelebung in unserer Zeit für wichtig hält.[5]

2. Weil damals die ›Einheit zwischen Denken und Religion‹ bestand. »Das Denken war religiös und die Religion denkend.«[6] Es gab keine »zwei verschiedenen Arten von Wahrheit«, eine wissenschaftliche und eine geistige, sondern nur die »Denkwahrheit«[7]. Zur Lehre einer *doppelten* Wahrheit hätten dann Schleiermacher und vor allem Kant die Weichen gestellt,[8] wobei letzterer »unterscheidet zwischen reiner Vernunft, die nur zu wissenschaftlichen Wahrheiten gelangen kann, und praktischer Vernunft, deren Gebiet die ethischen und religiösen Überzeugungen sind«.[9] Die Lehre von einer doppelten Wahrheit wird dann durch das Aufkommen des naturwissenschaftlichen Denkens im 19. Jahrhundert perfekt. Jetzt will man »nur die empirische Erkenntnis zu verarbeiten haben. Die Grenze zwischen Glauben und Wissen, die im 18. Jahrhundert nicht festgelegt war, wird nun festgelegt. [...] Das Wissen hat es nicht mehr mit religiösen Fragen zu tun.«[10]

Die im 18. Jahrhundert geschlossene Ehe von Denken und Religion wird auffälligerweise ›leichten Herzens‹ geschieden. Das Denken begrüßt es, sich auf naturwissenschaftliche Erkenntnis beschränken zu können. Und die Religion ist froh, sich nicht mehr vor dem Denken rechtfertigen zu müssen, weil sie ja auf »Übersinnliches« gerichtet ist.[11]

Schweitzer aber beklagt es, daß der »Geist der Realitäten« und der »Geist der Ideale« auseinandertreten,[12] denn dadurch verlieren letztere ihre »Macht über die

---

4 RHGL, S. 189, Anmerkung 71.
5 RHGL, S. 175. Siehe dazu auch Gräßer, E.: Bibelverständnis, S. 176 f.
6 RHGL, S. 168 f.
7 RHGL, S. 169.
8 RHGL, S. 198.
9 GV, S. 26
10 RHGL, S. 179.
11 RHGL, S. 179.
12 RHGL, S. 168.

Ereignisse«[13]. »Die fundamentale geschichtliche Tatsache ist also die, daß der Geist der Ideale durch den Geist der Wirklichkeit verdrängt wird. Gehütet und vertreten werden die ethischen Ideale durch die Religion. Die Voraussetzung der Herrschaft des Geistes der Ideale ist, daß das Denken und die Religion eins sind. Löst sich diese Verbindung, so werden die Ideale kraftlos.«[14]
Die Auflösung der Verbindung von Denken und Religion hat Schweitzer schon früh hinsichtlich ihrer Ursachen und ihrer Folgen erkannt und sich dagegen gestemmt. 1906 hält er im Liberalen Verein in Straßburg zwei bis jetzt unveröffentlichte Vorträge: ›Unsere Zeit und die Religion‹ sowie ›Jesus und wir‹. Sie sind ein Versuch, das Ruder wieder herumzureißen, von der verhängnisvoll sich auswirkenden *doppelten* Wahrheit zurückzukehren zur einfachen Wahrheit, zum Einswerden von Religion und Denken, weil »alle Lehre einer doppelten Wahrheit [...] eine Gefährdung des Sinnes für die Wahrheit«[15] ist.
Wie entwickelt sich das Problem im Denken Albert Schweitzers? Das soll unsere erste Frage sein, mit der wir uns vor allem den beiden Straßburger Vorträgen zuwenden (II). Die zweite Frage ist dann: Wie löst sich das Problem (III)? Das sieht man am besten in den Hibbert- und Gifford-Vorlesungen, die im Grunde die Ausführung und genaue Begründung dessen sind, was die Straßburger Vorträge im liberalen Verein nur skizzenhaft und noch interpretationsbedürftig entworfen haben.
In einem Schlußteil (IV) fassen wir das Ergebnis zusammen.

2. Problemstellung: Die Not der Zeit

Fragt man, warum Schweitzer sich gegen eine doppelte Wahrheit wendet, wie sie vor allem von der zeitgenössischen Philosophie und Theologie vertreten wird,[16] so ist die Antwort eindeutig: In ihr sieht er eine der Hauptursachen dafür, daß wir in einer »Zeit der Dekadenz«[17] leben. Unvornehmheit und Banalität geben unserer Zeit den Charakter. Sie liegt am Wege wie ein morscher Lattenzaun.[18]
Das Denken hat aufgehört, eine schöpferische Kraft zu sein. Es fehlt am Adel der Gesinnung. Es fehlen sittlicher Wille und sittliche Energien. Es fehlt die Ethik.

---

13 RHGL, S. 168.
14 RHGL, S. 168.
15 RHGL, S. 200.
16 Der Vorwurf an die Philosophie lautet: »Die Philosophie hat die ethischen und religiösen Ideen, deren der Einzelne und die Menschheit bedarf, nicht hervorbringen und zu einer allen einleuchtenden Gewißheit erheben können. Sie vermochte sich nicht zu einer unser Geistesleben beherrschenden Macht zu machen.« Der Vorwurf an die Religion lautet: »Die Religion ihrerseits entzieht sich immer mehr der Autorität des Denkens. Sie will absolut selbständig sein« (GV, S. 1).
17 UZR, S. 3.
18 UZR, S. 4.

Unsere Zeit hat eine historisch sich begründende und das Christentum entsprechend ausformende Theologie, sie hat Dogmen, vor allem Dogmengeschichte, sie hat theologische Fakultäten, Kirchen, die »leer stehen«[19], das alles hat sie. Aber sie hat keine tiefe, wahre Religion. »Keine *großen Menschen*, an denen der einzelne sich aufrichten kann. Keine große Begeisterung, die ihn mit sich fortreißt und über sich selbst hinaushebt! Nichts, das in unserer Kultur gewissermaßen die Stelle der Religion einnehmen und dem Leben des Einzelnen einen höheren Sinn geben könnte.«[20]

Und *Jesus*, der das alles geben könnte, den »modernisieren« die Theologen in »populären Schriften« immer mehr, »bis er zuletzt alle Größe verliert«.[21] (Notabene: Das ist 1906 gesagt! Und man meint, Schweitzer spräche zu unserer Zeit. Es gibt keine Gedanken, die größere, ungebrochenere Aktualität hätten als die Schweitzers.) »Von allen großen Menschen ist Jesus der unserer Zeit und Kultur unbekannteste. Er ist in den Kirchen eingemauert. Und zwar taten sich die Kirchen und die Welt zusammen, ihn einzumauern. Die Kirchen führten die innere Mauer, die Welt die äußere auf.«[22] Mit der inneren Mauer ist das Dogmengebäude gemeint, in das man Jesus eingekerkert hat, mit der äußeren Mauer die Gedankenlosigkeit, in der die Welt Jesus ignoriert und damit »auf einen der größten und reinsten Menschen, auf einen, der für seine Lehre in den Tod ging, verzichtet, als ob sie [die Welt] Überfluß an solchen Menschen hätte«[23]. Diesen eingemauerten Jesus müßte man aus der Gefangenschaft der Formeln befreien, müßte ihn seine undogmatische Botschaft sagen lassen und ihn das sein lassen, was er war: »ein Mensch für Menschen«[24]. Dann erübrigte sich jede Lehre von einer doppelten Wahrheit, für die ohnehin nur dort Bedarf ist, wo man neben der »einfachen Lehre Jesu« noch die »Religion der Dogmen«[25] meint festhalten zu müssen. Vor allem entfiele dann auch für die dogmatische Religion die irrige Meinung, sich vor der Natur »verteidigen zu sollen«[26]. Diese ganz und gar überflüssige Apologetik hat Schweitzer mit bitterer Ironie an den Pranger gestellt: »Sie stöbern in den Naturwissenschaften herum, wie man in einer Wohnung herumstöbert, ob sie einen leeren Schrank finden, in den sie ihre Habe stellen könnten. Sie streichen am Gitter

---

19 UZR, S. 2.
20 UZR, S. 3 f.
21 UZR, S. 18.
22 JW, S. 1.
23 JW, S. 2.
24 JW, S. 2.
25 Die dogmatische Religion klammert das Reich Gottes und die ethische Religion der Liebe aus, wofür sich Schweitzer auf das Apostolische Glaubensbekenntnis beruft, in dem von beidem tatsächlich nicht die Rede ist. Daraus zieht Schweitzer drei Schlüsse: 1. »Das Reich Gottes ist in Worten da, aber nicht in Wirklichkeit.« 2. Das Christentum »ist Erlösungs-Religion, nicht Reich-Gottes-Religion.« 3. Es »enthält keine in der Welt zu verwirklichende Allgemein-Ideale« (RHGL, S. 186 f.). Hätte es die letzeren, die sich auch an dem Denken von sich aus ergeben können, wäre kein Anlaß mehr gegeben, von einer doppelten Wahrheit zu reden.
26 UZR, S. 15.

der naturwissenschaftlichen und philosophischen *Grenzwissenschaften* entlang wie ein gehetztes Wild, das ein Loch zum Durchschlüpfen sucht. Und wenn ein Naturwissenschaftler ein *Ignoramus Ignorabimus* ausspricht, stürzen sie sich auf ihn, als auf ihren Retter und möchten ihn gleich selig sprechen, weil er ihnen einen Bauplatz für ihre Religion gnädigst zugestand. Alsbald beginnen sie mit seinen wissenschaftlichen, skeptischen Reden ein Verhör, auf Grund dessen sie dann der Religion und dem Christentum den ganzen Besitzstand seiner übernatürlichen Größe wieder zusprechen. *Diese* Versöhner von Glauben und Wissen sind für mich ein neuer *Bettelorden.* Sie betteln für die Religion bei den Naturwissenschaftlern. Wer zusieht, was plump in der katholischen, feiner in der protestantischen Apologetik vorgeht, wie sie jedes skeptische, den Wissenschaften eine Grenze ziehende Wort einer Koryphäe, die es vielleicht noch in der Exzellenz- oder Geheimratsstimmung aussprach, als Rettungsanker benützen, der muß an das denken: und sie nährten sich von den Brosämlein, die von der Herren Tische fielen.«[27]

Der Religion wirft Schweitzer vor, daß sie sich die Lehre von zwei Welten, einer empirischen und einer übersinnlichen, welch letztere sie sich gerne von den Naturwissenschaften bestätigen ließe, von der Philosophie hatte schenken lassen, und zwar als ein »illegitimes Kind«[28]. Durch Bettelei wird man es jedoch nicht wieder los. »Wie will der Mensch auch zwei Welten außer sich zusammen bringen? Er lasse Welten draußen Welten sein und bringe sie inwendig in sich zusammen. Wissen und Glauben kann niemand vereinen, ebenso wenig als er mit der einen Hand die Erde, mit der andern den Himmel fassen kann. Aber das zum höheren Wissen, zum Wissen von *seinem* Leben gewordene Wissen und *seinen* Glauben, den zu seinem Glauben gewordenen Glauben, die kann er zusammen bringen, denn sie leben in ihm und gehören ihm. Er bringt sie zusammen, indem er *beide erwirbt.* Er schafft sie in derselben geistlichen Tat. Sie sind identisch. Das persönliche Wissen, das Wissen vom Leben ist, und der persönliche Glaube sind identische Größen. Es gibt keine andere Versöhnung von Glaube und Wissen als in der Persönlichkeit.«[29]

Damit hat Schweitzer bereits 1906 alle Materialien beieinander, mit denen er sein Gebäude der *einfachen* Wahrheit aufziehen kann. Nicht durch Bettelei bei den Naturwissenschaften, überhaupt nicht durch Apologetik. Sondern nur durch das ›selbständige innere religiöse Leben‹, das ist die gelebte Identität des höheren Wissens vom Leben und des persönlichen Glaubens, kommt es zur Lösung des Problems der doppelten Wahrheit, die er dann knapp dreißig Jahre später in seinen Vorträgen in England auf den Begriff »ethische Denk-Religion« bringen wird.[30]

---

27 UZR, S. 16 f.
28 UZR, S. 28.
29 UZR, S. 28 f.
30 RHGL, S. 174 f., 175 f. etc.

3. Problemlösung

Von naturwissenschaftlicher Warte aus betrachtet nennt es Schweitzer ein »Kunststück«, Glauben und Wissen zu versöhnen. Gleichwohl folgt er 1934/35 der Einladung zu den Gifford- und Hibbert-Vorlesungen nach England, deren Stifter die Auffassung vertraten, »daß das rationale Denken zu den höchsten ethischen und religiösen Wahrheiten gelange«.[31] Wie der »naive Intellektualismus« des 18. Jahrhunderts waren sie also überzeugt, *alle* Wahrheiten ließe sich »vernunftgemäß« erweisen.[32] Trotz aller Sympathie teilt Schweitzer diese rationalistische Überzeugung nicht, hat aber dennoch keinen Zweifel, daß der denkend gewordenen Religion und Philosophie jenes »Kunststück« der Versöhnung von Glauben und Wissen bei anderem methodischen Vorgehen möglich ist. Und zwar nur unter der Voraussetzung, daß jede *»wahre Religion« Ethik* ist und umgekehrt.[33] »Das ethische Problem ist das Problem par excellence, der Grund aller Philosophie«[34] und die einzige Brücke, über die es zur Versöhnung von Glauben und Wissen kommt. Freilich nicht jene Ethik, die empirisch davon ausgeht, was in der Gesellschaft gut und böse genannt wird. Sondern die Ethik, deren Wesen »aus dem Begriffe des Lebens«[35] erfaßt wird. Das aber kann das inzwischen gewandelte naturwissenschaftliche Denken von sich aus ebenso gut wie der denkend gewordene Glaube, den Schweitzer als *»durch Wille erschaffene Erkenntnis«*[36] definiert, die sich in »Symbolen«[37] (Gott, Sohn Gottes, Jenseits, Erlösung, Unsterblichkeit u.a.) ausdrückt. Es gibt jedenfalls kein *»elementares Denken über das Leben«*, kein philosophisches und kein theologisches, *»das nicht zugleich Religion ist«*[38]. »Es ist also ganz falsch, wenn die Leute von Unversöhnlichkeit zwischen Glauben und Wissen fabeln, das hat nichts auf sich. Sobald man erkannt hat, daß die wirksame Komponente der Wille [= Ethik] ist, denkt man nur an jene Versöhnung von Willen und Wissen, die dadurch gegeben ist, *daß der Wille weiter geht als das*

---

31 GV, S. 26.
32 GV, S. 26.
33 Letztes Kolleg, S. 24: »weil in der Ethik das Subjekt aus sich heraustritt in das Universum hinein, selber wachsend sich an das Universum verliert, ist *jede wahre Ethik Religion und jede wahre Religion Ethik und Mystik zugleich.*« Vgl. auch RHGL, S. 208: »Jede tiefe Religion ist Religion der Liebe. Und jede tiefe Ethik der Liebe ist Religion.«
34 Letztes Kolleg, S. 19.
35 Letztes Kolleg, S. 19. Zum ›Versuch einer Fundierung der Ethik im Leben‹ vgl. Müller, W.E.: Kulturphilosophie, S. 70-142.
36 Letztes Kolleg, S. 8. In RHGL, S. 178, Anmerkung 21, ist Religion für Schweitzer überhaupt kein »Glaube«, sondern »ein Verhalten«. Positiv redet Schweitzer nur von dem Glauben, sofern er Erkenntnis für die Ethik ist, also »mit der Wirklichkeit [...] übereinstimmt«. Als Erkenntnis für das Übersinnliche ist er nicht mehr Denker, sondern »dogmatische Religion«. Diese ist in der Tendenz die »Stärkere«, weil sie auf Erlösung und Unsterblichkeit gerichtet ist. Aber »sie bewegt sich vom Denken fort« (RHGL, S. 198). Beides zeigt sich an Karl Barths Theologie (RHGL, S. 59).
37 Vgl. dazu Letztes Kolleg, S. 48-50.
38 Vgl. Letztes Kolleg, S. 17.

Wissen und in seinem Weg nicht aufzuhören braucht, wo das Wissen aufhört. Das ist das Wesen jeder tiefen Religion. Vgl. 1. Kor. 13,8-10.«[39] [Die Liebe höret nimmer auf, wohl aber die Erkenntnis.] Dieser 1912 formulierte Gedanke ist es, den Schweitzer in den beiden Vorlesungsreihen in England 1934/35 näher begründet und präzisiert. Und es läuft – wie wir noch sehen werden – zuletzt auf eine neue Ethik hinaus, nämlich die der Ehrfurcht vor dem Leben, die das Unbefriedigte der menschlichen Gesellschaft überwinden soll. Denn ohne daß es direkt ausgesprochen würde, ist der düstere zeitgeschichtliche Hintergrund präsent: Auf dem Festland hat inzwischen der Nationalsozialismus seine kulturvernichtende Herrschaft angetreten.[40] Das Bewußtsein, in einer »Zeit der Dekadenz« zu leben,[41] hat sich seit 1906 also nicht verändert, sondern noch verstärkt. Um so mehr kommt es Schweitzer darauf an, die Ursache des Kulturverfalls – eben das Lösen der Bande zwischen dem Denken und dem historischen Christentum, diesen unnatürlichen und für unser Geistesleben unhaltbaren Zustand[42] – zu beseitigen, und das heißt, »dem Mensch durch ethische Ideale den Weg des Handelns zu weisen, [...] um nicht an der Macht, die er erlangt hat, zu Grunde zu gehen«[43].

Ich will zunächst davon sprechen, auf welchem Wege die Versöhnung von Glauben und Wissen nach Schweitzer *nicht* erreichbar ist. Sie ist undurchführbar als Versuch, »die Glaubenssätze des Christentums mit dem wissenschaftlichen Erkennen in Übereinstimmung zu bringen«[44]. »Es hat keinen Sinn, daß man von den Glaubenssätzen der Religion ausgeht, wie sie sich in der Geschichte ausgebildet haben, und sie daraufhin prüft, wie weit sie mit unserer wissenschaftlichen Erkenntnis und unserm rationalen Denken vereinbar sind.«[45] Auf diese Weise hoffte der naive Rationalismus des 18. Jahrhunderts, eine ›vernunftgemäße Religion‹ etablieren zu können. Aber dieser Intellektualismus ist »unhaltbar«[46] und »existiert in dem Denken der Neuzeit nicht mehr«[47]. »Andererseits aber sieht das Denken der Neuzeit ein, daß es nicht einfach bei den Überzeugungen, die sich aus der wissenschaftlichen Erkenntnis der Welt ergeben, stehen bleiben kann. Von diesen kann der Mensch nicht leben. Das Denken muß also über die wissen-

---

39 Letztes Kolleg, S. 8 f.

40 Vgl. Formulierungen wie »Das [...] Chaos, in dem unsere Kultur dem Untergange zugeht« (RHGL, S. 167), »Das Schiff hat keinen Kurs mehr« (RHGL, S. 173). Die Vorgänge auf dem Festland zeigen Schweitzer, daß der Skeptizismus der Tod der Gesellschaft ist. Grund: Der »Geist der Zeit« hat »keine absoluten, sondern nur noch relative Maßstäbe [...] und zuletzt keine mehr« (RHGL, S. 173).

41 UZR, S. 3.

42 GV, S. 61.

43 RHGL, S. 202. Jonas, H.: Verantwortung. Jonas hat diese frühe Einsicht Schweitzers erst spät eingeholt, ohne ihn auch nur zu erwähnen. Vgl. dazu in diesem Band den Aufsatz: Das Prinzip ›Ehrfurcht vor dem Leben‹.

44 GV, S. 60.

45 GV, S. 59.

46 GV, S. 60.

47 GV, S. 61.

schaftliche Erkenntnis hinausgehen.«[48] Fragt man Schweitzer, wie das geschehen soll, so antwortet er: »*Unserer Zeit ist bestimmt, von der Ethik aus zur Religion zu gelangen!* Daran ist nichts zu ändern.«[49]
Und fragt man weiter, worin ›die Einheit von Religion und Denken‹ verwirklicht ist, so lautet die klare Antwort: »In der Religion der Liebe.«[50] Das aber bedeutet: Durch die Lösung des Problems einer ›vernunftgemäßen Ethik‹ sieht Schweitzer zugleich die Lösung des Problems der »vernunftgemäßen Religion« vollzogen.[51] »Philosophie, Religion und Mystik haben dies miteinander gemeinsam, daß sie alle drei auf die Frage des geistigen und tätigen Einswerdens des Menschen mit dem Unendlichen[52] Antwort zu geben suchen. Hiervon muß man ausgehen, wenn man die Beziehungen, die zwischen der Religon und dem Denken bestehen, verstehen will.«[53] »Das Wesentliche der Religion ist die Frömmigkeit [= Ethik]. Es ist nicht so, daß die Frömmigkeit aus den Glaubenssätzen kommt. Sie [die Frömmigkeit] ist das Primäre. Glaubenssätze sind nur ein Ausdruck der Frömmigkeit.«[54] »Die Frage ist also in erster Linie die, welche Frömmigkeit die historische Religion und das Denken miteinander gemeinsam haben können.«[55]
Die Antwortet lautet: *Das Prinzip der Ehrfurcht vor dem Leben*, die Ethik der Liebe. Dieses Gemeinsame macht der Unverträglichkeit von Glauben und Wissen ein Ende; es bedeutet ihre Versöhnung. Und zwar so: »Das Denken gelangt von sich aus, wenn es die Gedankenlosigkeit wegräumt, zur Ethik der Liebe. Diese ist intuitiv in unserem Willen zum Leben. Und diese allgemeine und tiefe Ethik hat religiösen Charakter. *Jede tiefe Religion ist Religion der Liebe. Und jede tiefe Ethik der Liebe ist Religion.*«[56]
Uns bleibt noch zu zeigen, wie Schweitzer es näher begründet, daß wissenschaftliches und theologisches Denken hier Hand in Hand gehen, also »neben und über

---

48 GV, S. 61.
49 RHGL, S. 208.
50 RHGL, S. 208.
51 GV, S. 59.
52 Diesen Begriff oder »unendliches Sein« oder »Weltgeist« benutzt Schweitzer gern zur Umschreibung Gottes. In einer Randnotiz zu GV II heißt es dazu: »Sie haben sich gewundert, warum ich immer vom Unpersönlichen rede: das Unendliche – der universelle Wille zum Leben – statt einfach ›Gott‹ zu sagen. – Ich tat dies aus Frömmigkeit – ich unterließ es, von Gott zu reden [...] aus Frömmigkeit« (GV V, Vorbemerkungen des Herausgebers J. Zürcher). Gegen Ende der Vorlesungsreihe heißt es: »In welcher Weise das Absolute zugleich Persönlichkeit ist, vermögen wir nicht begreiflich zu machen. Wir vermögen es ebensowenig als Persönlichkeit als als Nicht-Persönlichkeit zu begreifen. Denn alles, wovon ein Geschehen ausgeht, müssen wir uns irgendwie als Persönlichkeit vorzustellen suchen. Andererseits aber können wir uns nur individuelle Persönlichkeiten, nicht eine Allpersönlichkeit vorstellen. So besteht hier ein Geheimnis, das wir nicht zu lösen vermögen« (GV, S. 63).
53 GV, S. 59.
54 GV, S. 59; vgl. RHGL, S. 204, mit Anmerkungen 4 bis 6.
55 GV, S. 59.
56 RHGL, S. 208.

der durch das Denken erkannten Wahrheit« nicht noch »eine andere, höhere« anerkennen.[57] Zunächst fragt Schweitzer nach dem Grund für die Scheidung einer höheren von der niedrigeren Wahrheit. Seine These lautet: »Je mehr die exakten Naturwissenschaften im Laufe des 19. Jahrhunderts zur Herrschaft kamen, desto mehr prägte sich die Lehre von der doppelten Wahrheit aus.«[58] Für die ethischen und religiösen Überzeugungen hatte das seiner Meinung nach gefährliche Konsequenzen. »Denn weil sie nicht mehr als erkenntnismäßige, sondern nur als gefühlsmäßige und glaubensmäßige Überzeugungen angesehen werden, kommen die ethischen und die mit ihnen zusammenhängenden religiösen Überzeugungen in unserer Menschheit ins Wanken. Sie werden als Wahrheiten zweiter Ordnung angesehen, die nur relative Geltung haben.«[59] Wahrheiten erster und zweiter Ordnung kann es aber nach Schweitzers Überzeugung deshalb nicht geben, weil der ethische Idealismus unlösbar verknüpft ist mit dem, was er die fundamentale Tatsache unseres Bewußtseins nennt, die uns stets gegenwärtig ist, wenn wir uns auf uns selbst besinnen: das ist unser *Wille zum Leben.* Wir sind Wille zum Leben! Das ist die *eine* erkenntnismäßige Wahrheit, dem Glauben und dem Wissen in gleicher Weise zugänglich. »Würde ich sagen, daß ich mich als Leben erfasse, wäre dies zu wenig. Ich erlebe mich als Wille zum Leben. Ich bin Wille zum Leben, der Angst vor der Vernichtung des Lebens hat, die man Tod nennt, der Angst vor der Beeinträchtigung des Lebens hat, die man Schmerz nennt. Ich bin Wille zum Leben, der sich sehnt nach der Gehobenheit des Lebens, die man Freude und Glück nennt. Dies alles bin ich in jedem Augenblick meines Lebens.«[60]

Eine »Erkenntnis der Welt, aus der sich eine für das Leben brauchbare Lebensanschauung ergeben könnte«[61], besitzen wir nicht. Wir müssen die Sehnsucht nach Sinnerfüllung, die ethischen Ideale, »höheren Überzeugungen«[62] abgewinnen, die »in unserm Willen zum Leben enthalten«[63] sind. Wir können sie nicht preisgeben, »ohne unser geistiges Leben preiszugeben, ohne geistigen Selbstmord zu begehen«[64].

Die Schwierigkeit ist nun aber die, daß sich diese höheren Überzeugungen nicht mit der objektiven Welterkenntnis in Einklang bringen lassen. Schweitzer nennt das »die zwei großen Probleme, um die es sich in der Philosophie unserer Tage handelt«: das eine ist das der »Welt- und Lebensbejahung«, das andere das der

57 GV, S. 14.
58 GV, S. 27. Näheres dazu jetzt in dem ausgezeichneten Artikel von Wölfel, E.: Naturwissenschaft I, S. 189-221.
59 GV, S. 27.
60 GV, S. 28.
61 GV, S. 28.
62 Vgl. GV, S. 21 f.
63 GV, S. 27.
64 GV, S. 27.

»Ethik«.[65] In beidem findet sich unser Denken nicht zurecht. Die Welt, wie sie ist, »bietet das fürchterliche Schauspiel der Selbstentzweiung des Willens zum Leben«[66]: Leben lebt nur auf Kosten von anderem Leben. In dem Weltgeschehen ist also überhaupt kein Ziel zu entdecken.[67] Schöpferisches wirkt zerstörend und Zerstörendes schöpferisch. Das aber heißt: »Die Welt bleibt uns absolut rätselhaft.«[68] Anders wäre es nur, wenn wir im Weltgeschehen etwas entdeckten, »das dem Ethischen, wir wir es in uns tragen, entspricht«.[69] Aber es läßt sich nicht entdecken. Und das macht die ungeheure Schwierigkeit aus, mit der es die denkend gewordene Erkenntnis und der denkend gewordene Glaube in dieser Welt zu tun haben. »Wir möchten unser ethisches Tun gewissermaßen in den Dienst des Weltwillens stellen. Wir haben das Bedürfnis, der Welt nicht nur in natürlicher, sondern auch in geistiger Weise anzugehören. Aber hier begegnet uns die Schwierigkeit, daß der Wille, der sich in dem Weltgeschehen kundgibt, uns etwas Rätselhaftes bleibt. Wir erkennen das Ziel, das er verfolgt, nicht und entdecken in ihm nichts von dem, was wir als ethisch empfinden. Wir können unsere Ethik nicht mit Welterkenntnis in Einklang bringen.«[70]
Der aus diesem Unvermögen herrührende Dualismus des Erkennens muß aber nicht unser Schicksal bleiben. Denn nach Schweitzers Überzeugung hat er seine eigentliche Ursache darin, »daß wir die Ethik selber noch nicht völlig genug begriffen haben«. Sie ist »nicht weit und tief genug«, hat ihre »höchste Entwicklung« noch nicht erreicht. Die Folge davon ist, daß wir noch nicht in ein »geistiges Verhältnis zur Welt« getreten sind[71] und zum rationalen Denken hilfsweise das »Gefühl« bzw. den *Glauben* hinzuziehen, weil angeblich nur sie »zu sicheren, allgemeingültigen Erkenntnissen ethischer und religiöser Art«[72] gelangen können.
In welcher Hinsicht bedeutete nun aber die Lösung des Problems der aufs höchste entwickelten, vernunftgemäßen Ethik auch die Lösung des Problems der vernunftgemäßen Religion und damit das Ende einer jeden Lehre von der doppelten Wahrheit? Antwort: In *der* Hinsicht, daß sich die »Philosophie der Ehrfurcht vor dem Leben«[73], die (a) vernunftgemäß, universalistisch und absolut ist,[74] die (b) auf dem allgemeinsten Grundprinzip jeder Sittlichkeit beruht, das sich mir denkend aufdrängt: »Ich bin Wille zum Leben, das leben will inmitten von Willen zum Leben, der leben will«[75], und durch die wir »in eine lebendige geistige Beziehung

65 GV, S. 27.
66 GV, S. 12.
67 GV, S. 11.
68 GV, S. 12.
69 GV, S. 12.
70 GV, S. 27.
71 GV, S. 21.
72 GV, S. 24, 25.
73 Zu diesem Begriff siehe GV, S. 3 (Vorbemerkungen) mit Anmerkung 11.
74 GV, S. 31.
75 GV, S. 30.

zur Welt und zur schöpferischen Kraft, die in ihr waltet«[76], treten, daß sich diese »Philosophie der Ehrfurcht vor dem Leben« also als die natürliche Ethik und Religion erweisen läßt.[77] Für das Christentum ist das nach Schweitzers Meinung kein Problem. Denn nicht anders als die Philosophie ist es seiner Ethik nach rational.[78] Dafür beruft sich Schweitzer vor allem auf die Predigt Jesu, insbesondere auf die Bergpredigt. In ihr findet er »eine ethische, undogmatische Religion«[79], ja, er findet hier die »ethische Mystik der Ehrfurcht vor dem Leben«, die für Schweitzer »zu Ende gedachter Rationalismus« ist.[80] »In der Bergpredigt läßt er [Jesus] sie [die Hörer] sich in das Ethische als das Wesen des Religiösen versenken und die Frömmigkeit nach dem beurteilen, was sie aus dem Menschen in ethischer Hinsicht macht. In dem messianischen Hoffen, das seine Hörer im Herzen tragen, entzündet er das Feuer ethischen Glaubens. So ist die Bergpredigt die unanfechtbare Rechtsurkunde des freisinnigen Christentums. Die Wahrheit, daß das Ethische das Wesen des Religiösen ausmacht, ist durch Jesu Autorität sichergestellt. Überdies ist Jesu Religion der Liebe durch das Hinfälligwerden der spätjüdisch-eschatologischen Weltanschauung von dem Dogmatischen, das sie an sich hatte, frei geworden. Die Form, in der der Guß stattfand, ist zerbrochen. Nun sind wir berechtigt, die Religion Jesu in ihrem unmittelbaren geistigen ethischen Wesen nach unserem Denken lebendig werden zu lassen.«[81] Und schließlich: »Die Ethik der Ehrfurcht vor dem Leben ist die ins Universelle erweiterte Ethik der Liebe. Sie ist die als denknotwendig erkannte Ethik Jesu.«[82]

Einfacher noch als für die Theologie ist die Philosophie der Erweis, daß die Lösung des Problems der aufs höchste entwickelten Ethik auch die Lösung des Problems der vernunftgemäßen Religion ist. Denn daß die Philosophie der Ehrfurcht vor dem Leben eine natürliche Ethik ist, ergibt sich aus dem rationalen Denken selber, »wenn dieses sich wirklich mit dem Geheimnis unseres Lebens und des Lebens, das uns umgibt, beschäftigt«[83]. In diesem Zusammenhang rühmt Schweitzer den Wandel im naturwissenschaftlichen Denken und meint damit das Hinauskommen über die bloß »mechanistische Naturwissenschaft«, der alles wäg-

---

76 GV, S. 24, 25.

77 Vgl. GV, S. 3 (Vorbemerkungen).

78 GV, S. 5 (Vorbemerkungen).

79 RHGL, S. 175, auch S. 180 f.

80 LD, S. 212, vgl. auch KPh II, S. 416: »Die Ehrfurcht vor dem Leben ist in der Religion Jesu enthalten.«

81 LD, S. 75. Becker vertritt demgegenüber die unmögliche These, mit der unerfüllt gebliebenen Naherwartung, »die auf den Müllhaufen der Geschichte« gehöre, »sei darum auch die Bergpredigt selbst ganz erledigt« (Becker, J.: Bergpredigt, S. 7). Zur bleibenden Relevanz der eschatologischen Ethik Jesu bei Schweitzer vgl. jedoch den Aufsatz in diesem Band ›Interimsethik‹.

82 LD, S. 241.

83 GV, S. 24, 25. Gut reflektiert diesen Sachverhalt jetzt Funke, G.: Philosophie der Ehrfurcht, S. 55-68.

bar, meßbar und berechenbar ist (Descartes).[84] »Nun wird Wissenschaft tiefer« (Stichworte: organisches Leben, Chemie, die Zelle, das Mikroskop, Organismus aus lebendigen Zellen, Evolution). Sie erkennt »planvoll gestaltende Kräfte« in der Natur, und »alles wird, je mehr man es erforscht, um so geheimnisvoller«[85]. »Ein Geheimnis, vor dem wir stehen. Ein Geheimnis, von dem wir erfüllt sind. Unsere Welterklärung haben wir verloren. Das Unechte. Dafür haben wir etwas anderes gefunden: *die Erkenntnis, daß alles, was ist, Leben ist.* Wir kommen in ein ganz anders Verhältnis zur Welt zu stehen.«[86] Und dieses ganz andere Verhältnis umschreibt Schweitzer mit seinem ethischen Fundamentalsatz: »Ich bin Leben, das leben will, inmitten von Leben, das leben will.«[87] Schweitzer nennt das ein »geistiges« Verhältnis zur Welt, das »etwas fundamental Religiöses und Ethisches ist«[88]. Aus ihm ergibt sich zwingend, daß »dem Geheimnis des andern Willens zum Leben« dieselbe Ehrfurcht entgegenzubringen ist wie dem Geheimnis des eigenen Willens zum Leben. Und so gelangen wir »zu einer fundamentalen Allgemeinvorstellung von Gut und Böse. Gut ist, Leben erhalten, fördern, dem Leben, das entwickelbar ist, zu voller Entwicklung zu verhelfen. Böse ist, Leben zerstören, dem Leben Leiden bringen, es in seiner Entwicklung hemmen.«[89]

Dem denkend gewordenen Willen zum Leben geht also auf, daß die Ethik der Ehrfurcht vor dem Leben ihrer Entstehungsweise nach natürlich und rational ist,[90] worauf auch die physiologische Tatsache führt, daß unser Leben auf anderes Leben zurückgeht und aus unserm Leben anderes Leben entsteht, das eine Zeitlang unserer Hilfe bedarf.[91] »Aus dem Denken kommt also Ethik. Wer nicht ethisch ist, ist nicht wahrhaft denkend. Das Sittliche ist, darin hat Sokrates recht, das Vernunftgemäße. Nur begreift man dies erst recht von der allgemeinen Idee des Ethischen als der Ehrfurcht vor dem Leben.«[92] Da nun aber gilt, daß das Denken durch die Ethik religiös wird,[93] Ethik also nicht nur »zur Begründung religiöser Überzeugungen benützt werden kann« (Kant), sondern »selber bereits eine ele-

---

84 Zum Überschreiten des Pfades der naturwissenschaftlichen Weltbetrachtung vgl. Wölfel, E.: Naturwissenschaft, S. 216-219. »Rationales Erklären ist nur partielles Moment von Verstehbarkeit im ganzen« (S. 214, 34 f.). »Die Fragestellung, die den Naturzusammenhang als vorgegebene, objektive, in sich geschlossene und unabhängige Größe bestehen läßt, muß einer vertieften Erkenntnis weichen« (S. 215, 16 f.). »Was sich im ganzen vollzieht, könnte man eine Entmythologisierung der Naturwissenschaften nennen« (S. 215, 41-43).

85 RHGL, S. 205.

86 RHGL, S. 205.

87 RHGL, S. 205.

88 RHGL, S. 206.

89 GV, S. 30; vgl. auch RHGL, S. 207 f.

90 Anders ihrem Inhalte nach! Hier ist sie irrational, weil sie uns grenzenlose, unerfüllbare Pflichten zumutet; vgl. dazu GV, S. 35.

91 Vgl. GV, S. 34 f.

92 GV, S. 30.

93 GV, S. 59.

mentare Religion« ist,[94] nämlich die *ethische Denkreligion*, kann von einer doppelten Wahrheit nicht mehr die Rede sein.

4. Schluß

Es wäre völlig falsch, aus allem Gesagten den Schluß zu ziehen, Schweitzer sei ein Rationalist oder – das Verdikt über Bultmann, er habe die Theologie in Anthropologie aufgelöst, noch übertreffend – zu sagen, Schweitzer habe die Theologie an die Philosophie verraten. Wer von sich bekennt, er gehe nach Lambarene, »um bei Jesus zu sein«[95], der ist kein Rationalist! Und wir haben oben davon gesprochen, daß Schweitzer bei seinem Kampf gegen die doppelte Wahrheit überhaupt nicht der Meinung war, »daß die Glaubenssätze des Christentums mit dem wissenschaftlichen Erkennen in Übereinstimmung zu bringen sind«[96]. Im Gegenteil! Er hielt diese »intellektualistische Auffassung« für »unhaltbar«.[97] Schweitzer wandte sich nur dagegen, daß infolge dieser unstreitigen Auffassung das Denken ganz grundsätzlich für theologisch inkompetent erklärt und dadurch das heutige Christentum in eine »anti-intellektualistische Richtung« gedrängt würde, »die sich von der ethischen Frömmigkeit abwendet«.[98] Nein, ihm lag lediglich daran, daß die ›zwei Arten von Frömmigkeit‹, die sich im ›historischen Christentum‹, d.h., im Christentum, wie es historisch geworden ist, ›nebeneinander‹ finden, nämlich die ›ethische Frömmigkeit‹, die von der Bergpredigt Jesu ausgeht und vom Reich-Gottes-Geschehen beherrscht wird, und die ›Erlösungsfrömmigkeit‹, die von der ›Idee der Unsterblichkeit‹ beherrscht wird, die sich in der Begegnung des Christentums mit der ›griechisch-orientalischen und der spätrömischen Welt‹ gebildet hat[99] – ihm lag daran, sie nicht als sich ausschließende Gegensätze gelten zu lassen. »Natürlich enthält auch die ethische Frömmigkeit in irgendeiner Weise den Erlösungsgedanken und sucht der Erlösungsfrömmigkeit auch der Ethik Geltung zu verschaffen. Es kommt aber darauf an, welche Idee dominiert.«[100] Und das ist für Schweitzer fraglos die ethische. Also kein Entweder-Oder, keine Alternative, sondern richtige Gewichtung der Sachverhalte durch die Verbindung von Glauben und Wissen. Die lehnt das offizielle Christentum jedoch ab. »So haben sich heute die Bande zwischen dem Denken und dem historischen Christentum gelöst.«[101] Das ist es, was Schweitzer stört. Er empfindet die Beziehungslosigkeit zwischen der ethischen Frömmigkeit, auch kurz ›Denken‹ genannt, und der »Erlösungsfröm-

---

94 GV, S. 62.
95 ASHB, S. 100.
96 GV, S. 60.
97 GV, S. 60.
98 GV, S. 60.
99 GV, S. 60.
100 GV, S. 60.
101 GV, S. 60.

migkeit« als einen »unnatürlichen Zustand«.[102] Und der sei für unser Geistesleben schädlich.
Da muß man ihm einfach recht geben. Ein von der elementaren Ethik abgekoppeltes Christentum müßte uns gleichgültig sein. Nein! Das Entscheidende ist, daß das Denken unserer Zeit und das Christentum dazu kommen, tiefe und lebendige ethische Frömmigkeit miteinander gemeinsam zu haben. Aus dieser Vereinigung wird eine geistige Erneuerung unserer Menschheit kommen.[103] Und mit ihr dann das Ende der naiven Lehre von der doppelten Wahrheit, die sich so unheilvoll in unserer Gesellschaft auswirkt, indem sie dieselbe spaltet in gedankenlos Glaubende und glaubenslos Denkende. Diesen Mythos entmythologisiert zu haben, ist das hohe Verdienst Albert Schweitzers in unserer Zeit.
Seine letzte Vorlesung vor der Ausreise nach Lambarene schloß Schweitzer, ohne Goethe zu nennen, mit folgenden Worten: »Im Anfang war die Tat! Der freie religiöse Geist muß sich auf die Tat werfen und dort etwas schaffen, was ihm Autorität verleiht. Er muß persönliche Produkte schaffen, die das Ethische unserer Willensreligion an sich tragen. Nicht Worte siegen, sondern die Tat!«[104] Da das elementare Denken von sich aus zu dieser Einsicht gelangen kann, ist damit die Kluft geschlossen, die sich im Laufe der Kirchen- und Philosophiegeschichte zwischen Glauben und Wissen aufgetan hat. Die ›ethische Denk-Religion‹ ist *beider*, des Glaubens und des Wissens, legitimes Kind.
Der Preis, den Schweitzer für die Versöhnung von Glauben und Wissen zahlt – weitgehende Ethisierung der christlichen Botschaft und Abschiebung der dogmatischen Wahrheiten, die »neben dem Denken« stehen,[105] auf ein Abstellgleis[106] –, mag manchen als zu hoch erscheinen. Hier müßte dann die kritische Auseinandersetzung beginnen, wenn die Nachlaßtexte erst einmal erschienen sind. Man kann aber mit Sicherheit voraussagen, daß sie Schweitzers Position nicht völlig aus den Angeln heben kann. Diese Position war schon sehr früh festgelegt und hat sich lebenslang nicht verändert. Und dem möglichen Einwand, es sei eine theologisch so ausgedünnte Position, daß man sie kaum noch als christlich bezeichnen könne, hat Schweitzer mit den berühmten Schlußsätzen aus seiner ›Ge-

---

102 GV, S. 60.
103 GV, S. 64.
104 Letztes Kolleg, S. 51.
105 RHGL, S. 187. Die völlig gegenteilige Position Karl Barths, derzufolge »das Denken [...] die Voraussetzungen der Religion gar nicht zu prüfen« hat, verfällt einer radikalen Kritik (vgl. RHGL, S. 188 ff.). Karl Barth und Emil Brunner nennt Schweitzer »Verächter der Vernunft« (RHGL, S. 194, Randbemerkung).
106 RHGL, S. 157 ff. Die Entdogmatisierung Schweitzers ist der Entmythologisierung Bultmanns nur darin gleich, daß beide vermeidbare Anstöße für das aufgeklärte Bewußtsein ausräumen wollen – eine Wahrhaftigkeitstat ersten Ranges. Methodisch aber gehen beide das Ziel in ganz unterschiedlicher Weise an: Bultmann, indem er das Mythische existential interpretiert, Schweitzer, indem er es als »Symbol« dem Ethischen nachordnet (vgl. Letztes Kolleg, S. 48-50).

schichte der Leben-Jesu-Forschung‹[107] für immer jegliche Grundlage entzogen. Nein! Das Wahrheitsmoment seiner hier vorgelegten Denkanstrengung wird bestehen bleiben. Und wenn ich eingangs ein kritisches Barth-Zitat brachte, so wähle ich zum Schluß eines, das dieser Gewißheit Nachdruck verleiht. Bei seinem Abschied vom akademischen Lehramt schloß Karl Barth sein letztes Kolleg mit einer *Frage:* »Könnte Theologie nicht eine Luxusbeschäftigung, könnten wir mit ihr nicht auf der Flucht vor dem lebendigen Gott begriffen sein? Könnte ein so problematischer Theologe wie Albert Schweitzer nicht [...] das bessere Teil erwählt haben, und mit ihm die ersten Besten, die da und dort ohne alle theologische Besinnung versucht haben, Wunden zu heilen, Hungrige zu speisen, Durstige zu tränken, elternlosen Kindern eine Heimat zu bereiten?«[108]

Nun, Schweitzer selbst hatte nie den geringsten Zweifel, ›den besseren Teil‹ erwählt zu haben, den er im Unterschied zu Karl Barths Theologie »Diesseitsreligion« nannte, das ist der *gelebte* Gedanke des Reiches Gottes. »Diese Diesseitsreligion darf man nicht mißachten. Sie ist mehr im Geiste Jesu als die Geistespaläste der gewöhnlichen Dogmatiker.«[109]

Ihre bleibende Heimstatt aber hat die Diesseitsreligion in der ethischen Denk-Religion, mit der Schweitzer der Lehre von der doppelten Wahrheit für immer den Abschied aus seinem Geiste gegeben hat.

---

107 »Als ein Unbekannter und Namenloser kommt er zu uns, wie er am Gestade des Sees an jene Männer, die nicht wußten, wer er war, herantrat. Er sagt dasselbe Wort: Du aber folge mir nach! und stellt uns vor die Aufgaben, die er in unserer Zeit lösen muß. Er gebietet. Und denjenigen, welche ihm gehorchen, Weisen und Unweisen, wird er sich offenbaren in dem, was sie in seiner Gemeinschaft wirken, kämpfen und leiden dürfen, und als ein unaussprechliches Geheimnis werden sie erleben, wer er ist« (RWr, S. 401).

108 Barth, K.: Einführung, S. 154.

109 Brief vom 24. November 1960 an H. Casparis; vgl. dazu Gräßer, E.: Ehrfurcht, S. 183, mit Anmerkung 71; ders.: Theologe, S. 206 f.

›NEHMET DIE TIERE AN‹

Kaum ein Wort wird häufiger zitiert als der Satz aus dem Grundgesetz: »Die Würde des Menschen ist unantastbar.« Das ist richtig, das ist wichtig. Und in der Verteidigung dieser Wahrheit lassen wir uns von niemandem übertreffen. Die Würde des Menschen bleibt jedoch auf der Strecke, wenn Türkenwohnungen ›abgefackelt‹ werden, wenn in den haßerfüllten Kriegen unserer Tage Menschen vertrieben, vergewaltigt und ermordet werden. Die Würde des Menschen bleibt aber auch dann auf der Strecke – und davon reden wir –, wenn die Würde der Tiere vergessen, geleugnet und mit Füßen getreten wird. Denn was immer den Tieren geschieht, das geschieht alsbald auch den Menschen.
Die Würde des Menschen ist dann und dort verspielt, wo der Mensch sich den Vorwurf gefallen lassen muß, er habe sich zum »planetarischen Schurken Nr. 1« entwickelt. Und das hat er in der Tat überall dort, wo er sich zum reinen Nutznießer im Weltall aufgeschwungen hat; wenn die Fragestellung nur noch heißt: Wie kann ich die Natur für mich nutzbar machen und zu meinen Gunsten ausbeuten?
Das Ergebnis ist bekannt: Die Schöpfung, in die Hand des Menschen gegeben, hat schweren Schatten gelitten. Der Mensch hat ganze Pflanzen- und Tierarten ausgerottet, er hat Eingriffe in den Haushalt der Luft, des Bodens, des Wassers vorgenommen, die die Gesundheit bedrohen. Diese aus einem falschen Bibelverständnis heraus entwickelte ›Herrenmoral‹ des Menschen wird von vielen einzelnen und inzwischen auch von den offiziellen Kirchen beklagt. Aber in den Schaltzentren der Macht, den politischen und den wirtschaftlichen, ist sie noch immer die herrschende Doktrin und wird unter dem fetischistisch gehandhabten Schlagwort ›Wachstum‹ auch ganz ungeniert angeboten. Nein! Nicht weiter wachsen dürfen wir, wir müssen schrumpfen! Vor allem unsere Anspruchsmentalität darf nicht wachsen; sie muß kleiner werden. Es könnte sich sonst das, was uns als Wachstum unseres Wohlstandes angepriesen wird, als »Wachsende Nähe zum Abgrund« herausstellen.
Das auch vom letzten Kirchentag aufgenommene Schlagwort lautet: »Nehmet einander an« (vgl. Röm 15,7). Auch dieser Satz ist wichtig; er ist richtig. Er hält fest, daß die Liebe, die nicht das Ihre sucht, die sich nicht erbittern läßt und das Böse nicht zurechnet, daß diese Liebe der Grundpfeiler der christlichen Begegnung mit dem Nächsten ist. Tierschützer lassen sich auch in der Erkenntnis und Praktizierung dieser Wahrheit von niemandem übertreffen. Aber gleichzeitig sagen sie, daß es gegen die biblischen Grundlagen der Nächstenschaft ist, wenn sie ein-

gegrenzt bleibt auf den Mitmenschen, wenn als Gegenstück zur Mitmenschlichkeit die Mitgeschöpflichkeit ausgegrenzt bleibt. Neben der Begegnung mit dem Mitmenschen, deren Grundpfeiler die Liebe ist, steht für uns die Begegnung mit dem Mitgeschöpf. Und deren Grundpfeiler heißen Ehrfurcht, Demut und Gerechtigkeit.

1. ›Ethik der Mitgeschöpflichkeit‹

»Der Christ«, so hat der Zürcher Theologe Fritz Blanke schon vor über 30 Jahren gesagt, »erhebt sich nicht hochmütig über die anderen Geschöpfe. Denn er weiß, daß er mit ihnen verwandt ist. ›Ich glaube, daß mich Gott geschaffen hat samt allen Kreaturen‹ (Luther). Alles, was da lebt, ist vom selben Schöpfergeiste durchwaltet. Wir sind, ob Mensch oder Nichtmensch, Glieder einer großen Familie. Die Mitgeschöpflichkeit (als Gegenstück zur Mitmenschlichkeit) verpflichtet. Sie auferlegt uns Verantwortung für die anderen ›Familienmitglieder‹. Wir sollen uns teilnehmend um sie kümmern, uns ihnen in brüderlicher Gesinnung zuwenden.«
Eine sich daraus zwingend ergebende »Ethik der Mitgeschöpflichkeit« steckt heute noch immer in den Kinderschuhen. Und gelegentlich noch nicht einmal das! Gelegentlich muß sie noch immer um ihre Existenzberechtigung kämpfen, muß sie feststellen, daß viele Theologen im Verein mit den europäischen Denkern wie eh und je eifrig darüber wachen, »daß ihnen keine Tiere in der Ethik herumlaufen« (A. Schweitzer). Weil Tiere angeblich keine Seele haben, hätten sie auch in Theologie und Kirche nichts zu suchen. Welch ein Schwachsinn! Als hätte Gott nicht auch sie mit der *ruah* zu lebendigen Wesen geschaffen! Als stünde nicht beim Prediger Salomo geschrieben: Mensch und Tier haben »ein und dasselbe Geschick. Wie diese sterben, so sterben jene. Beide haben ein und denselben Atem« (3,19).
Nein, die Tiervergessenheit in Theologie und Kirche, sofern sie denn noch immer praktiziert wird, hat keine Rechtfertigungsgründe. Sie versündigt sich an der biblischen Tradition, derzufolge Gott den Regenbogen gesetzt hat als Zeichen des Bundes nicht nur mit Noah und seiner Familie, sondern auch »mit allen Tieren«, die mit »aus der Arche gekommen sind« (Gen 9,10). Das christliche Abendland legt solche Texte seit mehr als 1000 Jahren aus. Aber »es kennt keine Ethik, die das Leid der Tiere und das Leid von Menschen als gleichwertig erscheinen ließe« (E. Drewermann).
Daß die jahrhundertelange Tiervergessenheit in der europäischen Theologie und Philosophie heute gleichwohl einem tierethischen Bewußtsein zu weichen beginnt, verdanken wir freilich nicht einem selbständigen Nachdenken über die Grundlagen einer theologischen oder philosophischen Ethik. Wir verdanken es den mutigen Protesten der Tierschützer, die auf die Straße gegangen sind. Und wir verdanken es der von Hans Jonas beschriebenen »Heuristik der Furcht«, es könne die Vollendung der Gewalt des Menschen noch einmal die Überwältigung seiner selbst bedeuten. Ja, wir verdanken es auch der Furcht, es könnten infolge der Ausrottung

aller Tiere noch einmal wir selbst an Armut des Geistes sterben. Das erst hat die entscheidende Aufklärung gebracht. Erst die ökologische Krise hat Theologie und Kirche bewogen, sich des Themas Umwelt und Tierschutz anzunehmen. Erst seitdem haben wir kirchliche Verlautbarungen, die die Verantwortung auch für das Tier einfordern. So die EKD-Studie von 1991: ›Zur Verantwortung des Menschen für das Tier als Mitgeschöpf‹ oder den Diskussionsbeitrag der VELKD von 1992: ›Erwägungen zur 'Mitgeschöpflichkeit' der Tiere‹. Ja, selbst der eben erst in Deutschland ausgelieferte ›Katechismus der Katholischen Kirche‹ (1993) – obwohl ein ärgerliches Dokument anthropozentrischer Überheblichkeit – kann formulieren: »Tiere sind Geschöpfe Gottes und unterstehen seiner fürsorgenden Vorsehung. Schon allein durch ihr Dasein preisen und verherrlichen sie Gott« (2416).
Aber was nutzen all die schönen kirchlichen Verlautbarungen, wenn es hierzulande staatlich protegierte Tierquälerei gibt und geben darf? Die Rede ist von der quälerischen Massentierhaltung, den fürchterlichen Tiertransporten quer durch Europa und den unnötigen, in ihrer Bedeutung umstrittenen Tierversuchen. Machen wir uns nichts vor! »Die Formen der Tierquälerei haben sich in den letzten Jahrzehnten verändert. Die Szene hat sich verlagert. Der Fuhrmann, der auf sein Pferd am überladenen Wagen losschlägt, ist heute verschwunden, ebenso der Tierschinder, der eine Katze mit einem am Hals festgebundenen Stein in den Fluß wirft« (Heini Hediger). Und das Publikum wäre heute ganz vom Schauplatz der Tierquälerei ausgeschlossen, wenn nicht die vielgescholtenen Medien – vor allem das ZDF mit seinen Kameras und Mikrophonen – hinter die Mauern des Schweigens gegangen wären. Denn dorthin hat sich die Tierquälerei verlagert, in gewisse Laboratorien »und in die düsteren Hangare der industriellen Tierzucht, wo Tiere als Maschinen, als Eiweißerzeugungsautomaten auf einem Minimum an Raum mit einem Miminum an pflegerischem Aufwand in absolut unbiologischer Umgebung gehalten werden ohne jede Möglichkeit zur Entfaltung ihrer natürlichen Tätigkeiten. Nur der Stoffwechsel wird mit unnatürlichem, physiologisch ausgeklügeltem Futter auf Höchstleistung gesteigert.« Dazu kommen dann noch die bekannten Hormon-Cocktails. »Die Maschine Tier wird mit allen Mitteln auf Hochtouren gebracht. [...] Es geht bei dieser grausamen Massenproduktion keineswegs um die Bekämpfung von Hunger, wie oft vorgegeben wird, sondern ganz einfach um ein schamloses Geschäft mit der Ware Tier – ohne den geringsten Respekt vor dem Leben« (Heini Hediger).

2. Ein Haus auf Sand gebaut

Wenn man mit Politikern in Bonn über diese Mißstände diskutiert, weisen sie gern darauf hin, daß wir nebst der Schweiz das beste Tierschutzgesetz in Europa hätten. Ja, aber »bis heute gleicht das Tierschutzgesetz einem Haus, das auf Sand gebaut ist, ohne eigenständiges Fundament, ohne Sicherheit. Denn im Grundgesetz [...] ist der Tierschutz nicht ausdrücklich und eindeutig verankert« (Eisenhart von Loeper,

Vorsitzender des Bundesverbandes der Tierversuchsgegner - Menschen für Tierrechte). Und das bedeutet, daß im Konflikt mit den uneingeschränkten Grundrechten der Freiheit von Wissenschaft, Kunst und Religion und im Widerspruch mit mächtigen Wirtschaftsinteressen der gesetzliche Schutz der Schwächeren, der Tiere, ›ausgehebelt‹ wird.

Beispiel: Was nutzt es, wenn in § 2 Tierschutzgesetz steht, ein Tier sei »verhaltensgerecht« unterzubringen, seine Möglichkeit zu »artgemäßer Bewegung« dürfe auf Dauer nicht so eingeschränkt werden, »daß ihm Schmerzen oder vermeidbare Leiden oder Schäden zugefügt werden« – was hilft diese gesetzliche Bestimmung, wenn gleichzeitig eine Verordnung des Landwirtschaftsministeriums genau dies bei der Kälbermast und der Käfighaltung von Legehennen erlaubt? In den engen Drahtkäfigen der Hühner, in den sargartigen Boxen der Kälber ist die artgemäße Bewegung nicht nur eingeschränkt; sie ist den Tieren ganz und restlos genommen.

Der Gesetzgeber, der solchen Widerspruch zwischen gesetzlicher Bestimmung und Haltungsverordnung hinnimmt, kann sich immerhin damit beruhigen, daß die Mehrzahl der Bevölkerung ganz ungeniert die Produkte aus diesen Systemen konsumiert und sich nicht im geringsten ein Gewissen daraus macht, daß sie damit mitschuldig wird an massenhafter Tierquälerei. Auch hier sollte es längst einen Aufstand geben mit der Parole ›Wir sind das Volk‹. Wir wollen keine Ware, die deshalb billig ist, weil sie mit Tierquälerei bezahlt wurde! Und wir wollen auch kein Tierschutzgesetz, das im Umgang mit den Tieren kaum mehr als nackten Mutwillen oder Sadismus verbietet. Aber davon, daß dem Tier eigenständige Rechte oder Ansprüche von einigem Gewicht eingeräumt werden, kann überhaupt nicht die Rede sein.

Nach § 18 Tierschutzgesetz begeht derjenige, der einem Wirbeltier vorsätzlich »ohne vernünftigen Grund erhebliche Schmerzen, Leiden oder Schäden zufügt« – man lese und staune –, eine Ordnungswidrigkeit. Tatsächlich aber müßte das nicht als eine Ordnungswidrigkeit, sondern als ein Verbrechen eingestuft werden. Denn: »Wo Schmerz ist, da ist der Beginn von Subjektivität, der Beginn einer ›Innenseite‹ des Lebens. Die absichtliche Verwandlung eines solchen Lebens in ein Bündel von Leiden und stummer Verzweiflung ist ein Verbrechen. Was sollte eigentlich sonst ein Verbrechen sein« (Robert Spaemann)?

Hätten die Tiere die ihnen zustehenden Rechte, könnten sie rechtens nicht mehr gequält werden. Warum aber stehen den Tiere Rechte zu, und welche Rechte sind es, die ihnen zustehen? Der Mainzer Rechtsphilosoph Norbert Hoerster argumentiert so: »Von entscheidender praktischer Bedeutung für unseren generellen Umgang mit Tieren ist [...] die folgende Einsicht: Die Vertreter zahlreicher Tierarten haben ohne Zweifel die Fähigkeit des Schmerzempfindens. Sie können in einer dem Menschen durchaus vergleichbaren Weise physisch wie auch psychisch leiden; und sie versuchen im konkreten Fall, solchem Leiden zu entgehen. Man denke etwa an die Reaktion eines Fuchses, der in eine Falle gerät, oder einer Elefantenkuh, der ihr Junges geraubt wird. Manche Tiere leiden vermutlich dadurch, daß man sie in Käfige sperrt und zwangsweise mästet, nicht weniger als

Menschen, mit denen man entsprechend verfahren würde. Da für Tiere das Interesse, physisch und psychisch nicht gequält zu werden, zweifellos auch ebenso wichtig und elementar ist wie für Menschen, besteht ein guter Grund, auch Tieren das entsprechende Recht, nicht gequält zu werden, [...] einzuräumen. Wer diesen Gedankengang schlüssig findet, sollte allerdings auch seine Konsequenzen akzeptieren: Tiere müssen, soweit sie tatsächlich die gleichen Bedürfnisse und Interessen wie Menschen haben, auch die gleichen Rechte erhalten!« Und Hoerster fährt fort: »Derartige Konsequenzen stehen im Widerspruch zu vielen unserer sozialen Traditionen. Auch passen sie den Theologen, die allein den Menschen zum Ebenbild ihres Gottes erklären, wie auch den Politikern, die allein auf den Menschen zur Erhaltung ihrer Macht angewiesen sind, wenig ins Konzept. In der Tat: Warum sollten wir, die wir Menschen sind, denn überhaupt irgendwelchen anderen, nichtmenschlichen Lebewesen eigenständige Rechte einräumen? Warum sollen wir die Qualen und Entbehrungen von Tieren ebenso wichtig nehmen wie die Qualen und Entbehrungen von Menschen? Warum sollen wir Tiere nicht ruhig unterdrücken, ausbeuten und für alle unsere Zwecke nutzbar machen?«
Nicht nur der streitbare Pater Balisius Streithofen aus Bonn ist es, der so fragt. Viele unserer Mitbürger fragen so. Aber erinnern wir uns! Mit genau denselben Fragen hat man jahrhundertelang den Schwarzen die Gleichberechtigung verweigert. Warum sollen wir Schwarze nicht ruhig unterdrücken, ausbeuten und für alle unsere Zweck nutzbar machen? In der Antwort waren sich die weißen Gesellschaften und die Kirchen einig: Weil sie nicht ebenso wie wir Menschen sind. Heute schämt man sich der damals gegebenen Antwort. Heute weiß man es genau umgekehrt: »Weil die Schwarzen ebenso wie wir Menschen sind, dürfen wir sie nicht auf Dauer unterdrücken und versklaven.« Heute weisen wir zur Begründung gleicher Rechte für Weiße und Farbige darauf hin, »daß Weiße und Farbige sich in relevanter Hinsicht nicht unterscheiden« (Norbert Hoerster).
Nun sind Tiere natürlich nicht in der gleichen Weise wie wir menschliche Wesen. Aber sie sind ebenso wie wir fühlende, schmerzempfinde Wesen. Daher haben sie das gleiche Recht wie wir, nicht gequält zu werden. Hoerster ist zuzustimmen, wenn er sagt: Die Entwicklung des Denkens, die zur Gleichstellung der Farbigen geführt hat, muß konsequenterweise auch zur partiellen Gleichbehandlung der Tiere führen. Wohlgemerkt: zur partiellen, nicht zur totalen Gleichstellung. Aber Gleichstellung in punkto Leidvermeidung! Die Leidensfähigkeit der Tiere verlangt die Zuerkennung des Rechtes, nicht gequält zu werden.
Aber der Weg bis dorthin ist noch weit, nicht obwohl, sondern gerade weil in Bonn die C-Politiker das Sagen haben! Die gemeinsame Verfassungskommission von Bundestag und Bundesrat hat am 11. Februar 1993 darüber beraten und abgestimmt, ob der Tierschutz als Grundwert und Staatsziel in den Verfassungstext aufzunehmen sei. Der von der SPD-Fraktion und dem Land Hessen gestellte Antrag hatte folgenden Wortlaut: »Nach Art. 20 (GG) wird folgende Ergänzung eingefügt: ›Tiere werden als Lebewesen geachtet. Sie werden vor nichtartgemäßer Haltung, vermeidbaren Leiden und Zerstörung ihrer Lebensräume geschützt‹.« Der Antrag wurde mit den CDU/CSU-Stimmen abgelehnt. Daher werden es viele Men-

schen in diesem Land begrüßen, daß jetzt endlich eine Tierschutzpartei ›Mensch-Umwelt-Tierschutz‹ auf Bundesebene gegründet wurde, die im Superwahljahr 1994 um unsere Stimmen werben wird.

3. Die Würde des Menschen ist unantastbar

Was ist die Würde des Menschen? Theologisch ist sie seine Gottesebenbildlichkeit. Das heißt, der Mensch kann in Entsprechung zu seinem Schöpfer Verantwortung übernehmen für Gottes Schöpfungswerke, insbesondere für alles Schwache. Tiere sind schwach, heute sogar die Schwächsten der Schwachen. Sie treuhänderisch zu schützen und nicht bis aufs Blut auszubeuten, ist der Dienst, den das Ebenbild Gottes seinem Schöpfer schuldet. Kurz: Nach theologisch-ethischem Verständnis ist der Tierschutz ein Dienst, den wir Gott schulden: Er ist Gottesdienst.

Robert Spaemann hat gesagt: »Wenn Menschenwürde [...] etwas meint, was den Menschen ›objektiv‹ auszeichnet, dann kann sie nur die Fähigkeit des Menschen meinen, Ehrfurcht zu haben vor dem, was über ihm, was neben ihm und was unter ihm ist (Goethe). [...] Die Dezimierung lebender Arten, die die zivilisierte Menschheit zur Zeit verursacht, ist eine durch nichts zu rechtfertigende Versündigung an den kommenden Generationen. Wir haben nicht die Pflicht, deren Glück zu planen. Aber wir haben die Pflicht, ihnen den natürlichen Reichtum an Wirklichkeit unvermindert weiterzugeben, nachdem wir für unsere Lebenszeit von den Zinsen dieses Kapitals gelebt haben. Eine Zivilisation, die dazu nicht imstande ist, ist parasitär und dem Schicksal von Parasiten ausgeliefert, die mit ihrem Wirtsorganismus sich selbst zugrunde richten.«

Darum: Nehmt einander an! Nehmt auch die Tiere an! Den von Albert Schweitzer gegangenen Schritt von der mitmenschlichen zur mitgeschöpflichen Humanität haben wir mitzugehen. Ist doch Schweitzers Ethik der Ehrfurcht vor dem Leben »die ins Universelle erweiterte Ethik der Liebe. Sie ist die als denknotwendig erkannte Ethik Jesu«.[1]

Viel Zeit dürfen wir uns allerdings mit diesem Schritt von der mitmenschlichen zur mitgeschöpflichen Humanität nicht mehr lassen. Denn wenn die Natur erst einmal das Vernichtungspotential, das wir in sie hineingeben, gegen uns richtet, könnte es für alles zu spät sein. In diesem Sinne schließe ich mit einem Wort, das der jüdische Religionsphilosoph Hans Jonas zwei Wochen vor seinem Tod, im Januar 1993, gesagt hat: »Einst war es die Religion, die uns mit dem Richterspruch am Ende der Tage drohte. Heute ist es unser gequälter Planet selbst, der die Ankunft dieses Tages voraussagt. Diese letzte Offenbarung kommt nicht vom Berg Sinai, nicht von jenem Berg der Predigt, auch nicht vom Bo-Baum Buddhas – es ist die Anklage der stummen Kreatur, die uns mahnt, unsere ehrgeizige Allmacht zu zähmen, damit wir nicht allesamt zugrunde gehen in einer Wüste, die sich einst als Schöpfung präsentierte.«

---

1 LD, S. 241.

DER AUTOR

Erich Gräßer, geboren 1927. Nach Kriegsdienst und Schulabschluß Studium der ev. Theologie in Wuppertal, Tübingen und Marburg. Promotion (1955) und Habilitation (1964) in Marburg. Von 1956 bis 1961 Gemeindepfarrer in Rheinbach und Oberhausen. 1964 Dozent für Neues Testament an der Universität Marburg, ab 1965 Professor für Neues Testament in Bochum, seit 1979 in Bonn.
Präsident der Wissenschaftlichen Albert-Schweitzer-Gesellschaft (ASG).

BIBLIOGRAPHIE
NACHWEIS DER ERSTVERÖFFENTLICHUNGEN

16. Sonntag nach Trinitatis – Hebr 10,35-36 (37-38), 39. In: CPhNF VI/2, 1996, S. 163-170

Albert Schweitzer. In: Protestantische Profile. Lebensbilder aus fünf Jahrhunderten, hg. v. K. Scholder und D. Kleinmann, Königstein/Ts. 1983, S. 307-323

Albert Schweitzer. In: Scholder, Klaus/Kleinmann, Dieter: Protestanten. Von Martin Luther bis Dietrich Bonhoeffer. Portraits, Frankfurt [2]1992, S. 307-323

Hg. zusammen mit Johann Zürcher: Albert Schweitzer. Straßburger Vorlesungen. Werke aus dem Nachlaß, München 1997

Alles Leben ist heilig. Albert Schweitzers Beitrag für eine Umweltethik. In: EK 26/1993, S. 722-724

An die Hebräer, 2. Teilband: Hebr 7,1-10,18 (= EKK XVII/2), Zürich u.a./Neukirchen-Vluyn 1993

An die Hebräer, 3. Teilband: Hebr 10,19-13,25 (= EKK XVII/3), Zürich u.a./Neukirchen-Vluyn 1997

Czesc dla zycia. In: Prawda Moralina dobro moralne – Ksiega Jubileuszowa dedykowana Polni Profesor Igi Lazari – Pawlowskiej, Lodz 1993, S. 163-164

Das Prinzip ›Ehrfurcht vor dem Leben‹. Albert Schweitzers Ethik für unsere Zeit. In: Albert-Schweitzer-Studien 2, Bern/Stuttgart 1991, S. 43-57

Das Schriftargument in Hebr 10,37f. In: Kampling, Rainer/Söding, Thomas (Hg.): Ekklesiologie des Neuen Testaments. Für Karl Kertelge, Freiburg u.a. 1996, S. 431-439

Das theologische und ethische Erbe Albert Schweitzers. In: Wissenschaft und Kirche, Festschrift für E. Lohse, Bielefeld 1989, S. 212-224

›Die ethische Denk-Religion‹. Albert Schweitzers Ablehnung einer doppelten Wahrheit in seinen Nachlaßschriften. In: Geschichte–Tradition–Reflexion. Festschrift für Martin Hengel, Tübingen 1996, S. 677-694

Ehrfurcht vor allem Lebendigen. In: Tierheim aktuell 1994, S. 92-93

Ehrfurcht vor der Wahrheit. Albert Schweitzers Bibelverständnis. In: Die Zukunft des Schriftprinzips, Bibel im Gespräch 2, Stuttgart 1994, S. 174-185

Erwägungen zu einer Tierschutzethik aus theologischer Sicht. Deutsche Veterinärmedizinische Gesellschaft e.V., Gießen 1993, S. 59-69; veröffentlicht auch in BASF 3, S. 171-181

Ethik bei Albert Schweitzer. In: Albert-Schweitzer-Studien 1, Bern/Stuttgart 1989, S. 50-77

Ethik der Ehrfurcht vor dem Leben und Schuld. Die (Tierschutz-)Ethik Albert Schweitzers. In: Tierschutz, Teil I: Ethische, wissenschaftliche und rechtliche Grundlagen zur Behandlung von Tierschutzthemen im Unterricht, hg. vom Hessischen Institut für Lehrerfortbildung, FB Biologie, Fuldatal/Frankfurt a.M. 1995, S. 23-25

Glaube und Tätigkeit (Interview). In: Weltbild 5, 17. Februar 1995, S. 25

Morgenandacht auf der Tagung der Alten Marburger in Hofgeismar am Mittwoch, dem 5. Januar 1994, über Ps 46,11 (Losung des Tages). In: Protokoll der Tagung Alter Marburger vom 3. bis 5. Januar 1994 in Hofgeismar, Berlin 1994, S. 28-31

Nehmet die Tiere an. In: DtPfrBl 94/1994, S. 221-223

Notwendigkeit und Möglichkeiten heutiger Bultmannrezeption. In: ZThK 91/1994, S. 272-284

(Rez.) Hans Friedrich Weiß. Der Brief an die Hebräer (= KEK XIII), Göttingen 1991, ThR 58/1993, S. 450-452

(Rez.) Theologische Realenzyklopädie (TRE), Register zu Band 1-17 (1990), 18 (1989), 19 (1990), 20 (1990), 21 (1991), TLR 57 (1992), S. 448-450.

The Principle of Reverence for Life: Albert Schweitzer's Ethic for our Time. In: Miller, D.C./ Pouilliard, J. (Ed.): The Relerance of Albert Schweitzer and the Dawn of the 21st Century, Lanham, New York/London 1992, S. 89-93

Tierschutz aus theologischer Sicht. In: Herkenrath, P./Lantermann, W. (Hg.): Flieg Vogel oder stirb. Vom Elend des Handels mit Wildvögeln, Göttingen 1994, S. 141-147

›Viele Male und auf vielerlei Weise ...‹. Kommentare zum Hebräerbrief 1968-1991. In: Bibel und Kirche 48/1993, S. 206-215

Zum Stichwort ›Interimsethik‹. Eine notwendige Korrektur. In: Neues Testament und Ethik, Festschrift für R. Schnackenburg, Freiburg u.a. 1989, S. 16-30

LITERATURVERZEICHNIS

Vorbemerkung

Siglen werden ausschließlich für Schweitzer-Texte verwendet. Sie werden hinter der Quelle in eckigen Klammern angegeben. Nicht mit Siglen zitiert werden Schriften Schweitzers nur dann, wenn es sich um einzeln veröffentlichte oder unveröffentlichte Predigten und Briefe handelt. Nur für diese Schweitzer-Texte wird – ohne Angabe des Verfassers – ein Kurztitel gebildet und in den Fußnoten verwendet.

Alle Schriften, die in den ›Gesammelten Werken‹ Schweitzers enthalten sind, werden nach dieser Ausgabe zitiert.

Für die Sekundärliteratur sowie für die von Schweitzer-Quellen abweichenden Quellen (zum Beispiel Schriften von Kant, Hegel etc.) werden *ausschließlich Kurztitel* gebildet. Der jeweilige Kurztitel ist in der Titelangabe *kursiv* gesetzt.

Die Kennzeichnung der Bände einer Reihe, einer Gesamtausgabe oder ähnlichem erfolgt ausschließlich in römischen Ziffern und *ohne* die Abkürzung ›Bd.‹ (zum Beispiel KPh III; Hegel: Werke II). Ist ein Werk in Teile untergliedert, so werden die Teile grundsätzlich mit arabischen Ziffern angegeben. Werden Werke in Bänden und Teile untergliedert, so wird zuerst der Band in römischen Ziffern und dann der Teil in arabischen Ziffern angegeben (zum Beispiel für den ersten Teil des dritten Bandes von Albert Schweitzers Kulturphilosophie: KPh III, 1).

Autoren können die vollständigen Abkürzungsprinzipien bei der ASG anfordern.

Manfred Ecker

Oberhausen 1997

Amery, Carl: *Das Ende der Vorsehung*. Die gnadenlosen Folgen des Christentums, Hamburg 1972

Bähr, Hans-Walter (Hg.): Albert Schweitzer – sein *Denken* und sein Weg, Tübingen 1962

Barth, Karl: *Einführung* in die evangelische Theologie, Zürich 1962

Barth, Karl: *Gesamtausgabe V. Briefe*. Karl Barth – Eduard Thurneysen, Briefwechsel Bd. 2, 1921-1930 (hg. v. E. Thurneysen), Zürich 1974

Bartsch, Werner: Kerygma und Mythos. Ein theologisches Gespräch (= KuM 1), Hamburg 1948; 2. Band (= KuM 2), Hamburg 1952

Baur, Hermann/Minder, Robert: Albert Schweitzer. *Gespräch*, Basel 1967. In: Evangelische Zeitstimmen 42/43, Hamburg 1969

Becker, Jürgen: Zugänge zur *Bergpredigt*. In: Kieler Entwürfe für Schule und Kirche 15/1994, S. 3-20

Brüllmann, Richard (Hg.): Albert-Schweitzer-Studien I, Bern/Stuttgart 1989

Brüllmann, Richard: Treffende *Albert-Schweitzer-Zitate*. Die eindrucksvollsten Zitate nach Stichwörtern von A-Z geordnet, Thun 1986

Buber, Martin: *Bilder* von Gut und Böse, [3]1986

Bultmann, Rudolf: Brief vom 17. November 1907 an W. Fischer. Im Bultmann-Nachlaß der UB Tübingen

Bultmann, Rudolf: *Das Befremdliche* des christlichen Glaubens. In: Ders.: Glaube III, S. 197-212

Bultmann, Rudolf: Das Verhältnis der urchristlichen *Christusbotschaft* zum historischen Jesus. In: Ders.: Exegetica, S. 445-469.

Bultmann, Rudolf: Die *Bedeutung der Eschatologie* für die Religion des Neues Testaments. In: ZThK 27/1917

Bultmann, Rudolf: Die *Erforschung* der synoptischen Evangelien. In: Ders.: Glauben IV, S. 1-41

Bultmann, Rudolf: Die *liberale Theologie* und die jüngste theologische Bewegung. In: Ders.: Glaube I, S. 1-25

Bultmann, Rudolf: Echte und säkularisierte *Verkündigung* im 20. Jahrhundert. In: Ders.: Glaube III, S. 122 ff.

Bultmann, Rudolf: Ethische und *mystische Religion* im Urchristentum. In: ChW 34/1920

Bultmann, Rudolf: *Exegetica*. Aufsätze zur Erforschung des Neuen Testaments. Ausgewählt, eingeleitet und hg. v. Erich Dinkler, Tübingen 1967

Bultmann, Rudolf: *Glaube* und Verstehen. Gesammelte Aufsätze von Rudolf Bultmann, 4 Bde., Tübingen 1965

Bultmann, Rudolf: *Jesus und Paulus*. In: Ders.: Exegetica, S. 210-229

Bultmann, Rudolf: *Jesus*, Tübingen 1951

Bultmann, Rudolf: *Kirche und Lehre* im Neuen Testament. In: Ders.: Glaube I, S. 153-188

Bultmann, Rudolf: *Neues Testament und Mythologie*. Das Problem der Entmythologisierung der neutestamentlichen Verkündigung (1941). In: KuM 1/1948

Bultmann, Rudolf: *Rezension* zu: Schweitzer, Albert. Die Mystik des Apostels Paulus [*MAP*]. In: DLZ 2/1931, Sp. 1153-1158

Bultmann, Rudolf: *Rezension* zu: Schweitzer, Albert. Geschichte der paulinischen Forschung [*GPF*]. In: Chw 26/1912

Bultmann, Rudolf: *Rezension* zu: Schweitzer, Albert. Geschichte der Leben-Jesu-Forschung [*GLJF*]. In: Chw 28/1914

Bultmann, Rudolf: *Wissenschaft* und Existenz (Ehrfurcht vor dem Leben; Festschrift zum 80. Geburtstag von Albert Schweitzer, 1955, S. 30-43). In: Bultmann, Rudolf: Glaube III, S. 107-121

Bultmann, Rudolf: Zur Frage der *Christologie*. In: Ders.: Glaube I, S. 85-113

Buri, Fritz (Hg.): *Ehrfurcht* vor dem Leben. Albert Schweitzer. Eine Freundesgabe zu seinem 80. Geburtstag, Bern 1955

Buri, Fritz: Albert Schweitzer als *Theologe*, Basel 1955

Buri, Fritz: Der existentielle *Charakter* des konsequent-eschatologischen Jesus-Verständnisses Albert Schweitzers im Zusammenhang mit der heutigen Debatte zwischen Bultmann, Barth und Jaspers. In: Ders.: Ehrfurcht, S. 44-58

Buri, Fritz: *Entmythologisierung und Entkerygmatisierung* der Theologie. In: KuM 2/1952, S. 85-101

Conzelmann, Hans: *Art. Jesus Christus*. In: RGG³ III, Sp. 648-653

Cullmann, Oscar: *Vorträge und Aufsätze* 1925-1962, Tübingen/Zürich 1966

Dahl, Jürgen: Der wahre *Preis* des Stroms. In: Natur. Das Umweltmagazin 7/1990, S. 96-98

Dahl, Nils A.: *Der historische Jesus* als geschichtswissenschaftliches und theologisches Problem. In: KuD 1/1955, S. 104 ff.

Ditfurth, Hoimar von: *Innenansichten* eines Artgenossen. Meine Bilanz, Düsseldorf 1989

Ebeling, Gerhard: *Dogmatik* des christlichen Glaubens *II*, Tübingen 1979

Fichte, Johann G.: Ausgewählte Werke VI. Hg. Von F. Medicus. Nachdruck Darmstadt 1962

Fichte, Johann G.: *Die Staatslehre* oder über das Verhältnis des Urstaates zum Vernunftreiche, in Vorlesungen gehalten im Sommer 1813 auf der Universität zu Berlin (1820). In: Ders.: Werke. Auswahl in sechs Bänden, Sechster Band, hg. von Fritz Medicus, Leipzig 1912, S. 417-625

Franz, Günther (Hg.): Ein *Briefwechsel* über das Christentum zwischen Gustav Wyneken und Albert Schweitzer. In: Jahrbuch des Archivs der deutschen Jugendbewegung, Bd. III, Burg Ludwigstein 1971 [BWCGWAS]

Funke, G.: Die *Philosophie der Ehrfurcht* vor dem Leben. In: Beyer, Michael/Stempel, Hermann-Adolf (Hg.): Welt, Umwelt, Ökologie (= BASF 3), Weinheim 1995, S. 55-68

Gallusser, Werner A.: *Landethik* – Verantwortung aus Einsicht in die Mitwelt. In: Brüllmann, Richard (Hg.): Albert-Schweitzer-Studien I, Bern/Stuttgart 1989, S. 31 bis 49.

Gräßer, Erich: Albert Schweitzer als *Theologe* (BHTh 60), Tübingen 1979

Gräßer, Erich: *Albert Schweitzer und Rudolf Bultmann*. Ein Beitrag zur historischen Jesusfrage. In: Jaspert, Bernd (Hg.): Rudolf Bultmanns Werk und Wirkung, Darmstadt 1984, S. 53-69

Gräßer, Erich: Das Problem der *Parusieverzögerung* in den synoptischen Evangelien und in der Apostelgeschichte (= BZNW 22), Berlin ³1977

Gräßer, Erich: *Der Mensch* Jesus als Thema der Theologie. In: Ders.: Jesus und Paulus. Festschrift für W.G. Kümmel zum 70. Geburtstag, Göttingen 1975

Gräßer, Erich: *Ehrfurcht* vor allem Lebendigen. Zur Aktualität Schweitzers. In: DtPfrBl 80/1980, S. 274-277

Gräßer, Erich: Ehrfurcht vor der *Wahrheit*. Albert Schweitzers Bibelverständnis. In: Ziegert, Richard (Hg.): Die Zukunft des Schriftprinzips, Stuttgart 1994, S. 174-185

Gräßer, Erich: *Ethik* bei Albert Schweitzer. In: Brüllmann, Richard (Hg.): Albert-Schweitzer-Studien I, Bern/Stuttgart 1989

Gräßer, Erich: *Mystik* und Ethik. Ihr Zusammenhang im Denken Albert Schweitzers. In: BASF 1, S. 190-195

Gräßer, Erich: *Rezension* zu Schweitzer, Albert: Gespräche über das Neue Testament, hg. v. W. Döbertin, Eßlingen/München 1986 [*GNTe*]

Grabs, Rudolf: Albert Schweitzer. *Denker* aus Christentum, Halle 1958

Grabs, Rudolf: *Gelebter Glaube*. Ein Lesebuch, Berlin 1957

Groos, Helmut: Albert Schweitzer. *Größe und Grenzen*. Eine kritische Würdigung des Forschers und Denkers, München/Basel 1974

Günzler, Claus/Gräßer, Erich u.a. (Hg.): Albert Schweitzer heute. Brennpunkte seines Denkens (= BASF 1), Tübingen 1990

Günzler, Claus: Albert Schweitzers Ethik und ihre *Kritiker*. In: 62. Rundbrief für alle Freunde von Albert Schweitzer, hg. v. Deutschen Hilfsverein für das Albert-Schweitzer-Spital in Lambarene e.V., Frankfurt/M., November 1986

Hallier, Christian (Hg.): Studien der Erwin-von-*Steinbach-Stiftung II*, Frankfurt/M. 1968

Hartmann, N.: *Ethik*, Berlin/Leipzig 1926

Hengel, Martin: *Kerygma oder Geschichte?* Zur Problematik einer falschen Alternative in der neutestamentlichen Forschung, aufgezeigt an Hand einiger neuer Monographien. In: THQ 151/1971, S. 323-336

Hermann, Wilhelm: Warum bedarf unser *Glaube* geschichtlicher Tatsachen? Gesammelte Aufsätze, Tübingen 1923

Hiers, Richard H.: *Jesus and Ethics*, Philadelphia 1968

Holtzmann, Heinrich Julius: *Gesinnungsethik oder Interimsethik*. Ein Beitrag zum Problem der Ethik Jesu. In: PrM 14/1910, S. 1-8

Holtzmann, Heinrich Julius: *Lehrbuch* der neutestamentlichen Theologie *I*, Tübingen [2]1911

Jaspert, Bernd (Hg.): Rudolf Bultmanns Werk und Wirkung, Darmstadt 1984

Jeremias, Joachim: Der gegenwärtige Stand der Debatte um das *Problem des historischen Jesus*. In: Ristow, Helmut/Matthiae, Karl (Hg.): Der historische Jesus und der kerygmatische Christus. Beiträge zum Christusverständnis in Forschung und Verkündigung. Berlin [2]1961, S. 12-25

Jonas, Hans: Das Prinzip *Verantwortung*. Versuch einer Ethik für die technische Zivilisation, Frankfurt/M. 1984

Jülicher, Adolf: Neue Linien in der Kritik der evangelischen *Überlieferung* (Vorträge des Hess. und Nass. theol. Ferienkurses 3), Gießen 1906, S. 6

Jüngel, Ernst: *Paulus und Jesus*. Eine Untersuchung zur Präzisierung der Frage nach dem Ursprung der Christologie (= HUTh 2), Tübingen 1962

Jüngel, Ernst: *Wertlose Wahrheit*. Christliche Wahrheitserfahrung im Streit gegen die ›Tyrannei der Werte‹, Vorlesungsmanuskript im Besitz von E. Gräßer

Jürgensen, Kurt/Scharbau, Friedrich-Otto/Schmidt, Werner H. (Hg.): ›Gott loben das ist mein Amt‹. Beiträge zu einem Leitwort, Kiel 1984

Kantzenbach, Friedrich-Wilhelm: Albert Schweitzer. Wirklichkeit und Legende, Göttingen 1969

Käsemann, Ernst: *Das Problem* des historischen Jesus. In: ZThK 51/1954, S. 125-153

Kertelge, Karl (Hg.): Rückfrage nach Jesus. Zur Methodik und Bedeutung der Frage nach dem historischen Jesus (= QD 63), Freiburg 1974

Koch, Traugott: Albert Schweitzers Kritik des christologischen Denkens und die sachgemäße Form einer gegenseitigen Beziehung auf den geschichtlichen Jesus. Eine Erinnerung anläßlich seines 100. Geburtstages. In: ZThK 73/1976, S. 208-240

Kreß, Hartmut: Die Kategorie ethischer ›*Verantwortung*‹ in der neueren Diskussion. In: ThR 53/1988, S. 82-98

Kühn, G.: Ehrfurcht vor dem Leben, 13/181, 30/1987

Kuhn, Heinz-Wolfgang: Enderwartung und gegenwärtiges Heil. Untersuchungen zu den Gemeindeliedern vom Qumran (= StUNT 4), Göttingen 1966

Kümmel, Werner Georg: Das *Problem* des geschichtlichen Jesus in der gegenwärtigen Forschungslage. In: MThSt 3, Marburg 1965, S. 392-405

Kümmel, Werner Georg: Die ›*Konsequente Eschatologie*‹ Albert Schweitzers im Urteil der Zeitgenossen. In: MThSt 3, Marburg 1965, S. 328-359

Kümmel, Werner Georg: Die *Theologie des Neuen Testaments* nach seinen Hauptzeugen Jesus, Paulus, Johannes (= GNT 3), Göttingen [4]1980

Kümmel, Werner Georg: Ein Jahrzehnt *Jesusforschung (1965-1975)*. In: ThR 40/1975, S. 289-336; Nachträge 1975-1980. Teil 1 (ThR 46/1981), Teil 2 (ThR 47/1982), S. 348-383

Kümmel, Werner Georg: Heilsgeschehen und Geschichte II. Gesammelte Aufsätze 1965-1977, hg. v. Erich Gräßer und O. Merk (= MThSt 16), Marburg 1978

Kümmel, Werner Georg: Jesu Antwort an Johannes den Täufer. Ein Beispiel zum Methodenproblem in der Jesusforschung. In: MThSt 16, Marburg 1978, S. 177-200

Kümmel, Werner Georg: Jesus und Paulus. In: ThBl 19/1940

Kümmel, Werner Georg: Rudolf Bultmann als *Paulusforscher*. In: Jaspert, Bernd (Hg.): Bultmanns Werk, S. 174-193

Laudatio der Universität Marburg zur Verleihung des Dr. theol. h.c. an Albert Schweitzer 1952. In: Bähr, Hans-Walter (Hg.): Albert Schweitzer. Sein Denken und sein Weg. Tübingen 1962

Laudatio der Universität Tübingen zur Verleihung des Dr. theol. h.c. an Albert Schweitzer 1957. In: Bähr, Hans-Walter (Hg.): Denken, S. 433

Lessing, Gotthold Ephraim: Werke in sechs Bänden, VI: Philosophie/Theologie. Auf Grund der von Julius Petersen und W. von Oshausen besorgten Ausgabe neu bearbeitet von F. Fischer, Zürich 1965

Lessing. Gotthold Ephraim: Über den *Beweis des Geistes* und der Kraft (1777). In: Ders.: Werke VI

Luz, Ulrich: Das *Evangelium* nach Matthäus (Mt 1-7) (= EKK I/1), Zürich u.a./Neukirchen-Vluyn 1985

Merklein, Helmut: Die *Gottesherrschaft* als Handlungsprinzip. Untrsuchung zur Ethik Jesu (= FzB 34), Würzburg [3]1984

Merklein, Helmut: Jesu Botschaft von der Gottesherrschaft. Eine Skizze (= SBS 111), Stuttgart 1983

Minder, Robert: Warum Albert Schweitzer nach *Lambarene* ging. In: Süddeutsche Zeitung Nr. 19 vom 24/25. Januar 1976

Moltmann, Jürgen (Hg.): Anfänge der dialektischen *Theologie II* (TB 17/II), München [3]1977

Müller, Karlheinz: Art. Apokalyptik/Apokalypsen III. Die jüdische Apokalyptik. Anfänge und Merkmale. In: TRE 3/1978, S. 202-251

Müller, Wolfgang Erich: Albert Schweitzers *Kulturphilosophie* im Horizont säkularer Ethik (= TBT 59), Berlin 1993

Patzig, Günther: Der wissenschaftliche *Tierversuch* unter ethischen Aspekten. In: Hardegg, W./ Preiser, G. (Hg.): Tierversuche und medizinische Ethik. Beiträge zu einem Heidelberger Symposion (= Frankfurter Beiträge zur Geschichte, Theorie und Ethik der Medizin, Bd. 3), Hildesheim 1986

Picht, Werner: Albert Schweitzer. *Wesen* und Bedeutung, Hamburg 1960

Rambeck, B.: Mythos Tierversuch. Eine wissenschaftliche Untersuchung, Frankfurt/M. 1990

Reiner, Hans: Die philosophische *Ethik*, Heidelberg 1964

Reiner, Hans: Die *Zukunft* der Ethik Albert Schweitzers. In: The Journal of Value Inquiry 2/1968, S. 157-165

Ristow, Helmut/Matthiae, Karl (Hg.): Der historische Jesus und der kerygmatische Christus. Beiträge zum Christusverständnis in Forschung und Verkündigung, Berlin ²1961

Robinson, James M.: Einführung. In: Schweitzer, Albert: Geschichte der Leben-Jesu-Forschung (= GTB, Siebenstern 77), Gütersloh ³1977, S. 21 ff. [GLJF (1977)]

Robinson, James M.: Kerygma und historischer Jesus, Zürich ²1967

Robinson, James M.: Die *Hermeneutik* seit Karl Barth. In: Die neue Hermeneutik (Neuland in der Theologie II), Zürich 1965, S. 13-108

Sanders, JackT.: Ethics in the New Testament, Philadelphia 1975

Sauter, Gerhard: Begriff und Aufgabe der Eschatologie. Theologische und philosophische Überlegungen. In: NZSTh 30/1988, S. 191-208

Sauter, Gerhard: Zukunft und Verheißung. Das Problem der Zukunft in der gegenwärtigen theologischen und philosophischen Diskussion, Zürich/Stuttgart 1965

Schmidt, M.: Albert Schweitzer als *Theologe*. In: Steinbach-Stiftung II

Schmithals, Walter: Das *Evangelium* nach Markus (= ÖTK 23/1), Gütersloh/Würzburg 1979

Schmithals, Walter: Nachwort. In: Bultmann, Rudolf: Jesus. Neuausgabe 1983, S. 149-158

Schnackenburg, Rudolf: Die sittliche Botschaft des Neuen Testaments *I*: Von Jesus zur Urkirche (= HThK Suppl., Bd. 1), Freiburg u.a. 1986

Scholder, Klaus: Albert Schweitzer und Ferdinand Christian Baur, in: Bähr, Hans-Walter (Hg.): Denken

Schrage, Wolfgang: Art. Ethik IV. Neues Testament. In: TRE 10/1982, S. 435-462

Schrage, Wolfgang: Ethik des Neuen Testaments (= GNT 4), Göttingen 1982

Schweier, Jürgen: Christian *Wagner*. Eine Lebensskizze. In: Wagner, Christian: Neuer Glaube, Kirchheim/Teck 1980

Schweitzer, Albert: Die Religion im heutigen Geistesleben und in der Kultur unserer Zeit (Vier Hibbert-Vorlesungen, 1934), gehalten im Oktober 1934 im Manchester College zu Oxford und in The Great Hall of University College zu London. In: KEWW, S. 166-244 und Anhang, S. 452-548 [RHGL]

Schweitzer, Albert: Ansprache bei der Entgegennahme des belgischen Joseph-Lemaire-Preises. In: GW V, S. 160-166 [AEBJLP]

Schweitzer, Albert: Aus meinem Leben und Denken. In: GW I, S. 19-252 [LD]

Schweitzer, Albert: Aus meiner Kindheit und Jugendzeit. In: GW I, S. 253-314 [KJ]

Schweitzer, Albert: Bach als Tondichter [BATo]

Schweitzer, Albert: Briefwechsel über das Christentum zwischen Gustav Wyneken und Albert Schweitzer [BWCGWAS]

Schweitzer, Albert: Das Abendmahl im Zusammenhang mit dem Leben Jesu und der Geschichte des Urchristentums. Zweites Heft. Das Messianitäts- und Leidensgeheimnis. Eine Skizze des Lebens Jesu. In: GW V, S. 195-340 [MLG]

Schweitzer, Albert: Das Christentum und die Weltreligionen. In: GW II, S. 665-716 [CWR]

Schweitzer, Albert: Das Problem der Höherentwicklung des menschlichen Denkens. In: GW V, S. 143-159 [PEHMD]

Schweitzer, Albert: Die Entstehung der Lehre der Ehrfurcht vor dem Leben und ihre Bedeutung für unsere Kultur. In: GW V, S. 172-194 [ELEL]

Schweitzer, Albert: Die Idee des Reiches Gottes im Verlauf der Umbildung des eschatologischen Glaubens in den uneschatologischen. In: GW V, S. 341-374 [IRGVUEGU]

Schweitzer, Albert: Die Mystik des Apostels Paulus. In: GW IV, S. 15-510 [MAP]

Schweitzer, Albert: Die psychiatrische Beurteilung Jesu, Tübingen 1913 [PBJ]

Schweitzer, Albert: Friede oder Atomkrieg. Drei Appelle Albert Schweitzers über Radio Oslo am 28., 29. und 30. April 1958. Erstdruck bei C.H. Beck 1958. In: GW V, S. 578-611 [FAk]

Schweitzer, Albert: Gesammelte Werke in fünf Bänden, hg. v. Rudolf Grabs. München 1974 [GW I-V]

Schweitzer, Albert: Geschichte der Leben-Jesu-Forschung. In: GW III, S. 5 ff. [GLJF]

Schweitzer, Albert: Geschichte der paulinischen Forschung von der Reformation bis auf die Gegenwart, Tübingen 1911 [GPFRG]

Schweitzer, Albert: Gespräche über das Neue Testament, hg. v. Winfried Döbertin, München 1988 [GNTe)

Schweitzer, Albert: Gifford-Vorlesungen. Natürliche Ethik und natürliche Religion (Presseauszug der 1. Vorlesungsserie von 5. bis 27. November 1934 und der 2. Vorlesungsreihe von 25. Juli bis 20. Oktober 1935 an der Universität Edingburgh). Teilweise veröffentlicht; maschinenschriftlich aufbereitetes Manuskript von Johann Zürcher im Zenralarchiv Günsbach [GV]

Schweitzer, Albert: Interview im Urwald. In: GW V, S. 557-563 [IU]

Schweitzer, Albert: Jesus und wir (unveröffentlichter Vortrag von 1906 im Liberalen Verein), Original im Zentralarchiv in Günsbach [JW]

Schweitzer, Albert: Johann Sebastian Bach, Leipzig 1908 (Neusatz Wiesbaden 1951) [JSB]

Schweitzer, Albert: Kulturphilosophie I: Verfall und Wiederaufbau der Kultur. In: GW II, S. 17-94 [KPh I]

Schweitzer, Albert: Kulturphilosophie II: Kultur und Ethik. In: GW II, S. 95-420 [KPh II]

Schweitzer, Albert: Leben, Werk und Denken. Mitgeteilt in seinen Briefen, hg. v. Hans-Walter Bähr, Heidelberg 1987 [LWD]

Schweitzer, Albert: Philosophie und Tierschutzbewegung [PTSB]

Schweitzer, Albert: Predigten, Briefe, Vorträge, gesammelt im Archiv in Günsbach, unveröffentlicht [PBV]

Schweitzer, Albert: Predigten, Vorträge, Briefe. In: Berichte aus Lambarene des Schweitzer Hilfsvereins für das Albert-Schweitzer-Spital in Lambarene, Nr. 32 [PVB]

Schweitzer, Albert: Straßburger Predigten über die Ehrfurcht vor dem Leben. In: GW V, S. 117-134 [SPEL]

Schweitzer, Albert: Straßburger Predigten, hg. v. Ulrich Neuenschwander. München 1966 [SPr]

Schweitzer, Albert: Unsere Zeit und die Religion (unveröffentlichter Vortrag von 1906 im Liberalen Verein) [UZR]

Schweitzer, Albert: Vier Reden. 1928-1949.
1) Ansprache bei der Verleihung des Goethepreises der Stadt Frankfurt am 28. August 1928.
2) Gedenkrede. Gehalten bei der Feier der 100. Wiederkehr von Goethes Todestag in seiner Vaterstadt Frankfurt a.M. am 22. März 1932.
3) Goethe als Denker und Mensch. Vortrag, gehalten in Ulm im Juli 1932.
4) Goethe. Der Mensch und das Werk. Vortrag, gehalten in Aspen (Colorado, USA) am 8. Juli 1949. In: GW V, S. 467-554 [GVR]

Schweitzer, Albert: Von Reimarus zu Wrede. Eine Geschichte der Leben-Jesu-Forschung, Tübingen 1906 [RWr]

Schweitzer, Albert: Zwischen Wasser und Urwald. In: GW I, S. 315-476 [WU]

Schweitzer-Miller, Rhena/Gustav Wyott (Hg.): Albert Schweitzer – Helene Bresslau. Die Jahre vor Lambarene. Briefe 1902 bis 1912, München 1992 [ASHB]

Spaemann, Robert: *Laudatio*. In: *Friedenspreis* des Deutschen Buchhandels 1987, Hans Jonas. Ansprachen aus Anlaß der Verleihung, Frankfurt/M. 1987

Spear, O.: *Albert Schweitzers Ethik*. Ihre Grundlinien in seinem Denken und Leben (= EZS 80), Hamburg 1978

Spinner, Helmut F.: *Das ›wissenschaftliche Ethos* als Sonderethik des Wissens. Über das Zusammenwirken von Wissenschaft und Journalismus im gesellschaftlichen Problemlösungsprozeß, Tübingen 1985

Steffahn, Harald: *Albert Schweitzer* in Selbstzeugnissen und Bilddokumenten (= Rowohlt Monographien, Bd. 263), Reinbek 1979

Steffahn, Harald: *Du aber folge mir nach*. Albert Schweitzers Werk und Wirkung, Bern 1974

Stegemann, H.: *Der lehrende Jesus*. Der sogenannte biblische Christus und die geschichtliche Botschaft Jesu von der Gottesherrschaft. In: NZSTh 24/1982

Strecker, Georg: Die historische und theologische *Problematik der Jesusfrage*. In: EvTh 29/1969, S. 453-476

Strecker, G.: *Strukturen* einer neutestamentlichen Ethik. In: ZThK 75/1978, S. 117-146

Taylor, G.R.: Das *Selbstmordprogramm*, Frankfurt/M: 1971

Teutsch, Gotthard M.: Lexikon der *Umweltethik*, Göttingen/Düsseldorf 1985

Weder, Hans: Die *Rede der Reden*. Eine Auslegung der Bergpredigt heute, Zürich 1985

Weiß, Johannes: Die *Predigt Jesu* vom Reiche Gottes, Göttingen ^{3}1964

Weiß, R.: *Albert Schweitzer* als Arzt und Mensch, Kehl 1976

Wellhausen, Julius: *Brief vom 17. Dezember 1991 an W. Baur*. Abschrift des Briefes von Rudolf Smend, Göttingen

Wellhausen, Julius: *Einleitung* in die drei ersten Evangelien, Berlin 1905

Werner, Hans-Joachim: Die *Ethik Albert Schweitzers* und die deutsche Mystik des Mittelalters. In: BASF 1, S. 196-226

Wernle, Paul: *Rezension zu RW*. In: ThLZ 31/1906, S. 501-506

Wölfel, Eberhard: *Albert Schweitzer* als Kind. Eine notwendige Erinnerung. In: Jürgensen, Kurt/Scharbau, Friedrich-Otto/Schmidt, Werner H. (Hg.): ›Gott loben das ist mein Amt‹, S. 123-135

Wölfel, E.: *Naturwissenschaft I.* Wissenschaftsgeschichtlich. II: Systematisch-theologisch. In: Theologische Realenzyklopädie (= TRE 24), 1994, S. 189-221

Zager, Werner K.: Begriff und Wertung der Apokalyptik in der neutestamentlichen Forschung, Diss., Mainz 1987

Zukunft der Schöpfung – Zukunft der Menschheit. ***Erklärung der Deutschen Bischofskonferenz*** zu Fragen der Umwelt und der Energieversorgung, Bonn 1980

Zürcher, Johann (Übers.): Lettre inédite d'Albert Schweitzer. In: Études Théologiques et Religieuses 2/1985; deutsche Übersetzung in Schweizerisches Reformiertes Volksblatt 120/1986, S. 13-15

ABKÜRZUNGSVERZEICHNIS ZU DEN SCHRIFTEN ALBERT SCHWEITZERS

Vorbemerkung

Um die Form der Zitate in der Buchreihe der ASG zu vereinheitlichen und der Schweitzer-Forschung künftig zu ermöglichen, bei Zitaten aus Schweitzer-Texten einheitliche Siglen zu benutzen, wird sich ab dem vorliegenden Band unserer ›Beiträge zur Albert-Schweitzer-Forschung‹ (BASF) in jedem Band ein ausführliches Abkürzungsverzeichnis veröffentlichter und unveröffentlichter Werke Schweitzers befinden. Dieses ist einmal nach Abkürzungen und einmal nach Titeln sortiert. Zusätzlich werden im Literaturverzeichnis hinter den einzelnen Schweitzer-Publikationen nochmals die Siglen angegeben. Sie werden grundsätzlich nach den Regeln des IATG2 gebildet.*

Nicht im Abkürzungsverzeichnis aufgeführt sind Zusatzangaben zu einzelnen Siglen. Diese sind bei *Aufsatzsammlungen* dann erforderlich, wenn verschiedene Autoren ein Werk Schweitzers nach unterschiedlichen Ausgaben bzw. Auflagen zitieren. Es folgt dann hinter der Sigle als Zusatzangabe zum Beispiel das Erscheinungsjahr oder der erste Buchstabe des Erscheinungsortes (beispielsweise SP (1966) und SP (1988)).

Das Abkürzungsverzeichnis umfaßt auch weniger bekannte Schriften Schweitzers, jedoch nicht alle. Wenn jemand eine wichtige Publikation vermißt, möge er bzw. sie sich an die Geschäftsführung der ASG wenden, deren Adresse im Einband angegeben ist.

In den Folgebänden wird es aktualisierte Fassungen des Abkürzungsverzeichnisses geben. Dies wird unter anderem deshalb notwendig sein, weil die Publikation der umfangreichen philosophischen, religionswissenschaftlichen und theologischen Nachlaßtexte Schweitzers begonnen hat und diese künftig auch im Verzeichnis berücksichtigt werden. Es gilt immer das Verzeichnis im zuletzt veröffentlichten Band der BASF.

Manfred Ecker

* Schwertner, Siegfried M.: IATG2. Internationales Abkürzungsverzeichnis für Theologie und Grenzgebiete. Zeitschriften, Serien, Lexika, Quellenwerke mit bibliographischen Angaben, Berlin/New York, 2. Auflage 1992, S. IX f.

SCHRIFTEN ALBERT SCHWEITZERS – NACH ABKÜRZUNGEN SORTIERT

AAn	Ansprache in Andende zum 18. April 1963
AEBJLP	Ansprache bei der Entgegennahme des belgischen Joseph-Lemaire-Preises
AEK	Vom Aufstieg der Eingeborenen zur Kultur
AGe	Afrikanische Geschichten
AGG	Alles Große, das geschieht ...
AGIn	Über allem Geistigen und Intellektuellen ...
AJGe	Afrikanische Jagdgeschichten
AJMP	Artikel für Journal de Missions
AJTB	Zum 28. Juli, dem Todestag Bachs (1908)
ALa	Der Alltag in Lambarene (21. Dezember 1958)
AM	Ansprache an die Mitarbeiter (14. Januar 1965 in Lambarene)
AMen	Appell an die Menschheit
AMeS	Das Abenteuer Mensch zu sein
AMZLJ	Das Abendmahl im Zusammenhang mit dem Leben Jesu und der Geschichte des Urchristentums
ANJ	Vom alten und neuen Jahr
APFGWFNJ	Das Abendmahlsproblem auf Grund der wissenschaftlichen Forschung des 19. Jahrhunderts und der historischen Berichte
ASAGW	Albert Schweitzer antwortet Gustav Wyneken: Kein Abschied vom Christentum
ASBB	Albert Schweitzer baute eine Brücke
ASDOB	Albert Schweitzer. Zur Diskussion über den Orgelbau (1914)
ASESK	Albert Schweitzer erzählt von seinen Kranken
ASGDDKFC	Albert Schweitzer grüßt den 3. deutschen Kongreß für Freies Christentum
ASHB	Albert Schweitzer – Helene Breslau
ASNMVJSB	Albert Schweitzers nachgelassene Manuskripte über die Verzierungen bei Johann Sebastian Bach (Bachstudien 8)
ASUBMJ	Albert Schweitzer. Unveröffentliche Briefe an Margrit Jacobi
ATBu	Afrikanisches Tagebuch 1939-1945
ATSG	Ansprache auf der Tagung der Schopenhauer-Gesellschaft
AWK	Atomwaffen und Kultur?
BATo	Bach als Tondichter
BEMZJ	Die Bedeutung der Ethik für den Menschen des 20. Jahrhunderts
BHArN	Bericht über die Hospitalarbeit 1953
BJu	Botschaft an die Jugend
BLa	Briefe aus Lambarene
BLDo	Der Bau des Lepradorfes
BNä	Die Bitte für den Nächsten
BOB	Bachs 'Orgelbüchlein' und die Choräle über die Katechismuslieder (1914)
BPK	Von Bachs Persönlichkeit und Kunst (1908)
BrL	Briefe aus Lambarene
BRV	Brief über Rudolf Virchow
BTEWMP	Von Bachs Tod bis zur ersten Wiederaufführung der Matthäus-Passion
BTTWBFC	Botschaft an die Teilnehmer der Tagung des Weltbundes für freies Christentum
BWASBR	Briefwechsel zwischen Albert Schweitzer und Bertrand Russel
BWASMN	Briefwechsel Albert Schweitzer und Martin Niemöller
BWCGWAS	Briefwechsel über das Christentum zwischen Gustav Wyneken und Albert Schweitzer
BWVSEGB	Der für Bachs Werke für Violine solo erforderte Geigenbogen
CMWSSOO	Charles Marie Widors Sinfonia sacra für Orgel und Orchester
CTSG	Chinesische Tierschutzgeschichten
CW	Chinesische Weisheit
CWR	Das Christentum und die Weltreligionen
DETL	Über Denken. Ethik und tägliches Leben
DFOBK	Deutsche und französische Orgelbaukunst und Orgelkunst

SCHRIFTEN ALBERT SCHWEITZERS – NACH ABKÜRZUNGEN SORTIERT

AAn	Ansprache in Andende zum 18. April 1963
AEBJLP	Ansprache bei der Entgegennahme des belgischen Joseph-Lemaire-Preises
AEK	Vom Aufstieg der Eingeborenen zur Kultur
AGe	Afrikanische Geschichten
AGG	Alles Große, das geschieht ...
AGIn	Über allem Geistigen und Intellektuellen ...
AJGe	Afrikanische Jagdgeschichten
AJMP	Artikel für Journal de Missions
AJTB	Zum 28. Juli, dem Todestag Bachs (1908)
ALa	Der Alltag in Lambarene (21. Dezember 1958)
AM	Ansprache an die Mitarbeiter (14. Januar 1965 in Lambarene)
AMen	Appell an die Menschheit
AMeS	Das Abenteuer Mensch zu sein
AMZLJ	Das Abendmahl im Zusammenhang mit dem Leben Jesu und der Geschichte des Urchristentums
ANJ	Vom alten und neuen Jahr
APFGWFNJ	Das Abendmahlsproblem auf Grund der wissenschaftlichen Forschung des 19. Jahrhunderts und der historischen Berichte
ASAGW	Albert Schweitzer antwortet Gustav Wyneken: Kein Abschied vom Christentum
ASBB	Albert Schweitzer baute eine Brücke
ASDOB	Albert Schweitzer. Zur Diskussion über den Orgelbau (1914)
ASESK	Albert Schweitzer erzählt von seinen Kranken
ASGDDKFC	Albert Schweitzer grüßt den 3. deutschen Kongreß für Freies Christentum
ASHB	Albert Schweitzer – Helene Breslau
ASNMVJSB	Albert Schweitzers nachgelassene Manuskripte über die Verzierungen bei Johann Sebastian Bach (Bachstudien 8)
ASUBMJ	Albert Schweitzer. Unveröffentliche Briefe an Margrit Jacobi
ATBu	Afrikanisches Tagebuch 1939-1945
ATSG	Ansprache auf der Tagung der Schopenhauer-Gesellschaft
AWK	Atomwaffen und Kultur?
BATo	Bach als Tondichter
BEMZJ	Die Bedeutung der Ethik für den Menschen des 20. Jahrhunderts
BHArN	Bericht über die Hospitalarbeit 1953
BJu	Botschaft an die Jugend
BLa	Briefe aus Lambarene
BLDo	Der Bau des Lepradorfes
BNä	Die Bitte für den Nächsten
BOB	Bachs 'Orgelbüchlein' und die Choräle über die Katechismuslieder (1914)
BPK	Von Bachs Persönlichkeit und Kunst (1908)
BrL	Briefe aus Lambarene
BRV	Brief über Rudolf Virchow
BTEWMP	Von Bachs Tod bis zur ersten Wiederaufführung der Matthäus-Passion
BTTWBFC	Botschaft an die Teilnehmer der Tagung des Weltbundes für freies Christentum
BWASBR	Briefwechsel zwischen Albert Schweitzer und Bertrand Russel
BWASMN	Briefwechsel Albert Schweitzer und Martin Niemöller
BWCGWAS	Briefwechsel über das Christentum zwischen Gustav Wyneken und Albert Schweitzer
BWVSEGB	Der für Bachs Werke für Violine solo erforderte Geigenbogen
CMWSSOO	Charles Marie Widors Sinfonia sacra für Orgel und Orchester
CTSG	Chinesische Tierschutzgeschichten
CW	Chinesische Weisheit
CWR	Das Christentum und die Weltreligionen
DETL	Über Denken. Ethik und tägliches Leben
DFOBK	Deutsche und französische Orgelbaukunst und Orgelkunst

JPa	Die Johannes-Passion. In: Berichte aus Lambarene 45. April 1978
JSB	Johann Sebastian Bach
JSB 1909	Johann Sebastian Bach. Vortrag am 20. März 1909 in Dortmund
JSB 1932	Johann Sebastian Bach. Radiovortrag Amsterdam am 22. Mai 1932
JSBKP	Johann Sebastian Bachs Künstlerpersönlichkeit (1921)
JSBNL	J. S. Bach in den nordischen Ländern (1922)
JSBPFMOR	Wie sind J. S. Bachs Präludien und Fugen auf unseren modernen Orgeln zu registrieren?
JSBSOWAB	Johann Sebastian Bach. Sämtliche Orgelwerke in 8 Bänden von Charles Marie Widor, Edouard Nies-Berger und Albert Schweitzer
JSBSW	Johann Sebastian Bach und sein Werk. Vortrag vom 30. Mai 1936 in Lausanne und 05. Juni 1936 in Straßburg
JSBTD	Johann Sebastian Bach als Tondichter
JW	Jesus und wir
KAC	Kein Abschied vom Christentum
KDUNHAMA	Kritische Darstellung unterschiedlicher neuerer historischer Abendmahlsauffassungen
KEWAWR	Kultur und Ethik in der Weltanschauung der Weltreligionen
KEWR	Kultur und Ethik in den Weltreligionen 1919-1921
KHe	Der kleine Heilige
KJ	Aus meiner Kindheit und Jugendzeit
KKVN	Kongo, Katanga und die Vereinten Nationen
KPh I	Kulturphilosophie I. Verfall und Wiederaufbau der Kultur
KPh II	Kulturphilosophie II. Kultur und Ethik
KPh III, 1	Kulturphilosophie III, Teil 1: 1931-1933. Die Weltanschauung der Ehrfurcht vor dem Leben
KPh III, 2	Kulturphilosophie III, Teil 2: (1933) 1934-1937. Die Weltanschauung der Ehrfurcht vor dem Leben
KPh III, 3	Kulturphilosophie III, Teil 3: 1939-1942. Die Weltanschauung der Ehrfurcht vor dem Leben
KPh III, 4	Kulturphilosophie III, Teil 4: 1943-1945 (1947). Die Weltanschauung der Ehrfurcht vor dem Leben
KQUGD	Die Kraftquellen unseres geistigen Daseins
KVR	Krieg und Völkerrecht
LD	Aus meinem Leben und Denken
LKI	Die Lebenskraft der Ideale
LPF	Die Lage des Protestantismus in Frankreich
LS	Im Lande der Schlangen
LSHNFN	Das Lambarenespital vom Herbst 1945 bis Frühjahr 1954
LTPBTT	Die literarischen und theologischen Probleme der Briefe an Timotheus und Titus
LWD	Leben, Werk und Denken 1905-1965
MAB	Modelle für einen Atombrief
MAMu	Mehr aktive Musik
MAP	Die Mystik des Apostels Paulus
MBRS	Meine Begegnung mit Rudolf Steiner
MEAC	Meine Erinnerungen an das alte Colmar
MECW	Meine Erinnerungen an Cosima Wagner
MFr	Menschlichkeit und Friede
MGE	Von der Mission. Gedanken und Erfahrungen
MJESOO	M.J. Erbs Symphonie für Orchester und Orgel
MKWR	Mensch und Kreatur in den Weltreligionen
MLa	Mitteilungen aus Lambarene
MLe	Aus meinem Leben
MLG	Das Messianitäts- und Leidensgeheimnis. Eine Skizze des Lebens Jesu
MM	Von Mensch zu Mensch. Aus Briefen von Albert Schweitzer und seinen Mitarbeitern
MMS	Den Menschen ein Mensch sein

MSUr	Mein Spital im Urwald
MWL	Das ist mein Werk in Lambarene
MWMe	Mein Wort an die Menschen
OUSM	Ojembo, der Urwaldschulmeister
PAAW	Das Problem der Abschaffung der Atomwaffen
PABNJ	Die Philosophie und die allgemeine Bildung im 19. Jahrhundert
PAm	Der Prophet Amos
PBJ	Die psychiatrische Beurteilung Jesu
PBV	Predigten, Briefe, Vorträge
PEHMD	Das Problem der Ethik in der Höherentwicklung des menschlichen Denkens
PEMEK	Professor Ernst Münch und die Elsässische Kirche
PESL	Ein Pelikan erzählt aus seinem Leben
PFHW	Das Problem des Friedens in der heutigen Welt
POÖMAZA	Politik ohne öffentliche Meinung im Atomzeitalter
PTSB	Philosophie und Tierschutzbewegung
PTW	Der Protestantismus und die theologische Wissenschaft
RGC 1	Reich Gottes und Christentum
RGC 2	Reich Gottes und Christentum, Teil 2: 1947-1949
RGEK	Rede zum Gedächtnis an Ella Krieser am 05. Oktober 1959
RHGL	Die Religion im heutigen Geistesleben und in der Kultur unserer Zeit (Vier Hibbert-Vorlesungen, 1934)
IRGVUEGU	Die Idee des Reiches Gottes im Verlauf der Umbildung des eschatologischen Glaubens in den uneschatologischen
RHDS	Zu Rolf Hochhuths Drama 'Der Stellvertreter'
RHGL	Die Religion im heutigen Geistesleben und in der Kultur unserer Zeit
RKB	Zur Reorganisation unserer Kirchenbehörde
RKKRV	Die Religionsphilosophie Kants von der Kritik der reinen Vernunft bis zur Religion innerhalb der Grenzen der bloßen Vernunft
RLGG	Rosa Luxemburgs Gedanken im Gefängnis
RMK	Die Religion in der modernen Kultur
ROB	Zur Reform des Orgelbaus (1927)
RSKRV	Die religionsphilosophische Skizze der Kritik der reinen Vernunft
RSOST	Die Restauration der Silbermannschen Orgel an St. Thomas
RSWÄ	Vom Regen und schön Wetter auf dem Äquator
RTGWEH	Rede zur Trauung von Georg Walter und Elise Haas
RVB	Der runde Violinbogen
RWr	Von Reimarus zu Wrede
RWRe	Das Recht der Wahrhaftigkeit in der Religion
SaLa	Spitalandachten zu Lambarene
SAOr	Die Sängerin Aglaja Orgeni (1931)
Selbst.	Selbstdarstellung
SFr	Straßburger Freundschaften
SOBI	Siegfried Ochs als Bach-Interpret
SPEL	Straßburger Predigten über die Ehrfurcht vor dem Leben
SPr	Straßburger Predigten
STH	Auf den Spuren Trader Horns
SUnm	Schuldig der Unmenschlichkeit (1952)
SV	Straßburger Vorlesungen 1902-1912
SWMLWE	Das Spital. Wie mein Lebenswerk entstand
TEM	Tolstoi, der Erzieher der Menschheit
TGLa	Tiergeschichten aus Lambarene
TGSF	Theodor Gerholds 'Sängerfibel' und die Hebung des volkstümlichen Chorgesangs
TOb	Ein Tag in Oberammergau
TSDAS	Theologische Selbstdarstellung Albert Schweitzers, 1926
TSo	Zum Totensonntag

TZ	Tabus und Zauber
ULNV	An unsere Leser zum Neujahr 1921
Unbef.	Unbefangenheit
UTL	Von unseren Tieren in Lambarene
UZR	Unsere Zeit und die Religion
VG	Verschiedene Geschichten
VH	Victor Hugo
VST	Vom 4. Sonntag nach Trinitatis
VWOPOFJSB	Vorschläge zur Wiedergabe der Orgelpräludien und Orgelfugen J. S. Bachs
WAf	Warum nach Afrika?
WAID	Die Weltanschauung der indischen Denker
WAIS	Was bei den Weißen anders ist als bei den Schwarzen
WBIFG	Wie bin ich nach Frankfurt gekommen?
Weg	Der Weg
WESSIPGCZ	Warum es so schwer ist, in Paris einen guten Chor zusammenzubringen (1909)
WFH	Der Weg des Friedens heute
WFr	Der Weg zum Frieden
WILP	Wie ich in Lambarene predigte
WIMJSB	Was ist mir Johann Sebastian Bach und was bedeutet er für unsere Zeit?
WITR	Was ich Teenagern rate
WLe	Worte über das Leben
WMLE	Wie mein Lebenswerk entstand
WMZMNT	Was der Menschheit zur Zeit am meisten not tut
WPa	Weihnachten unter Palmen
WPFOJSB	Über die Wiedergabe der Präludien und Fugen für Orgel von J. S. Bach
WSWT	Albert Schweitzer. Was sollen wir tun? 12 Predigten über ethische Probleme
WU	Zwischen Wasser und Urwald
WZDS	Der Wanzenzüchter – Drei Schnirchle
ZAS	Zwei Anekdoten aus Schweden
ZJAG	Der zweite Jesaja, eine Adventsgestalt
ZK	Zivilisation und Kolonisation

SCHRIFTEN ALBERT SCHWEITZERS – NACH TITELN SORTIERT

25 Jahre Spitalarbeit	FJSA
Afrikanische Geschichten	AGe
Afrikanische Jagdgeschichten	AJGe
Afrikanisches Tagebuch 1939-1945	ATBu
Albert Schweitzer – Helene Breslau	ASHB
Albert Schweitzer antwortet Gustav Wyneken: Kein Abschied vom Christentum	ASAGW
Albert Schweitzer baute eine Brücke	ASBB
Albert Schweitzer erzählt von seinen Kranken	ASESK
Albert Schweitzer grüßt den 3. deutschen Kongreß für Freies Christentum	ASGDDKFC
Albert Schweitzer. Unveröffentliche Briefe an Margrit Jacobi	ASUBMJ
Albert Schweitzer. Was sollen wir tun? 12 Predigten über ethische Probleme	WSWT
Albert Schweitzer. Zur Diskussion über den Orgelbau (1914)	ASDOB
Albert Schweitzers nachgelassene Manuskripte über die Verzierungen bei Johann Sebastian Bach (Bachstudien 8)	ASNMVJSB
Alles Große, das geschieht	AGG
An den 'Daily Herald'	DHe
An unsere Leser zum Neujahr 1921	ULNV
Ansprache bei der Entgegennahme des belgischen Joseph-Lemaire-Preises	AEBJLP
Ansprache an die Mitarbeiter (14. Januar 1965 in Lambarene)	AM
Ansprache auf der Tagung der Schopenhauer-Gesellschaft	ATSG
Ansprache in Andende zum 18. April 1963	AAn
Appell an die Menschheit	AMen
Artikel für Journal de Missions	AJMP
Atomwaffen und Kultur?	AWK
Auf den Spuren Trader Horns	STH
Aus Friedensbotschaften	FBo
Aus meinem Leben	MLe
Aus meinem Leben und Denken	LD
Aus meiner Kindheit und Jugendzeit	KJ
Bach als Tondichter	BATo
Bachs 'Orgelbüchlein' und die Choräle über die Katechismuslieder (1914)	BOB
Bericht über die Hospitalarbeit 1953	BHArN
Botschaft an die Jugend	BJu
Botschaft an die Teilnehmer der Tagung des Weltbundes für freies Christentum	BTTWBFC
Brief über Rudolf Virchow	BRV
Briefe aus Lambarene	BLa
Briefe aus Lambarene	BrL
Briefwechsel Albert Schweitzer und Martin Niemöller	BWASMN
Briefwechsel über das Christentum zwischen Gustav Wyneken und Albert Schweitzer	BWCGWAS
Briefwechsel zwischen Albert Schweitzer und Bertrand Russel	BWASBR
Charles Marie Widors Sinfonia sacra für Orgel und Orchester	CMWSSOO
Chinesische Tierschutzgeschichten	CTSG
Chinesische Weisheit	CW
Das Abendmahl im Zusammenhang mit dem Leben Jesu und der Geschichte des Urchristentums	AMZLJ
Das Abendmahlsproblem auf Grund der wissenschaftlichen Forschung des 19. Jahrhunderts und der historischen Berichte	APGWFNJ
Das Abenteuer Mensch zu sein	AMeS
Das Christentum und die Weltreligionen	CWR
Das ist mein Werk in Lambarene	MWL
Das Lambarenespital vom Herbst 1945 bis Frühjahr 1954	LSHNFN
Das Messianitäts- und Leidensgeheimnis. Eine Skizze des Lebens Jesu	MLG
Das Problem der Abschaffung der Atomwaffen	PAAW

Warum es so schwer ist, in Paris einen guten Chor zusammenzubringen (1909) .... WESSIPGCZ
Warum nach Afrika? .... WAf
Was bei den Weißen anders ist als bei den Schwarzen .... WAIS
Was der Menschheit zur Zeit am meisten not tut .... WMZMNT
Was ich Teenagern rate .... WITR
Was ist mir Johann Sebastian Bach und was bedeutet er für unsere Zeit? .... WIMJSB
Weihnachten unter Palmen .... WPa
Wie bin ich nach Frankfurt gekommen? .... WBIFG
Wie ich in Lambarene predigte .... WILP
Wie mein Lebenswerk entstand .... WMLE
Wie sind J. S. Bachs Präludien und Fugen auf unseren modernen Orgeln zu registrieren? .... JSBPFMOR
Worte über das Leben .... WLe
Zivilisation und Kolonisation .... ZK
Zu Rolf Hochhuths Drama 'Der Stellvertreter' .... RHDS
Zum 100. Todestag des Philosophen Kant .... HTPK
Zum 28. Juli, dem Todestag Bachs (1908) .... AJTB
Zum Totensonntag .... TSo
Zur Falkenjägerei .... FJä
Zur Geschichte des Kirchenchors zu St. Wilhelm (1905) .... GKCSW
Zur Reform des Orgelbaus (1927) .... ROB
Zur Reorganisation unserer Kirchenbehörde .... RKB
Zwei Anekdoten aus Schweden .... ZAS
Zwischen Wasser und Urwald .... WU

Beiträge zur Albert-Schweitzer-Forschung
der Wissenschaftlichen Albert-Schweitzer-Gesellschaft e.v., Sitz Mainz

Band 2:
Johannes Scholl
Albert Schweitzer - von der Ehrfurcht vor dem Leben zur transkulturellen Solidarität

Band 3:
Michael Beyer, Hermann-Adolf Stempel (Hg.)
Welt, Umwelt,Ökologie

Band 4:
Richard Brüllmann, Harald Schützeichel (Hg.)
Leben in der Kultur

Band 5:
Wolfgang Erich Müller (Hg.)
Zwischen Denken und Mystik.
Albert Schweitzer und die Theologie heute

Band 6:
Andreas Mühling (Hg.)
Erich Gräßer: Studien zu Albert Schweitzer.
Gesammelte Aufsätze

Philo Verlagsgesellschaft mbH
Wormser Straße 99
55294 Bodenheim